거의 모든 상황별

적절한 영어 표현들

준 스위니 June Sweeney

전 민병철 어학원(BCM) 영어회화 강사
전 시사 영어사 영어회화 강사
전 Kids Herald 영어회화 강사
미국 캘리포니아에서 20년 이상 거주 중
유튜브 채널 '빵어라빕 쉼 분냉'

저서 〈영어 단어의 결정적 의미 확상늘〉, 〈미션 파서블 – 당신을 구출할 진짜 미국 영어〉,
〈일상 영어회화 섀도잉〉, 〈스토리를 품은 미쿡 영어회화〉, 〈이 책 한 권만 외워봐! 영어회화가 술술 나온다〉

거의 모든 상황별 적절한 영어 표현들

지은이 June Sweeney
초판 1쇄 발행 2024년 8월 16일
초판 2쇄 발행 2024년 10월 10일

발행인 박효상 **편집장** 김현 **기획 · 편집** 장경희, 이한경 **디자인** 임정현
마케팅 이태호, 이전희 **관리** 김태옥

기획 · 편집 진행 김현 **본문 · 표지 디자인** 고희선

종이 월드페이퍼 **인쇄 · 제본** 예림인쇄 · 바인딩

출판등록 제10-1835호 **발행처** 사람in **주소** 04034 서울시 마포구 양화로 11길 14-10 (서교동) 3F
전화 02) 338-3555(代) **팩스** 02) 338-3545 **E-mail** saramin@netsgo.com
Website www.saramin.com

책값은 뒤표지에 있습니다.
파본은 바꾸어 드립니다.

ⓒ June Sweeney 2024

ISBN
979-11-7101-095-0 14740
978-89-6049-936-2 세트

우아한 지적만보, 기민한 실사구시 사람in

거의 모든 상황별
적절한 영어 표현들

말하는 사람
아쉬움 없고,
듣는 사람
섭섭치 않게

예의 있고
적절하게
적재적소
영어 표현

수고해 주셔서
감사합니다.

Thank
you
for your
TROUBLE.

진심으로 감사드립니다.
I sincerely
appreciate it.

제가 더 고맙죠
Thank
YOU.

I owe
you
(ONE.)
제가
신세를
졌네요

미리 감사드려요
Thank you
IN
ADVANCE.

YOU
SHOULDN'T
HAVE. 안 그러셔도 되는데요

뭐라고
감사의 말씀을
드려야 할지
모르겠습니다.

I
CAN'T
TELL
YOU
HOW
MUCH
I
APPRECIATE
IT.

SITUATIONAL ENGLISH EXPRESSIONS

June Sweeney 지음

사람in

다음 질문을 보세요.

한국어가 더 어려운지,
영어가 더 어려운가?

여러분은 둘 중 어느 것이 더 어렵습니까? 영어가 더 어렵다고 고르셨다면 "왜" 어렵다고 생각하세요? 병의 원인을 알아내면 치료법을 개발할 수 있듯이, 영어가 "왜" 어려운지 그 이유를 찾아내면 좀 더 쉽게 영어를 배울 수 있을 텐데 말이죠.

오랫동안 영어를 가르치고, 또 30년 가까이 미국에 살면서 저는 제 나름 대로의 답을 찾아낸 것 같습니다. 궁금하신가요? 답은 바로 "가려 쓰기"에 있어요.

"가려 쓰기"가 뭔지 감이 한번에 안 오나요? 그렇다면 감사하기를 예로 들어볼게요. '감사하다'니까 Thank you. 하나면 다 해결될 것 같지만, 그건 아닙니다. 우리말만 봐도 허물없는 사이에 가볍게 '고마워' 할 수 있는 상황이 있는가 하면, '감사한 마음을 말로 다 표현할 수가 없습니다'의 인사가 필요한 경우가 있잖아요. 영어도 마찬가지입니다. 그 모든 상황에 그냥 Thank you., '더 많이 고맙다'는 뜻으로 Thank you very much. 만 쓰는 건 말하는 사람의 의도와 상관없이 오해와 아쉬움, 서운함을 불러올 수 있어요. 이렇게 상황에 따라 가려 말해야 하는 게 감사하기뿐이겠습니까? 이렇게 각 상황마다 가려서 써야 할 단어들과 표현들은 넘쳐나는데, 이걸 다 어떻게 모으면 좋을까요? 이런 표현들만 모아서 한 권으로 묶어 놓은 책이 있다면 어떨까요? 이것이 바로 제가 이 책의 집필을 결심하게 된 이유입니다.

앞서 설명한 감사하기의 카테고리 외에 '성격이 까다롭다, 식성이 까다롭다, 절차가 까다롭다, 시험 문제가 까다롭다, 자격 조건이 까다롭다'고 할 때 각각 어떤 영어 단어들로 가려 써야 할 지, Nice to see you.와 Nice to meet you. You shouldn't have.와 You didn't have to. It wasn't unavoidable.과 I couldn't help it. By the way와 anyway를 언제 어떻게 가려 써야 하는지, 친구와의 약속이 취소되었을 때 왜 The appointment is canceled.가 아니라 Our plans got canceled.라고 해야 하는지, 이미 뱉은 말을 취소할 때 cancel을 쓸 수 없는 이유는 무엇인지, yield와 meet half way에서 말하는 각각의 '양보'는 어떻게 다른지, 제대로 가려 써야만 뜻이 통하는 표현들까지 이 책을 통해 한자리에 정리해 보았습니다.

상황별로 하나하나 나누고, 각 상황에 필요한 표현들을 모아서 각각의 용기에 딱딱 넣어두었어요. 그래야 필요할 때 재빨리 꺼내 쓸 수 있을 테니까요. 그리고 각 unit마다 Q & A를 추가했습니다.

'내가 너에게 이걸 알려 줄게' 식으로 가르치는 사람 입장에서 일방적으로 쭉 설명만 해 나가는 것이 아니라, 영어를 배우는 학습자의 입장에서 궁금한 점, 더 알고 싶은 점도 같이 껴안고 가고 싶었거든요. 이런 궁금증이 해결이 안 되면 진도가 안 나가는 분들도 많아서 저는 이게 꼭 필요하다고 봤습니다. 그러니 "잠깐만요! 난 이게 궁금해요" 구간에서는 잠깐 멈춰 서서 함께 궁금증을 풀고 가는 걸로 하자고요.

영어! 잘만 하면 폼 나는 데 더할나위 없이 좋지만 잘하기가 참 쉽지 않고 불편한 녀석입니다. 그렇다고 피해 갈 수도 없는 녀석이지요. 애증의 쌍곡선을 수시로 그려야 합니다.
이런 놈을 같이 상대해 줄 '내 편'이 있다면 얼마나 좋을까요? 이 책이 여러분의 든든한 '내 편'이 되기를 바라며, 언제나 여러분을 응원합니다.

캘리포니아에서
June Sweeney

영어 회화의 완성은 문맥에 따라 타인의 말을 이해하고 말을 하는 화용론의 완성이라 할 수 있습니다. 화용론은 말하는 이, 듣는 이, 시간, 장소로 구성되는 맥락과 관련하여 문장의 의미를 체계적으로 분석하려는 의미론의 한 분야로, 스피치 액트(speech act) 이론을 기반으로 합니다. 즉, 상황별로 문맥에 맞게 구사해야 할 표현이 있으며, 이를 알면 언어 사용 패턴을 제대로 활용할 수 있다는 뜻입니다. 스피치 액트의 구체적인 예로는 사과하기, 칭찬하기, 칭찬에 답하기, 인사하기, 감사하기, 초대하기, 거절하기, 협상하기, 다투기, 모욕하기, 유혹하기, 부탁하기 등 여러 가지가 있습니다.

이 스피치 액트가 왜 중요한지 인사를 예로 들겠습니다. 한국인들이 많이 헷갈리는 표현 중에 Nice to meet you. 와 Nice to see you. 가 있는데요, see와 meet 둘 다 '보다, 만나다'라서 처음 만나는 사람에게도, 구면인 사람에게도 이 두 표현을 마구 섞어 씁니다. 하지만 이 두 표현은 엄밀히 말해 다른 뜻입니다. 전자인 Nice to meet you. 는 처음 만나는 사람에게만, 후자인 Nice to see you. 는 구면인 사람에게 쓰는 것이지요. 분명히 어제 만난 사람인데 Nice to meet you. 라고 인사하면 상대방은 '어, 뭐야. 어제 만났는데. 내가 그렇게 존재감이 없는 사람인가' 하고 고개를 갸우뚱할 겁니다. 처음 보는 원어민에게 Nice to see you. 라고 하면 '언제 봤다고 저래?' 이런 반응이 나올 거고요. 이런 생각이 드는데 당연히 첫인상이 좋게 남을 리 없겠죠.

그런데 이렇게 중요한 스피치 액트를 그동안 소홀히 다뤄 왔던 게 사실입니다. 영어 학습도 시류를 타는데요, 읽어서 정보를 얻고 지식을 쌓는 게 필요하던 시절에는 독해를 잘하는 게 중요하다고 그와 관련된 학습이 강조됐습니다. 어느 정도 지식이 쌓이니까 이제는 말을 해서 의미가 통하는 게 가장 중요하니 회화가 중요하다고 강조됐던 때도 있습니다. 이 둘을 부정하자는 건 아니고, 어쨌든 나름의 의미 있는 학습법이었습니다.

다만 지금은 고등교육의 보편화로 학습자들의 영어 실력이 전에 비해 높아진 것이 사실이고, 이전과는 다르게 좀 더 유식해 보이고 있어 보이는 영어를 하고 싶어 합니다. 그러니 영어 학습의 방향이 독해나 말을 던지고 보는 것으로가 아니라 상황에 맞는 적절한 영어를 하는 것으로 바뀌는 것이지요.

하지만 그렇게 방향이 바뀌었어도 영어책을 보면 만날 때 하는 인사, 고맙다고 할 때 하는 인사 등은 천편일률적으로 동일할 때가 많습니다. 우리말도 똑같은 표현을 계속 쓰지 않잖아요. 영어도 마찬가지입니다. 게다가 우리는 성인이라서 성인 수준에 맞는 영어를 해야 합니다. 어머니의 목숨을 건져 준, 말로 표현을 못 할 정도로 고마운 상황에서 그냥 Thank you.라고만 하는 건 말을 하는 우리도, 듣는 상대방도 서운하고 아쉬울 테니까요.

그래서 이 책에서는 회화의 범주를 분류하고 달리 표현해야 하는 자세한 상황들을 제시했습니다. 보다 보면 이미 아는 표현도 있을 것이고 처음 접하는 표현도 있을 것입니다. 알고 있던 것들이라도 정확한 쓰임새를 이번에 확실히 알아두세요.

예전에 우리 조상들은 사람의 됨됨이를 판단할 때 신언서판을 기준으로 삼았습니다. 신수, 말씨, 문필, 판단력의 네 가지인데요, 눈에 보이는 외모를 제외하고 가장 중요한 것이 바로 말씨 부분입니다. 이는 외국어인 영어도 마찬가지입니다. 수려한 외모에 반하는 표현을 하는 사람과 평범한 외모지만 적절한 유머와 뉘앙스를 풍기는 표현을 하는 사람. 둘 중 하나를 고르라면 아직까지도 후자를 택할 만큼 언변은 중요합니다. 상황과 내 말을 듣는 사람에 맞게 적절한 표현을 구사하는 것, 21세기의 신 신언서판이 될 것입니다.

이 책은 PART 1 상황별 적절한 표현들과 PART 2 의미별 적절한 표현들로 구성돼 있습니다. PART 1에서는 회화에서 원활한 의사통을 하는 데 꼭 필요한 범주에 따른 다양한 상황을 제시합니다. PART 2에서는 우리말의 동음이의어가 영어로는 어떻게 표현되는지를 다루죠. 예를 들어 '풀다'는 문제를 풀다, 꼬인 실 등을 풀다, 코를 풀다 등으로 뜻이 다양한데 이것들의 영어 표현들을 제시합니다. 콩글리시 사용 방지를 위한 최적의 내용입니다.

각 PART별 본문은 다음과 같이 구성돼 있습니다.

해당 범주의 다양한 상황과 그것에 해당하는 표제어 문장을 제시합니다. QR 코드를 찍으면 표제어 문장과 Real Conversation(회화 예시), How to Use(문장 예시) 문장을 들을 수 있습니다.

상황과 표제어 관련해서 학습자들이 궁금해할 만한 사항들을 콕 집어 알려줍니다. Q&A 부분에서도 상당히 많은 정보를 얻을 수 있습니다.

앞서 나온 표제어 문장이 회화나 문장에서 어떻게 활용되는지 확인할 수 있습니다. 미국 현지에서 쓰이는 따끈따끈한 표현들이 가득합니다.

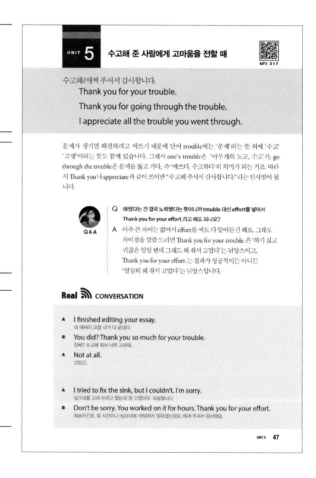

이 책의 활용 Tips

이 책은 자신의 필요에 따라 PART 1을 먼저 봐도 좋고, PART 2를 먼저 봐도 좋습니다. 단, 하나의 챕터를 시작했다면 챕터 처음부터 차례로 보시기를 권합니다. 앞에서 설명했던 내용이 뒤에서도 나오기 때문에 앞에서부터 보는 것이 더 효과적입니다.

학습을 할 때는 눈으로 읽는 것에서 그치지 말고 반드시 암기를 해야 합니다. 언어는 암기하는 게 아니라고 하는데, 아닙니다. 암기하지 않고 언어를 잘할 수 없습니다. 반드시 소리 내어 읽고 암기하겠다는 마음으로 하셔야 합니다.

뢰빙하우스에 따르면 오늘 본 것을 내일이면 67% 가까이 잊는다고 합니다. 하지만 배우고 복습을 하면 기억이 오래 간다고 하지요. 오늘 공부한 것을 내일 학습할 때 반드시 복습하고 일주일 후에는 지난 일주일 동안 배웠던 것을 복습하는 과정을 거쳐야 머릿속에서 오래 갑니다. 아는 내용이라고 지나치지 말고 한 번 더 확인하는 습관으로 학습 효율을 배로 올릴 수 있습니다.

조금 귀찮더라도 음성을 여러 번 듣고 자기도 모르게 문장이 나오도록 하는 것도 중요합니다. 더도 말고 딱 다섯 번만 듣겠다는 마음으로 해 보면 입에서 문장이 나옵니다. 꼭 믿고 따라 해 보세요.

PART 1 상황별 적절한 표현들

PART 2   의미별 적절한 표현들

PART 1

상황별 적절한 표현들

CHAPTER 1

만날 때 인사하기

MP3 001

만나서 반갑습니다.
(It's) nice to meet you.

It's a pleasure to meet you.

친구의 친구를 소개받을 때처럼 캐주얼한 관계로 처음 만난 사람이라면 Nice to meet you.로도 충분히 인사가 됩니다. 하지만 비즈니스에서 혹은 격식을 갖추어야 할 관계로 처음 만난 사람이라면 It's a pleasure to meet you.라고 인사하는 것이 더 좋겠죠.

Q & A

Q Nice to see you.라고도 하던데, 이 표현도 초면인 사람에게 쓸 수 있나요?

A 아니요. Nice to see you.는 이미 안면이 있는 사람에게 쓰는 표현이에요. 아는 사람의 얼굴을 '보니(see)' 반갑다는 의미이기 때문에 초면인 사람에게 '만나서(meet)' 반갑다고 할 때는 Nice to meet you.라고 해야 합니다.

Real 🔊 CONVERSATION

Tom Sam, this is my friend Alicia. We went to high school together.
샘, 이쪽은 내 친구 알리샤야. 우리, 고등학교 같이 다녔어.

Sam Oh, hi, Alicia. Nice to meet you.
아, 안녕, 알리샤. 만나서 반가워.

Alicia Very nice to meet you, too.
나도 만나서 되게 반갑다.

A It's a pleasure to meet you, Mr. Jefferson. I'm Helen Parker.
만나 뵙게 되어 반갑습니다. 제퍼슨 씨. 저는 헬렌 파커라고 합니다.

B It's such a pleasure to meet you, too, Ms. Parker.
저도 만나 뵙게 되어 너무 반갑습니다. 파커 씨.

드디어/직접 만나 뵙게 되어 반갑습니다.
It's nice to finally meet you in person.
It's great to finally meet you in person.

이름만 듣다가 직접 얼굴 보니 반갑네요.
It's nice to put a face to the name.

그간 말로만 듣던 사람을 만나서 인사하는 경우라면 '드디어 직접' 만나게 되었다는 사실에 무게를 실어서 It's nice to finally meet you in person.이라고 하면 적절합니다. 이름만 알고 있던 사람과 만났다면 이름에 얼굴을 매치시킨다는 뜻으로 put a face to the name이라고 인사하면 돼요. 인사와 더불어 "정말로 만나 뵙고 싶었어요." "말씀 많이 들었어요." 등의 말을 덧붙여 주면 더욱 좋겠죠.

Q&A

Q '직접'은 영어로 directly라고 알고 있는데요. It's nice to meet you directly.라고 해도 되나요?

A directly는 일의 과정이나 방법에서 중간 단계를 거치지 않고 직접적으로 바로 처리하는 경우에 '직통으로, 곧장'의 의미로 쓰이고요, in person은 본인이 직접 몸을 움직여야 하는 경우에 '몸소, 면대면으로'의 의미로 쓰여요. 다음 예를 보면 차이점이 보이실 거예요.

Report directly to me.
(다른 사람 거치지 말고) 저에게 곧장 보고해 주세요.

Apply in person.
(우편, 이메일 말고) 본인이 직접 오셔서 신청하세요.

Q put a face to the name의 순서를 바꿔서 put a name to the face라고 해도 되나요?

A 상대방의 이름보다 얼굴을 먼저 알고 있던 경우라면 가능합니다. put _____ to the _____ 구문을 활용할 때 새로 알게 된 정보를 앞쪽에, 이미 알고 있던 정보를 뒤쪽에 넣어 주시면 돼요.

A It's great to finally meet you in person.
드디어 만나 뵙게 되어 정말 반가워요.

B Nice to meet you, too.
저도 반가워요.

A I've heard a lot about you.
말씀 많이 들었어요.

B I hope it was all good things.
좋은 말을 들으셨어야 할 텐데요.

A Of course. Everyone spoke highly of you.
그럼요. 다들 칭찬 일색이던데요.

B Oh, that's a relief.
아, 그렇다면 다행이네요.

▶ speak highly of ~ : ~를 칭찬하다, 좋게 말하다

A You must be Sarah. It's nice to put a face to the name.
사라 씨군요. 이름만 듣다가 직접 얼굴 뵈니 반갑네요.

B Yes, I'm Sarah. And you are…
네, 제가 사라인데, 그쪽은…

A I'm Brian's younger brother, Ryan. He talks about you all the time, so I've been dying to meet you.
전 브라이언 동생 라이언이에요. 형이 어찌나 사라 씨 얘길 하는지, 뵙고 싶어 죽는 줄 알았다니까요.

B Oh, hi, Ryan. It's nice to meet you in person.
아, 안녕하세요, 라이언 씨. 이렇게 직접 만나게 돼서 반가워요.

A Same here.
저도요.

A Hi, I'm June.
안녕, 난 준이라고 해.

B Nice to meet you, June. I saw you several times at the cafeteria. It's nice to put a name to the face.
만나서 반가워, 준. 구내 식당에서 너 몇 번 봤었는데. 얼굴만 알다가 이름까지 알게 되니 좋다.

UNIT 3 오랜만에 만난 사람과 인사 나눌 때

MP3 003

오랜만이다.

It's been ages.

It's been decades.

It's been a while.

Long time, no see.

어떻게 지내? 어떻게 지냈어?

How's it going?

How have you been?

What have you been up to?

What's new with you?

What's going on?

한동안 만나지 못했던 사람을 오랜만에 만나면 거의 기계적으로 Long time, no see.부터 생각나죠? 하지만 '오랜만'의 반경을 좀 더 넓혀서 It's been ages.(못 본 채 세월이 많이 흘렀다.), It's been decades.(못 본 지 수십 년은 된 것 같다.) 등으로 표현하면 훨씬 맛깔나게 들립니다. 상대방에게 그동안 어떻게 지냈는지 안부를 물을 때 역시 How are you? 대신 How have you been? What's new with you? 등을 쓰면 오랜만에 만난 반가움을 좀 더 구체적으로 표현할 수 있어요.

Q&A

Q 직접 만난 자리에서는 Long time, no see.라고 하면 되지만, 오랜만에 전화 통화하는 경우에는 뭐라고 인사하면 좋을까요?

A 오랫동안 서로 말을(대화를) 못했다는 점에 초점을 맞추어 Long time, no talk.라고 하면 됩니다.

Q ages / decades / a while 대신 말을 만들어서 집어넣어도 되나요?

A 네. It's been a million years / months / a long time. 등으로 자유롭게 활용할 수 있습니다.

Real))) CONVERSATION

A Long time, no see. How's it going? 오랜만이다. 어떻게 지내?

B Pretty good. 꽤 잘 지내.

Couldn't be better / worse. 아주 잘 지내고 있어 / 최악으로 지내고 있어.

Can't complain. 나쁘지 않아.

A It's been ages. How have you been? 엄청 오랜만이다. 그동안 어떻게 지냈어?

B I'm getting by. 그럭저럭 지냈어.

I've been doing great. 아주 잘 지내고 있어.

A It's been decades. What have you been up to?
못 본 지 수십 년은 됐겠다. 요새 뭐 하며 지내?

B Not much. 별거 없어.

Working my butt off. 새빠지게 일하고 있어.

A Hey, it's been a while. What's new with you?
오랜만이네. 뭐, 별다른 (새로운) 소식은 없고?

B Nothing's new. 별다른 소식 없어.

I got a new job. 나, 새 직장에 나가.

A It's been a long time. What's going on? 오랜만이다. 어떻게 지냈어?

B Pretty much the same. (예나 지금이나) 거의 똑같지, 뭐.

(on the phone)

A Hey, it's Lauren. How have you been? 얘, 나 로렌이야. 어떻게 지냈니?

B Lauren! Long time, no talk. 로렌! 진짜 오랜만에 통화하네.

A I know. It's been over a year since we last talked.
그러게. 우리 마지막으로 통화한 지 일 년이 넘었더라고.

MP3 004

그 사람은 어때? 어떻게 지내고 있어?

How is she?

How's he doing?

누군가를 통해 제3자의 안부를 물을 때는 간단하게 How is _____? How is _____ doing?이라고 하면 됩니다. 만약 '어떻게' 지내는지가 아니라 '잘' 지내는지를 묻고 싶다면 Is _____ doing well?의 형태로 바꿔 주면 돼요.

Q & A

Q How have you been? What have you been up to? What's new with you?를 주어만 바꿔서 제 3자의 안부를 물을 때도 쓸 수 있나요?

A What has she / he been up to? What's new with her / him?은 많이 쓰이지만, How has she / he been?이라고 하지는 않아요. 대신 관용적으로 How is she / he? How's she / he doing?을 많이 씁니다.

Real 🔊 CONVERSATION

A **How is Jack? Is he doing well?**
잭은 어때? 잘 지내고 있어?

B **Yeah, he's doing great.**
응, 걔 아주 잘 지내고 있어.

A **How's your mom doing?**
너희 엄마는 어떻게 지내셔?

B **She's struggling with her back, but other than that, she's doing all right.**
허리가 아프셔서 고생이지만, 그것 빼고는 잘 지내고 계셔.

A **What's new with your son?**
너희 아들은 뭐, 새로운 소식 없고?

B **Oh, he went to college last year.**
아, 걔 작년에 대학교 갔어.

미국인들의 안부 인사 문화

서로 안부 인사를 할 때 심심찮게 등장하는 소재가 날씨입니다. "요새 더운데 잘 지내?" "날씨도 추운데 어떻게 지내?" 이렇게 말이죠. 한국은 지역에 따라 약간의 기온차나 비가 오고 안 오고의 차이라서 서울에 사는 사람과 부산에 사는 사람이 날씨 얘기를 해도 아주 크게 다를 것까지는 없지요. 하지만 미국처럼 땅덩어리가 큰 나라에서는 어디에 사느냐에 따라 날씨가 극에서 극으로 달라져요. 알래스카, 하와이, 캘리포니아, 애리조나, 플로리다, 텍사스 등이 날씨가 서로 다 제각각이거든요. 그러다 보니 안부 인사에서 날씨가 차지하는 비율이 클 수밖에 없습니다. 캘리포니아에 사는 제가 같은 날 플로리다에 사는 친구, 아이오아에 사는 친구들에게 전화로 안부를 물으면 세 곳 모두 날씨가 따로 놀아요. 아예 계절이 다르구나 싶을 때도 많습니다. 다른 주까지 갈 것도 없이 같은 캘리포니아 안에서도 지역에 따라 한쪽에서는 눈이 오고 다른 한쪽에서는 꽃이 피니 말 다했죠.

멀리 사는 사람들끼리 안부를 전할 때 빈말이라도 언제 한번 놀러 오라는 말도 자주 하는데요, 미국에서는 날씨 때문에 초대하는 시기도 달라집니다. 여름에 오면 쪄 죽으니 겨울에 오라거나, 겨울에 오면 얼어 죽으니 여름에 오라거나, 토네이도 때문에 6월은 피해서 오라거나, 허리케인 시즌 피해서 오라거나, 일 년 열두 달 내내 화창하니까 아무 때나 오라는 식으로요. 이렇게 같은 나라 안에서도 마치 다른 나라에 사는 것 같으니 안부 인사에 날씨를 빠트릴 수가 없답니다.

MP3 005

오늘 하루 어떻게 지내고 계신가요?
How's your day going?

(필요하신) 물건은 다 잘 찾으셨나요?
Did you find everything OK?

점원이 손님에게 인사를 건넬 때 친밀감을 더하기 위해 How's your day going?이라고 묻는 경우가 많아요. 오늘 하루를 어떻게 보내고 있는지에 묻고 대답하다 보면 아무래도 대화가 풍성해지니까요. 아침에는 How's your morning going?, 저녁에는 How's your evening going? 등으로 시간대에 맞게 활용하기도 합니다. 또 고객의 편의와 만족도를 확인하는 차원에서 고객이 필요한 물건은 다 찾았는지를 인사처럼 물어보기도 하는데, Did you find everything OK?가 바로 그 표현입니다.

Q & A

Q 그럼 How's your day going?은 상점에서만 쓰는 인사말인가요?

A 아니요. 장소나 대상에 관계없이 쓸 수 있는 표현이에요. 단, 상대방의 하루가 어떻게 돌아가고 있는지 모른다는 전제 하에서 하는 질문이라서 같은 공간에서 늘 붙어 있는 사람들끼리는 잘 사용하지 않습니다.

Real 🔊 CONVERSATION

Clerk Hi. Did you find everything OK?
안녕하세요. 필요한 물건은 다 찾으셨나요?

Customer Yes, I did.
네, 다 찾았어요.

Clerk Good. How's your day going?
잘됐네요. 오늘 하루 어떻게 보내고 계세요?

Customer It was a long day at work. I can't wait to go home and rest.
회사에서 일이 많았어요. 빨리 집에 가서 쉬고 싶네요.

Clerk Do you live around here?
이 근처에 사세요?

Customer Yes. I live near downtown.
네, 다운타운 근처에 살아요.

CHAPTER 2

헤어질 때 인사하기

만나서 반가웠어요.
(It was) nice / great meeting you.

대화 즐거웠어요.
(It was) nice talking to you.

초면인 사람과 대화 후 헤어질 때는 It was nice meeting you. 보통은 짧게 Nice meeting you.라고 인사합니다. 대화가 즐거웠다는 걸 강조하고 싶다면 Nice talking to you.라고 하면 되는데, 이 인사는 초면인 사람뿐 아니라 친구, 지인 등 나와 대화를 나눈 상대 누구에게나 쓸 수 있어요.

Q & A

Q 아는 사람과 대화 후 헤어질 때도 Nice meeting you.라고 할 수 있나요?

A 아니요. Nice to meet you.가 초면인 사람에게만 쓰이는 인사이 듯 Nice meeting you. 역시 초면인 사람에게만 쓸 수 있어요. 이 두 표현에서 meet은 일반적인 만남이 아닌 '첫만남'을 뜻합니다.

Q Nice meeting you.라는 인사에 Me, too.라고 화답해도 되나요?

A 아니요. 나를 만나서 반가웠다는 사람에게 Me, too.라고 하면 '나도 나를 만나서 반가웠다'라는 어색한 말이 되어 버리기 때문에 You, too.라고 화답하셔야 합니다. 물론 Nice meeting you, too.나 Same here. 등의 화답도 좋아요.

Real 🔊 CONVERSATION

A I should go back to work. It was very nice meeting you.
저는 다시 일하러 가 봐야 해서요. 만나서 반가웠습니다.

B You, too. Hope to see you again. 저도 반가웠어요. 또 뵈면 좋겠네요.

A It was nice talking to you. 대화 즐거웠어요.

B Same here. It was great meeting you. 저도요. 만나서 무척 반가웠습니다.

MP3 **007**

만나서 반가웠어요.
(It was) nice seeing you.
It was good to see you.

대화 즐거웠어요.
(It was) nice talking to you.
It was fun talking to you.

이미 알고 지내는 사람과 만났다 헤어질 때는 '얼굴 봐서' 반가웠다는 사실에 중심을 두어 Nice seeing you. It was good to see you.라고 해야 합니다. 반면에 '대화가 즐거웠다'의 Nice talking to you. It was fun talking to you.는 초면, 구면에 상관없이 다 쓸 수 있어요.

Q&A

Q 헤어질 때는 보통 빈말로라도 "언제 한번 보자." "또 만나자."라고 하는데, 이 말을 영어로는 어떻게 하나요?

A 원어민들이 자주 쓰는 get together(만나다)를 활용해서 We should get together sometime(언제 한 번 보자). Let's get together again(또 만나자). 이렇게 말하면 됩니다.

Real CONVERSATION

Michael Annie? 애니?

Annie Hey, Michael! Nice to see you here. How's it going?
어머, 마이클! 여기서 보다니 반갑다. 어떻게 지내?

Michael Pretty good. How about you? What have you been up to?
잘 지내지. 넌? 어떻게 지냈어?

Annie Just been busy at work. 뭐 일하느라 바쁘지.

Michael I see. Well, it was nice seeing you. 그렇구나. 아무튼 얼굴 봐서 반가웠어.

Annie You, too. We should get together sometime. 나도. 우리 인제 한번 만나야지.

Michael Oh, that would be great. Call me anytime. 아우. 그럼 좋지. 아무 때나 전화해.

Annie I will. 그럴게.

MP3 008

나중에 봐.
> Later.
>
> Catch you later.
>
> See ya.
>
> See you around.
>
> I'll see you soon.

잘 지내. 건강 잘 챙기고.
> Take care.

자주 보는 사람들이라면 만나고 헤어질 때마다 격식을 갖추기보다는 편하고 가볍게 인사를 주고받습니다. 누구나 아는 See you later. 외에 원어민들이 즐겨 쓰는 Catch you later. Later. Take care. '오며가며 또 보자'는 뜻의 See you around. 역시 자주 보는 사이에 건넬 수 있는 캐주얼한 인사입니다.

Q&A

Q 아무리 자주 보는 사이더라도 상대가 직장 상사나 나보다 나이가 많은 사람이라면 어느 정도 예의는 지켜야 할 것 같은데, 이런 표현들을 써도 괜찮나요?

A 네, 괜찮습니다. 미국은 나이나 직급으로 상하 수직관계가 조성되는 곳이 아니라서 위의 표현들이 건방지게 들리지는 않아요. 그래도 걱정이 된다면 좀 더 정형적인 느낌이 드는 Good bye. Hope you have a nice day. Have a wonderful day. 등의 표현을 사용하셔도 괜찮습니다.

Real 📶 CONVERSATION

A I gotta go now. Catch you later. 나 이제 가 봐야겠다. 나중에 봐.

B All right. Later. 그래. 나중에 보자.

A Have a nice lunch. 점심 맛있게 먹어.

B Thanks. See you around. 고마워. 또 보자.

A I'll call you. Take care. 내가 전화할게. 잘 지내고.

B You, too. 너도.

A All right, then. See ya. 그래. 그럼. 또 보자.

B See ya. 또 봐.

A Have a good weekend. 주말 잘 보내.

B You, too. I'll see you soon. 너도. 또 보자.

A Have a wonderful day, and I'll see you tomorrow.
오늘 좋은 하루 보내고, 내일 보자.

B You, too. Bye. 너도. 안녕.

A Hope you have a nice weekend.
주말 잘 보내시길요.

B Thank you. You have a nice day, too.
고마워요. 그쪽도 주말 잘 보내세요.

MP3 009

_____에게 안부 전해 줘.

Tell _____ I said hi.

Say hello to _____ (for me.)

Give _____ my best.

Send my best regards to _____.

Send _____ my love.

내가 직접 만나서 인사하지 못할 경우, 제3자를 통해 대신 안부를 전하기도 합니다. Tell ____ I said hi. Say hello to ____. Give ____ my best. 이 세 가지 표현은 보편적으로 누구에게나 사용하지만, 격식을 차려야 하는 상대에게 전하는 안부일 경우에는 Send my best regards to ____.가 적절합니다. 가족이나 친지, 혹은 가족처럼 가까운 사람에게 전하는 안부라면 Send ____ my love.라고 하면 돼요.

Q & A

Q 부탁받은 사람 입장에서 안부를 전해 줄 때는 어떻게 말하나요?

A 시제에 따라 두 가지 경우로 나뉘어요. 부탁받은 시점을 중심으로 He said hi to you. He asked me to send you his best. 이렇게 과거형으로 전할 수도 있고, 전하는 시점을 중심으로 He sends you his regards. He sends his love. 이렇게 현재형으로 전할 수도 있습니다.

Real 🔊 CONVERSATION

A Bye. Oh, tell Aiden I said hi.
잘 가. 아, 에이든한테 내 안부 전해 주고.

B I will. 알았어.

A It was nice seeing you. 얼굴 봐서 반가웠어.

B You, too. Oh, say hello to your husband for me. I haven't seen her for a while.
나도. 아, 네 남편한테 나 대신 안부 전해 줘. 못 본 지 한참 됐다.

A Will do. Give your husband my best, too.
그럴게. 네 남편한테도 내 안부 전해 주고.

B All right. Thanks. 그래. 고맙다.

▶ Will do : 부탁이나 당부를 받았을 때 '그러겠다'는 뜻으로 원어민들이 많이 쓰는 표현이에요.

A I'm going to visit Professor Hunt next week.
나, 다음 주에 헌트 교수님 찾아 뵈려고.

B You are? Would you send my best regards to her?
She was my favorite professor.
정말? 교수님께 내 안부 좀 전해 드릴래? 내가 제일 좋아했던 교수님이시거든.

A Will do. 그럴게.

B Thanks. 고맙다.

A We should go visit Mom on her birthday. 우리, 엄마 생신 때 찾아 뵙자.

B I can't. I work that day. 난 안 돼. 그날 일한단 말이야.

A Then, I'll just go by myself. 그럼 나 혼자 가지, 뭐.

B I feel like I'm such a terrible daughter. Send her my love and tell her that I wish I were there. 내가 되게 나쁜 딸인 것 같네. 엄마한테 내가 사랑한다고 전해 주고, 나도 시간 같이 보내고 싶어 했다고 말해 줘.

A Can you take a day off? Let's go together.
하루 월차 내면 안 돼? 같이 가자.

B I wish I could. 그럴 수 있으면 좋게.

▶ take a day off : 일을 하루 쉬다(한국의 월차 개념)

▶ take a half day off : 반차 내다

▶ take a sick day : 병가 내다

MP3 010

남은 하루 잘 보내.
Enjoy the rest of your / the day.
Have a good rest of your / the day.

하루 중 아침 시간이라면 "오늘 하루 잘 보내세요."라고 인사할 수 있지만, 하루의 반 이상이 지난 시점이라면 "남은 하루 잘 보내세요."가 더 적절하겠죠. 시간의 단위를 넓혀서 일주일, 한 달, 한 해, 혹은 휴가나 학기 등의 남은 기간을 잘 보내라고 할 때도 마찬가지입니다. Enjoy the rest of your / the _____. Have a good rest of your / the _____. 구문에 시간 단위만 바꿔 넣어서 활용하면 돼요.

Q & A

Q 언제 rest of the를 쓰고 언제 rest of your를 쓰나요?

A the, your 둘 중 아무거나 쓰셔도 상관없습니다. 문법적으로 따지면 your가 더 정확하지만, 일상에서 가볍게 주고받는 인사라서 굳이 신경 써서 구분할 필요는 없어요. 원어민들도 일상에서 두 가지 표현을 모두 사용합니다.

HOW TO USE

Enjoy the rest of your evening.
남은 저녁 시간 즐겁게 보내세요.

Enjoy the rest of the weekend.
남은 주말 즐겁게 보내세요.

Enjoy the rest of your vacation.
남은 휴가 즐겁게 잘 보내세요.

Enjoy the rest of the semester.
남은 학기 잘 보내세요.

Have a good rest of your day.
남은 하루 잘 보내세요.

Have a good rest of the winter.
남은 겨울 멋지게 잘 보내세요.

Have a good rest of your night.
남은 밤 시간 즐겁게 보내세요.

Have a good rest of your summer break.
남은 여름 방학 즐겁게 잘 보내세요.

MP3 011

좋은 하루 보내세요.
Have a good one.

제가 상점에서 계산을 마치고 나올 때 점원들에게 거의 매번 듣는 말이 바로 Have a good one. 입니다. 여기서 one은 day를 뜻하는 것이라 Have a good day. 와 같은 말인데요, Have a good day. 보다 일상적으로 더 자주 쓰여요. Good bye. 를 생략하고 Have a good one. 만 으로도 헤어질 때 인사로 충분합니다.

Q & A

Q   그럼 Have a good one.은 가게에서만 쓸 수 있나요?

A   아니요. 친구나 지인 사이에 써도 되고, 심지어는 손님이 점원에게 먼저 쓸 수도 있어요. 다만, 상점이라는 장소의 특성상 점원과 손님이 헤어질 때 인사로 See you around. Catch you later. 라고 하기는 피차 어색하니, 상대적으로 Have a good one.을 사용하는 빈도수가 높다는 것이죠.

Real 📶 CONVERSATION

Clerk   Hi, did you find everything OK?
안녕하세요. 물건들은 다 잘 찾으셨어요?

Customer   I did.
네.

Clerk   Good. Your grand total is 87 dollars.
잘됐네요. 전부 해서 87달러 나왔습니다.

(계산을 마치고)

Clerk   Is the receipt OK in the bag?
영수증을 봉지(쇼핑백) 안에 같이 넣어드릴까요?

Customer   Yes, it's fine.
네. 그러세요.

Clerk   You're all set. Have a good one.
다 됐습니다. 좋은 하루 보내세요.

Customer   You, too.
그쪽도요.

따뜻하게 지내.
Stay warm.

"따뜻하게 입고 다녀." "더위 안 먹게 조심해." "비 맞고 다니지 말고." "힘들겠지만 힘내." 처럼 한국말로는 다양한 형태로 인사말을 건넬 수 있는 반면, 영어로는 Stay _____. 이 형태 하나로 많은 것이 해결돼요. '가장 이상적인 상태로 있으라'는 의미의 틀 안에 이 상적인 상태에 해당하는 단어들만 바꿔 넣으면 됩니다.

Q & A

Q "감기 걸리지 않게 조심해."도 Stay _____. 형태로 가능하나요?

A 이 경우에는 일정한 상태로 계속 머무르라는 말이 아니라 어떤 상태가 되지 않도록 조심하라는 말이기 때문에 Stay _____. 형태는 맞지 않아요. Watch out for the cold. Be careful not to catch a cold.라고 풀어서 설명하는 것이 좋습니다.

HOW TO USE

Stay warm.
(추운 날에) 따뜻하게 지내.

Stay cool.
(더운 날에) 시원하게 지내 / 더위 먹지 말고.

Stay dry.
(비 오는 날에) 비 맞고 다니지 마.

Stay healthy.
항상 건강하고 / 몸 잘 챙기고.

Stay strong.
(어려운 상황일 때) 마음 단단히 가져 / 힘내.

Stay positive.
긍정적인 마음 잃지 마.

Stay safe.
(와일드한 파티, 여행, 위험할 수도 있는 장소에 가는 사람에게) 몸조심해.

Let's stay in touch.
계속 연락하자.

CHAPTER 3

감사하기

정말로/진심으로 감사드립니다.

I really appreciate it.

I sincerely appreciate it.

Thank you.가 단순히 '고맙다'는 의미라면 appreciate은 '고마운 상황임을 인식하고 있다'는 의미여서, 말로만 고마운 게 아니라 진심으로 고맙게 생각하고 있다는 걸 강조할 수 있는 표현입니다. appreciate 앞에 really, sincerely, deeply 등의 부사를 곁들여도 좋아요. 강조의 또 다른 방법으로 Thank you. I really appreciate it. 이렇게 두 문장을 연달아서 말하는 경우도 많습니다.

Q&A

Q appreciate 다음에는 항상 대명사 it만 오나요?

A I appreciate it.은 한 덩어리로 쓰이는 관용 표현이지만, it 대신 고마운 대상이나 이유를 구체적으로 삽입해도 괜찮습니다. I appreciate my wife(난 우리 아내한테 너무 고마워). I appreciate your offer(제게 그런 제안을 해 주셔서 정말 감사합니다). 이런 식으로요.

Real 🎧 CONVERSATION

A Would you do me a favor?
제가 부탁 하나 드려도 될까요?

B Sure. What is it?
그럼요. 무슨 부탁인데요?

A Can you fill in for me tomorrow? I have a family emergency.
내일 저 대신 일해 주실 수 있을까요? 제가 가족 일로 좀 급한 문제가 생겨서요.

B No problem. I'll fill in for you.
당연히 되죠. 제가 대신 일해 드릴게요.

A Thank you. I really appreciate it.
고맙습니다. 정말 감사드려요.

B Absolutely.
물론이죠.

▶ fill in for: ~ 대신 일하다, ~ 자리를 대신하다
▶ family emergency: 가족에게 일어난 급한 일

미국인들의 감사 선물/선물 문화

감사한 마음을 전하는 데 선물만 한 게 없지만, 적당한 선물을 고르는 게 쉬운 일만은 아니죠. 선물 받을 사람을 개인적으로 잘 안다면 모를까, 무얼 좋아하는지, 무얼 필요로 하는지 아무 정보도 없다면 그야말로 고민스럽지 않을 수 없습니다. 그러다 보니 제일 만만하고 무난한 게 상품권인데요, 미국에도 상품권 개념인 gift card가 선물 대용으로 널리 쓰여요. 비자, 마스터, 아메리칸 익스프레스 같은 유명 크레딧 카드 회사에서 발급된 $25, $50, $100짜리 상품권을 어디서나 쉽게 구입할 수 있는데, $500 한도 내에서 원하는 금액을 정할 수도 있어요. 단, 구입 시 한 장당 3~5 달러 정도의 activation fee라는 것이 별도로 붙기 때문에 살 때마다 억울한 마음이 드는 건 구매자가 감당해야 할 또 다른 몫입니다. 그래서 activation fee 없는 Amazon 같은 온라인 쇼핑몰이나 대형 상점 gift card를 선호하는 사람들도 많아요. 또, 주는 사람 받는 사람 모두에게 부담 없기로는 Starbucks gift card만 한 게 없는데요, 미리 정해진 금액의 상품권을 살 수도 있지만 매장에 직접 가서 원하는 금액만큼 넣어달라고 할 수도 있습니다. 미국에서 스승의 날과 스승의 주(Teacher's Day, teachers appreciation week) 선물로 제일 잘 나가가는 게 스타벅스 상품권이라네요.

스타벅스 같은 유명 체인은 말할 것도 없고, 미국에는 자체 기프트 카드를 판매하는 레스토랑이나 가게들이 많아서 이것도 선물용으로 아주 유용합니다. 맛집 레스토랑이나 마사지샵, 자주 가는 옷 가게 기프트 카드를 싫어하는 사람은 드무니까요. 그 외에도 비디오 게임을 좋아하는 사람들을 위한 마이크래프트나 포나잇, 엑스박스, 플레이스테이션 등의 비디오 게임 기프트 카드까지 있는 걸 보면 미국이 상품권 천국이 맞긴 맞는 것 같죠!

감사한 마음을 말로 다 표현할 수가 없습니다.
Words cannot express my gratitude.

뭐라고 감사의 말씀을 드려야 할지 모르겠습니다.
There are no words to express how much I thank you.

I can't tell you how much I appreciate it.

제가 얼마나 고마워하는지 아마 모르실 거예요.
You have no idea how much I appreciate it.

고마운 마음이 너무 커서 표현하는 데 한계가 느껴질 때 '말로 다 못할 만큼 고맙다'라고 하는데요, 영어로는 '표현할 단어(말)가 없다'는 의미로 words cannot express ~, no words to express ~ 구문을 씁니다. 이 외에도 I can't tell you ~, You have no idea ~ 구문으로 말로는 다 못할 감사의 마음을 전할 수 있습니다.

Q & A

Q 말로 다 할 수 없을 만큼 고맙다고 할 때 I can't thank you enough.라고 해도 되지 않나요?

A 물론 되죠. I can't thank you enough.는 이미 많이 알고 계실 것 같아서 좀 색다른 표현들을 알려 드리고 싶었어요. I'm beyond thankful. 표현도 있으니 함께 알아두면 좋을 것 같아요. 고마운 걸 넘어서 그 이상으로 고맙다, 즉 '설명할 수 없을 정도로 고맙다'라는 뜻입니다.

Q I can't tell you how much I appreciate it. 이 문장에서 tell 대신 say나 talk를 써도 되나요? Say, talk도 '말하다'의 뜻이니까요.

A say는 되지만 talk는 안 돼요. talk 역시 '말하다'의 뜻이긴 하지만 감정이나 생각을 전달하는 방법이라기보다는 말하는 행위 자체에 초점이 맞추어진 단어라서 I can't talk how much I appreciate it.이라고 쓰지는 않습니다.

Real))) CONVERSATION

A Thank you so much for giving me a chance. Words cannot express my gratitude.

저에게 기회를 주셔서 정말 감사합니다. 이 감사한 마음을 말로는 다 표현할 수가 없네요.

B You're very welcome. I know you would do a great job.

천만에요. 아주 잘 해내실 거예요.

A Thank you so much for taking my mom to the doctor. You saved her life. There are no words to express how much we thank you.

저희 어머니를 병원에 모셔다 주셔서 정말 감사합니다. 덕분에 어머니가 사셨어요. 뭐라고 감사의 말씀을 드려야 할지 모르겠습니다.

B It's nothing. Anyone else would've done the same thing.

별거 아니에요. 누구라도 똑같이 했을 텐데요, 뭐.

A A gentleman found my wallet and brought it to the police station. I want to show him my gratitude.

어떤 남자분이 내 지갑을 찾아서 경찰서에 갖다 주셨어. 그분께 감사의 표시를 하고 싶은데.

B How about a steak house gift card?

스테이크 하우스 상품권은 어때?

A That would do it.

그거면 되겠다.

A Thank you for your help. You have no idea how much I appreciate it.

도와줘서 고마워. 내가 얼마나 고마워하는지 넌 아마 상상도 못할 거야.

B No worries. You would've done the same for me.

신경 쓰지 마. 너라도 똑같이 했을 텐데, 뭐.

A Thank you for what you've done for us. We can't tell you how much we appreciate it.

저희를 위해서 해 주신 일, 감사느러요. 말로 디 못할 만큼 감사해하고 있어요.

B You're welcome. That's my job.

별 말씀을요. 그게 제 일인걸요.

UNIT 3 Thank you.를 쓰지 않고 고마움을 전할 때

MP3 015

제가 신세를 졌네요.
I owe you (one.)

도움이 많이 됐어요.
It was a big help.

난 너 없으면 안 돼.
What would I do without you?

직접적으로 '고맙다'라는 말을 하지 않고도 상대방에게 내가 고마워한다는 걸 알릴 수 있는 표현들이 있는데요. 영어로는 '내가 너한테 빚졌다'는 의미로 I owe you one. '큰 도움이 됐다'는 의미로 It was a big help. '난 너 없으면 안 된다'는 의미로 What would I do without you? 등의 표현들을 사용합니다.

Q&A

Q 금전적으로 빚을 진 게 아니어도 owe를 쓸 수 있나요?

A 네, 쓸 수 있어요. 금전적인 빚, 심적인 빚, 신세 등 언젠가 다시 갚아야 할 부채라면 owe에 해당합니다. 또, 굳이 부채가 아니더라도 가게에서 계산할 때 손님이 지불해야 할 돈이라는 의미로 쓰이기도 해요. How much do I owe you(얼마죠)? You owe us thirty bucks(30달러 내시면 됩니다). 이런 식으로요.

Q It was a big help. 이 문장에서 big 대신 다른 단어를 넣어 쓸 수도 있나요?

A 네. huge, great, nice 등 상대방의 도움을 더욱 돋보이게 해 주는 단어라면 무엇이든 됩니다.

Real 📶 CONVERSATION

A Thank you for the ride. I owe you one.
태워다 줘서 고마워. 내가 너한테 신세졌네.

B No, you don't. 신세는 무슨.

A You saved me today. I owe you big time.
오늘 네 덕에 살았어. 너한테 신세 한 번 크게 졌다.

B No worries. 신경 쓸 거 없어.

A You owe me one. 너 나한테 신세졌다.

B I know. It was so nice of you.
알지. 진짜 고마워.

A It was a big help. I'll buy you lunch.
도움도 많이 받았는데. 내가 너 점심 사 줄게.

B No need to. I'm just happy that I could give you a hand.
안 그래도 돼. 나야 도와줄 수 있어서 좋았지.

A Finally, we're done. Hey, you were a huge help.
드디어 끝냈다. 야. 네 도움이 정말 컸어.

B I'm glad I could help. 내가 도울 수 있어서 다행이야.

A You fixed my computer again! What would I do without you?
네가 내 컴퓨터를 또 고쳐 줬구나! 난 너 없으면 어떻게 살까?

B It's nothing. I'm happy to be of help.
별것도 아닌데 뭐. 도움이 돼서 다행이야.

A You're amazing! What would I do without you?
너 진짜 대단하다! 너 없으면 난 어쩌냐?

B Yeah, what would you do without me? I'm just teasing.
그러게. 너 나 없으면 어쩔래? 농담이야.

> ▶ I'm just teasing. : teasing은 '놀리는' '장난'의 뜻으로 대화 중 "농담이야." "장난 한번 쳐 본 거야."
> 의 의미로 많이 쓰여요.

45

UNIT 4 공개적으로 고마움을 전할 때

MP3 016

제 직장 동료들에게 감사를 전하고 싶습니다.
I'd like to thank my co-workers.

우리 교상 선생님께 모두 감사(환호/ 박수)를 전합시다.
Let's give a shout-out to our principal.

사람들이 많이 모인 곳에서 특정 대상에게 공개적으로 감사를 전하는 경우 I would like to thank _____ , give a shout-out to _____ 구문을 활용할 수 있습니다. 이때 shout-out은 '환호, 박수'를 뜻하는데요, 그만큼 고마운 마음을 담아 환호와 박수를 보낸 다는 의미입니다.

Q&A

Q shout out은 큰 소리로 외친다는 뜻 아닌가요?
A shout out이 동사로 쓰이면 '큰 소리로 외치다'의 뜻이지만, 명사로 쓰이면 shout-out의 형태가 되어 '감사의 표시, 환영의 표시'라는 뜻이에요. 그래서 명사 shout-out은 감사할 때뿐 아니라 누군가를 환영할 때 쓰인다는 것도 알아두세요. 감사의 표현이든 환영의 표현이든 모두가 큰 소리로 기쁘게 환호한다는 점에서 동사의 뜻과 일맥상통한다고 볼 수 있습니다.

HOW TO USE

I would like to thank my parents for supporting me.
저를 뒷받침해 주신 부모님께 감사드리고 싶습니다.

I'd like to give a special thanks to my teammates.
우리 팀원들께 특별히 감사드리고 싶어요.

Here tonight, I'd love to thank our director, Steven Spielberg.
오늘 밤 이 자리에서 우리 스티븐 스필버그 감독님께 감사드리고 싶습니다.

I'd like to give a big shout-out to Sarah.
사라에게 고마움을 전하고 싶습니다.

Let's give a shout-out to our new coach.
우리 모두 새 코치님을 환영합시다.

Everybody, give a big shout-out to our teachers.
여러분, 우리 선생님들께 박수와 환호를 보내 드립시다.

수고해/애써 주셔서 감사합니다.

Thank you for your trouble.

Thank you for going through the trouble.

I appreciate all the trouble you went through.

문제가 생기면 해결하려고 애쓰기 때문에 단어 trouble에는 '문제'라는 뜻 외에 '수고' '고생'이라는 뜻도 함께 있습니다. 그래서 one's trouble은 '아무개의 노고, 수고'가, go through the trouble은 문제를 뚫고 가다, 즉 '애쓰다, 수고하다'의 의미가 되는 거죠. 따라서 Thank you나 appreciate과 같이 쓰이면 "수고해 주셔서 감사합니다."라는 인사말이 됩니다.

Q & A

Q 애썼다는 건 결국 노력했다는 뜻이니까 trouble 대신 effort를 넣어서 **Thank you for your effort.**라고 해도 되나요?

A 아주 큰 차이는 없어서 effort를 써도 다 알아듣긴 해요. 그래도 차이점을 말씀 드리면 Thank you for your trouble.은 '하기 싫고 귀찮은 일일 텐데 그래도 해 줘서 고맙다'는 뉘앙스이고, Thank you for your effort.는 결과가 성공적이든 아니든 '열심히 해 줘서 고맙다'는 뉘앙스입니다.

Real 🔊 CONVERSATION

A **I finished editing your essay.**
네 에세이 교정 내가 다 끝냈다.

B **You did? Thank you so much for your trouble.**
진짜? 수고해 줘서 너무 고마워.

A **Not at all.**
고맙긴.

A **I tried to fix the sink, but I couldn't. I'm sorry.**
싱크대를 고쳐 보려고 했는데 못 고쳤어요. 죄송합니다.

B **Don't be sorry. You worked on it for hours. Thank you for your effort.**
죄송하긴요. 몇 시간이나 (싱크대에) 매달려서 일하셨는걸요. 애써 주셔서 감사해요.

MP3 018

> 빨리 처리해 주셔서 감사드립니다.
>
> ## Thank you for the quick / fast turnaround.
>
> ## Thank you for taking care of it so promptly.

내가 부탁했던 일을 상대방이 처리해 줘서 고맙다고 인사할 때는 간단하게 Thank you for taking care of it. 이라고 하면 되지만, 지체하지 않고 '빨리' 처리해 준 속도에 감사하고 싶다면 뒤에 promptly를 덧붙이거나, 일을 처리하고 보내주는 데까지 걸리는 시간을 뜻하는 turnaround를 써서 Thank you for the quick / fast turnaround. 라고 하면 좋습니다.

Q & A

Q take care of ~는 사람을 돌본다는 뜻 아닌가요? 일 처리와 어떤 연관이 있나요?

A take care of는 사람, 동물, 사물, 업무, 일 등 대상이 무엇이든 그것을 돌보고 관리한다는 의미의 표현이라 거래처와의 업무나 집안 일처럼 처리해야 할 일에 관련해서도 사용할 수 있습니다.

Real 🔊 CONVERSATION

A Thank you for the quick turnaround. I really appreciate it.
일을 빨리 처리해 주셔서 고맙습니다. 진심으로 감사드려요.

B Sure thing.
당연한 건데요, 뭐.

A Thank you for taking care of it so promptly. I didn't expect it to be done this quickly.
일을 빨리 처리해 주셔서 감사합니다. 이렇게 빨리 될 줄은 몰랐네요.

B No problem. Luckily, I had time to take care of it.
천만에요. 다행히 제가 시간이 나서 처리했어요.

A Shoot! I forgot to make a reservation for the restaurant.
이런! 식당 예약하는 걸 깜빡했네.

B I already took care of it.
내가 벌써 (예약)해 놨어.

A You did? Thank you for taking care of it for me.
그랬어? 나 대신 해 줘서 고마워.

답변/회신에 감사할 때

MP3 019

답변해/회신해 주셔서 감사합니다.

Thank you for your reply.

Thank you for your response.

Thank you for being responsive.

Thank you for getting back to me.

답변을 요하는 이메일, 문자 등을 무시하지 않고 답신을 보내준 상대방에게 감사를 표할 때는 응답을 뜻하는 reply, response, responsive를 활용해 주면 됩니다. 내가 보낸 연락이 부메랑처럼 다시 내게로 돌아왔다는 의미에서 get back to me 구문도 자주 사용해요.

Q&A

Q 회신에 답해 줬다는 뜻이니까 answer를 써서 Thank you for your answer. 라고 해도 되나요?

A 아니요. answer는 문제나 질문에 대한 답을 말하는 것이라서 Thank you for your answer.라고 하면 내 질문에 대답해 줘서 고맙다는 뜻이지 회신해 줘서 고맙다는 뜻은 아니에요. 대신 Thank you for answering my email / text.라고는 할 수 있습니다.

HOW TO USE

Thank you for replying to my email.
제 이메일에 답신 주셔서 감사합니다.

Thank you for replying to my application.
제 지원서 보시고 연락 주셔서 감사합니다.

Thank you for being responsive. I really appreciate it.
회신 주셔서 고맙습니다. 진심으로 감사드려요.

Thank you for your (quick) response.
(빨리) 답변해 주셔서 감사합니다.

Thank you for your (prompt) response.
(지체 없이 바로) 답변해 주셔서 감사합니다.

Thank you for getting back to me (so soon).
(이렇게 빨리) 연락 주셔서 감사합니다.

UNIT 8 선물이나 배려를 받고 고맙다고 할 때

MP3 020

뭐 이런 걸 다. 안 그러셔도 되는데.
You shouldn't have.

남이 나에게 호의를 베풀어 주거나 선물을 주면 고마운 마음에 "안 그러셔도 되는데." "뭐 이런 걸 다." 이렇게 말하는데요, 영어로는 You shouldn't have.라고 합니다. You shouldn't have brought this(이런 거 안 가져와도 되는데). You shouldn't have come all the way here for me(나 때문에 일부러 여기까지 안 와도 되는데). 같은 문장에서 구체적인 부연 설명을 생략하고 간단하게 고마운 마음만 남긴 표현이 You shouldn't have.입니다.

Q & A

Q **You shouldn't have.** 대신 **You didn't have to.**라고 해도 되나요?

A You didn't have to.는 '불필요한 짓을 했다, 안 해도 될 걸 굳이 했다'는 느낌의 표현이라 You shouldn't have.를 쓰는 게 좋습니다. 고마워해야 할 사람에게 되레 '쓸데없는 짓을 했다'라는 느낌을 줄 수도 있기 때문이죠.

Real 🔊 CONVERSATION

A Happy birthday! Here's a little gift for you.
생일 축하해! 자, 네 선물로 작은 거 하나 준비했어.

B You shouldn't have. Thank you, though.
뭐 이런 걸 다. 아무튼 고마워.

A Hi. I brought something for you.
안녕하세요. 제가 뭘 좀 가져왔어요.

B Oh, you shouldn't have.
어머, 이런 거 안 가져오셔도 되는데.

A I just wanted to.
제가 좋아서 가져온 건데요, 뭐.

A I cleaned your office while you were gone.
출타 중이실 때 제가 사무실 청소해 놨어요.

B Gosh! You shouldn't have.
세상에! 안 그래도 되는데.

A It was the least I could do. 이 정도는 제가 해 드려야죠.

UNIT 9 부탁 들어줄 거라 생각하고 미리 고맙다고 할 때

MP3 021

미리 감사드려요.
Thank you in advance.

어떤 도움이라도 주신다면 감사하겠습니다.
Thank you for any help you can offer.

상대방이 나를 도와줄 수 있는지 없는지, 의중을 묻기도 전에 당연히 도와줄 거라 생각하고 감사 인사부터 하는 좀 얄미운 경우가 있습니다. 그런 감사 인사를 말할 때 Thank you in advance.라고 하는데요, 자칫 이기적이고 무례한 느낌을 줄 수 있어서 아주 친한 사이이거나 업무상 꼭 수행해야 할 지시를 내리는 경우가 아니라면 쓰지 않는 것이 좋습니다. 대신 "어떤 도움이라도 주신다면 감사히 받겠습니다."의 공손한 느낌을 주는 Thank you for any help you can offer.라고 하는 게 좋아요.

Q & A

Q advance는 '발전, 발달'이라는 뜻 아닌가요? '미리'라는 뜻으로도 쓰이나요?
A in advance의 형태로 쓰이면 기한을 앞당겨서 미리 한다는 의미가 됩니다. '미리'의 뜻으로 쓰이는 다음 경우를 보세요.

I got paid in advance.
월급을 당겨 받았어.

I bought the concert tickets in advance.
공연 티켓을 미리 사 뒀어.

HOW TO USE

Hannah, please water my plants while I'm gone. Thank you in advance. 한나, 나 없는 동안에 내 화분에 물 좀 주라. 미리 고마워.

We want every employee to respect our company policies. Thank you in advance.
직원 여러분 모두가 사내 법규를 잘 지켜 주셨으면 합니다. 그렇게 해 주실 거라 믿고 미리 감사드립니다.

Thank you in advance for doing my laundry, Mom.
제 빨래, 해 주실 줄로 알고 미리 고마워요, 엄마.

I need some advice on this. Thank you for any help you can offer. 이것과 관련된 조언이 필요합니다. 어떤 도움이든 감사히 받겠습니다.

I'm lost on this project. I would appreciate any help you can offer. 이 프로젝트, 갈피를 못 잡겠어요. 어떤 식으로든 도와주시면 감사하겠습니다.

UNIT 9 **51**

내가 더 고맙다고 할 때

MP3 022

내가 더 고맙지.
  Thank YOU.

내가 고마워해야 하는데, 상대가 오히려 나에게 고맙다고 하면 "아우, 아니야. 내가 더 고맙지."라고 하는데, 막상 영어로 옮기려면 막막하죠? I thank you more than you thank me.라고 하면 되나 싶고요. 하지만 답은 의외로 간단하게 Thank you.입니다. 단, you에 악센트를 두고 올려서 말해 줘야 해요. 위 예문에서 You를 대문자 처리한 이유도 실제로 대문자로 쓴다는 게 아니라 그 부분을 올려서 말해야 한다는 걸 보여드리기 위해서입니다. 내가 '너'에게 고맙다, 이렇게 '너'를 강조함으로써 네가 나에게 고마워할 게 아니라 내가 너에게 고마워해야 한다는 의미를 확실히 전하는 것이죠.

Q&A

Q 누가 나에게 고맙다고 했을 때 "그런 말 마세요."라고 응대하기도 하잖아요. 영어로 Don't mention it.이 맞나요?

A 네, 맞아요. 단, Don't mention it.은 꽤 교과서 느낌이기도 하고 약간 오래된 표현이기도 해서 실제로 그렇게 말하는 원어민들이 많지는 않아요. 한국인의 사고방식으로는 겸손하게 사양하는 것이 예의라서 "별거 아니에요." "그런 말씀 마세요."라고 해야 할 것 같지만, 원어민들은 오히려 상대방의 고마운 마음을 선뜻 받아들여서 Of course. Sure. 등으로 대꾸합니다.

Real 🔊 CONVERSATION

A Thank you.
감사합니다.

B Thank YOU!
제가 더 감사하죠!

A Thank you for the purchase.
구입해 주셔서 감사합니다.

B Thank YOU. You helped me a lot with it.
제가 더 감사하죠. 구입하는 데 도움을 많이 주셨잖아요.

There are no words
to express
how much
I thank you.

다 네 덕분이야.
> Thanks to you.
> It was all thanks to you.
> This was all you.

상대방에게 공을 돌리며 고마운 마음을 전할 때 "다 덕분이죠"라고 말하는데요. '너에게' 고맙다는 걸 강조해서 Thanks to you. It was all thanks to you. '네가 다 했다'는 의미로 This was all you. 등으로 표현합니다.

Q&A

Q 반대로 "네가 한 일이라고는 아무것도 없다." "도움이 하나도 안 됐다."는 표현도 있나요?

A 네, 있어요. Thank you. No thank you. 형태와 똑같이 이것도 No thanks to you.라고 합니다. '너에게 고마워할 일은 아니다, 네가 도움 준 건 하나도 없다'는 의미로 자주 쓰여요.

Real 🔊 CONVERSATION

A I got the job thanks to you.
나 네 덕분에 직장 잡았어.

B You're very welcome.
당연한 걸 가지고 뭘.

A It was all thanks to my parents that I didn't give up.
내가 포기 안 한 건 다 우리 부모님 덕분이야.

B I know they're great.
너희 부모님 좋은 분들인 건 내가 알지.

A Your idea saved my business. It's going great now. This was all you.
네가 준 아이디어로 내 사업이 다시 일어났어. 요새 엄청 잘 돼. 다 네 덕분이야.

B Of course. I'm so glad I could help.
마땅히 도와야지. 내가 도움이 됐다니 다행이다.

CHAPTER 4

부탁하기

혹시 저 좀 도와주실 수 있을까 해서요.
I'm wondering if you could help me.

I was wondering if you could help me.

그렇게 해 주시면 너무 좋겠는데요.
It would be great if you could.

도움을 요청할 때 I'm / I was wondering if ~, It would be great if ~ 의 구문을 쓰면 직접적으로 '도와달라'가 아니라 간접적으로 '도와줬으면' 하는 희망사항을 전달하는 느낌이 들어 훨씬 부드럽게 들립니다. I'm wondering과 I was wondering은 도와줬으면 하는 생각을 한 시점이 현재인지 과거인지의 차이일 뿐 둘 중 아무거나 써도 전혀 상관없어요.

Q&A

Q **I'm wondering, I was wondering** 둘 다 쓸 수 있다면 **I wonder**도 쓸 수 있나요? **I wonder if you could help me.** 이렇게요.

A 같은 wonder라도 이 경우에는 차이점이 있어요. I wonder ~ 는 '~가 궁금하군'의 의미로 혼잣말에 가까운 용도로 쓰이기 때문에 상대방의 의중을 물을 때는 I'm wondering ~ 혹은 I was wondering ~이라고 해야 합니다.

HOW TO USE

I'm wondering if you could help me with moving this weekend.
이번 주말에 제가 이사하는 것 좀 도와주실 수 있을까 해서요.

I was wondering if you could take me to the airport.
혹시 저를 공항에 데려다 주실 수 있을까 해서요.

It would be great if you could help me with my project.
제 프로젝트를 도와주신다면 너무 좋겠는데요.

It would be greatly appreciated if you took care of this situation.
이 상황을 처리해 주신다면 굉장히 감사하겠는데요.

I wonder if he has a girlfriend.
그 사람 여자 친구는 있는지 궁금하네.

미국인들의 도움 요청에 관하여

'미국인들은 개인주의적이다'라는 말을 들어 보신 적이 있나요? 미국에 처음 왔을 때 느꼈던 점 하나가 미국인들은 웬만해선 개인적인 부탁이나 도움을 요청하지 않는다는 것이었습니다. 내 건 내가, 네 건 네가 알아서 처리하는 분위기랄까요. 그래서인지 부탁을 거절할 때도 난처해하거나 미안해하지 않고 당당하고 자연스럽게 안 되겠다고 말합니다. 거절당한 쪽에서도 섭섭해하거나 민망해하지 않고 바로 수긍하고요. 그들은 세상 쿨한데, 오히려 옆에서 지켜보는 저만 매번 난처하고, 섭섭하고 민망하답니다.

하지만 정말로 도움이 필요한 상황이라면 얘기가 달라집니다. 사이렌만 울렸다 하면 순식간에 홍해 갈라지듯 갈라져서 갓길에 차를 세우는 운전자들, 더운 날 주차된 차량 안에 방치된 어린아이나 반려견을 보고 신고는 물론 경찰이 올 때까지 곁에서 상태를 지켜봐 주는 사람들, 바로 출동해서 거침없이 차창을 깨부수는 경찰들, 드물긴 하지만 소화전 앞 주차 금지 구역에 주차된 차량을 속 시원히 밀어 버리는 소방수들, 장애인 때문에 신호를 놓치고 차가 막혀도 끝까지 조용히 기다려 주는 사람들을 마주할 때마다 "역시 미국!"이라는 말이 절로 나옵니다. '사회 약자층이나 도움이 필요한 사람들을 위한 체계와 시민 의식이 갖추어진 나라구나' 싶어서 말이죠. 꼭 필요한 순간에 누구 하나 도움을 아끼지 않는다는 게 참 멋지지 않나요?

UNIT 2 부탁해도 되는지 물어볼 때

MP3 025

부탁 좀 드려도 될까요?

Could you do me a favor?

Can you do me a favor?

May I ask you for a favor?

Can I ask you for a favor?

부탁에 앞서 부탁해도 괜찮을지를 먼저 물어볼 때는 a favor(호의, 부탁)를 사용해서 Can you do me a favor? Can I ask you for a favor?라고 하는데요, 뒤 문장의 경우 for를 생략하고 Can I ask you a favor?라고만 하는 경우도 많습니다.

Q&A

Q   낯선 사람에게 길을 묻거나 급히 질문해야 할 때 보통 "뭐 좀 여쭤봐도 될까요?"라고 하잖아요. 그럴 땐 **Can I ask you something?**이라고 말하면 되나요?

A   Can I ask you something?은 개인적인 질문을 하기 전에 '내가 뭐 하나 물어봐도 될까?'의 뉘앙스라서 길을 묻는다거나 급한 질문을 할 때는 적당하지 않아요. 이럴 때는 Can I ask you a question?이라고 하거나, 아예 질문 대신 Excuse me.로 대체하는 것이 자연스럽습니다.

Q   스펠링이 favour라고 써 있는 걸 본 적이 있는데요, favor와 favour 중 어떤 게 맞나요?

A   favour는 영국식 스펠링이고 favor는 미국식 스펠링입니다. 영국식으로 r 발음을 무시하는 것 외에 의미상의 차이는 없어요.

Real 🔊 CONVERSATION

A Mike, can you do me a favor?
마이크, 부탁 하나 해도 될까요?

B Certainly. 그럼요.

A Can you do me a favor?
부탁 좀 들어줄래요?

B Of course. 그럼요.

A Can you hand this to Karen when you go to her office?
캐런 사무실에 갈 때 이것 좀 캐런한테 전해 줄래요?

B No problem. 그럴게요.

A Sir, if you don't mind, may I ask you a favor?
선생님, 괜찮으시면 부탁 하나만 드려도 될까요?

B Of course. 그럼요.

A Can I ask you a favor?
부탁 좀 드려도 될까요?

B What is it? 뭔데요?

A My phone is dead. Can I use your phone to call my husband, please?
제 전화기 배터리가 나가서 그러는데, 제 남편한테 전화하게 전화기 좀 써도 될까요?

B Sure. Go ahead. 물론이죠. 쓰세요.

A Do me a favor. Call Grayson to come.
부탁 좀 하자. 그레이슨한테 전화해서 오라고 좀 해 줘.

B Got it. 알았어.

▶ 허물없이 친한 사이거나 급한 상황에서는 짧게 Do me a favor.라고 말하기도 합니다.

A I know you're busy, but I might have to ask you a favor.
너 바쁜 건 아는데, 내가 부탁 하나 해야겠는걸.

B Just give me a sec. 잠깐만 기다려 봐.

시간/기회 될 때 전화 좀 주세요.
Please call me when you get a chance.

시간 날 때 이 서류 좀 봐 주시겠어요?
When you have time, can you go over this document?

저한테 파일을 보내주셔야겠는데요. 급할 건 없고요.
I need you to send me the file. No rush, though.

부탁하는 입장에서 빨리 해달라고 재촉까지 하면 상대방에게 실례가 될 수도 있기 때문에 when you get a chance(시간 / 기회 될 때), when you have time(시간 날 때), no rush(천천히 해도 된다) 등의 구문을 사용해 주는 것이 좋습니다.

Q & A

Q when you get a chance 대신 when you have a chance라고 해도 되나요? 의미상 별 차이 없을 것 같은데요.

A 의미는 통하지만 정확한 표현은 when you get a chance입니다. 부탁받은 일을 처리할 시간적 여유나 기회가 왔을 때 잡는 것이라서 have가 아닌 get이 더 적합해요.

Q when 대신 if를 써서 if you get a chance라고 해도 되나요?

A if you get a chance는 말 그대로 '만약 기회가 된다면'의 뜻으로 상대방에게 무엇을 권하거나 추천할 때 주로 쓰입니다. Check out that Korean restaurant if you get a chance(기회 되면 그 한식당에 한 번 가봐). 이렇게 '기회가 되면 좋고 안 되면 말고'의 의미로 쓰이기 때문에 부탁할 때의 when you get a chance와는 차이가 있어요.

Real))) CONVERSATION

A Please check my email when you get a chance.
시간 될 때 제가 보낸 이메일 좀 확인해 주세요.

B I'll check it right after lunch.
점심시간 끝나고 바로 확인할게요.

A That would be great. Thank you.
그럼 너무 좋죠. 고맙습니다.

A Can you fix the scanner when you have time?
시간 날 때 스캐너 좀 고쳐 줄 수 있을까요?

B I'll fix it sometime today.
오늘 중으로 고쳐 놓을게요.

A You're the best.
역시 최고!

▶ You're the best.: '너 밖에 없다'는 뉘앙스 표현으로 원어민들이 Thank you. 대신 자주 사용하는 표현이에요.

A Can you send me the link? No rush, though.
저한테 링크 좀 보내 줄래요? 급할 건 없고요 / 천천히 보내 줘도 돼요.

B I'm sending it right now.
지금 바로 보낼게요.

A There's no rush, but can you help me with this when you get a chance?
급한 건 아닌데, 시간 될 때 이것 좀 도와줄 수 있나요?

B Sure, I would love to.
그럼요. 당연히 도와드려야죠.

A Thanks a lot.
정말 고마워요.

A Can you send me Jin's number when you have time? No rush.
시간 나면 나한테 진 전화번호 좀 보내줄래? 급한 건 아니야.

B No problem.
그럴게.

61

볼일 보러 가며 잠시 자리 좀 맡아달라고 부탁할 때

MP3 027

잠깐 제 자리 좀 맡아 주시겠어요?
Can you save my spot for a second?

줄을 서 있거나 지정 좌석제가 아닌 곳에 앉아 있다가 잠깐 자리를 뜨면서 주위 사람에게 자리를 맡아달라고 부탁할 때는 save one's spot을 활용하면 됩니다. '잠깐 동안'을 강조하기 위해 for a second / minute이 따라붙는 것이 보통입니다.

Q & A

Q 물건을 놔두고 자리를 비우는 경우에 "잠깐 제 물건 좀 봐 주시겠어요?"라고 하잖아요. **Can you save my things?**라고 하면 되나요?

A 아니요. save는 '아껴 놓다, 남겨 놓다'는 의미이기 때문에 내가 없는 동안 다른 사람이 차지하지 못하도록 자리를 맡아둘 때 쓰이고, 누가 훔쳐가지 않도록 물건을 봐 달라고 부탁할 때는 watch를 씁니다. Can you watch my stuff for a second?이라고 하면 돼요.

Real 🔊 CONVERSATION

A Excuse me. Can you save my spot for a minute? I'll be right back.
저기요. 잠시 제 자리 좀 맡아 주시겠어요? 금방 돌아올게요.

B Sure.
그러죠.

A Excuse me. Would you save my spot for a second? I'll be quick.
실례지만, 잠시 자리 좀 맡아 주실 수 있을까요? 잠깐이면 돼요.

B Oh, no worries.
아, 걱정 마세요.

A Can you watch my stuff for a second? I just have to go to the restroom.
제 물건 좀 잠깐 봐 주실 수 있을까요? 제가 화장실에 가야 해서요.

B No problem. Go ahead.
물론이죠. 다녀오세요.

Sir,
I know it's a lot to ask,
but can you please
help me?

I'm craving it!

재시험 볼 수 있는 방법이 있을까요?
Is there any way I can retake the test?

무리한 부탁이라는 건 아는데, 그래도 그분께 한 번만 더 물어봐 주시겠어요?
I know it's a lot to ask, but can you ask him one more time?

무리한 부탁을 할 때 '어떻게 좀 안 될까요?' '무슨 방법이 없을까요?'에 해당하는 표현이 Is there any way ~?입니다. 나도 무리한 부탁이라는 걸 잘 안다고 말하고 싶다면 I know it's a lot to ask, but ~으로 문장을 시작해 주면 돼요.

Q&A

Q **Is there any way는 단수형인데요, 혹시 복수형으로 Are there any ways 라고 해도 되나요?**

A 네, 됩니다. Is there any way가 훨씬 더 일반적인 표현이지만, Are there any ways를 써도 의미상 차이는 없어요.

Real 🔊 CONVERSATION

A Is there any way we can fix this problem?
우리가 이 문제를 해결할 방법이 뭐 없을까?

B I don't know. It's not that simple.
글쎄, 모르겠네. 이게 그렇게 간단한 문제가 아니라서.

A I know it's a lot to ask, but can you please help me?
저도 무리한 부탁이라는 건 아는데요, 그래도 저 좀 도와주실 수 있을까요?

B I'll see what I can do.
제가 해 드릴 수 있는 게 있는지 한번 볼게요.

A I know it's a lot to ask, but is there any way we can talk it over?
무리한 부탁이라는 건 알지만, 같이 논의해 볼 방법이 없을까요?

B I'm sorry, but the deal is over. 죄송하지만, 거래는 끝났습니다.

▶ talk it over: 논의하다

CHAPTER 5

거절하기

초대를 거절할 때

MP3 029

초대해 주셔서 감사하지만 못 갈 것 같아요.

Thank you for the invite, but I don't think I can make it.

I appreciate the invite, but I don't think I can make it.

죄송하지만 못 갈 것 같아요.

I'm afraid I can't make it.

저도 가고 싶지만 못 갈 것 같아요.

I'd love to go, but I don't think I can make it.

▶ make it: 행사나 이벤트에 '참석하다', 약속 장소에 '가다'의 뜻으로 원어민들이 자주 씁니다.

초대를 거절하는 이유는 여러 가지일 수 있습니다. 가고 싶은데 그날 하필이면 겹치는 약속이 있어서 거절하는 경우도 있고, 초대받은 곳에 가고 싶지 않아서 거절하는 경우도 있고요. 하지만 어느 쪽이 되었든, 초대해 준 사람에게 딱 잘라서 "못 가요."라고 하기보다는 "초대해 주셔서 감사하지만 ~" "저도 가고 싶지만 ~" 이렇게 충분히 예의를 표하는 것이 좋겠죠. 이럴 때 Thank you for the invite, but ~, I'm afraid I can't, I'd love to go, but ~ 의 구문이 유용하게 쓰입니다.

Q&A

Q invite는 동사 아닌가요? 그런데 앞에 the를 썼네요. **Thank you for the invitation.** 이 맞는 표현 같은데요.

A 이 표현을 처음 접하는 분들이 꽤 계시더라고요. invite가 동사로는 '초대하다,' 명사로는 '초대'라는 뜻이어서 Thank you for inviting me. Thank you for the invite. Thank you for the invitation. 다 맞는 표현이에요. 그렇지만 일상에서 원어민들은 invitation보다 invite를 훨씬 더 자주 씁니다.

Thank you for the invite, but I don't think I can make it.
초대해 주셔서 감사합니다만, 못 갈 것 같네요.

Thank you for inviting me, but I won't be able to make it to the party. 초대는 감사하지만 파티에 못 갈 것 같아요.

I'm afraid I can't make it to the ceremony. Thank you for the invite, though.
죄송하지만 행사에 참석 못 할 것 같네요. 그래도 초대해 주셔서 감사합니다.

I'd love to go, but I'll be working late that day.
저도 너무 가고 싶은데 그날 늦게까지 일해야 해서요.

I wish I could make it, but I have plans that evening.
가면 좋겠는데 그날 저녁에 약속이 있어서요.

▶ I have plans.: '약속이 있다' '다른 할 일이 있다'는 뜻으로 초대를 거절할 때 자주 쓰여요.

We'd love to, but we'll be out of town that day.
그러면 좋겠지만 그날 우리가 어딜 가거든요.

It sounds like so much fun, but I don't think I can make it. My family is visiting from Utah.
너무 재밌을 것 같긴 한데, 못 갈 것 같네요. 유타에서 저희 가족들이 와서요.

I wish I could join you guys, but it looks like I can't.
그러면 좋겠지만, 난 어째 못 갈 것 같아.

UNIT 2 제안을/권유를 거절할 때

(일자리, 좋은 조건 등의) 제안은 감사합니다만, 사양해야 할 것 같습니다.

I appreciate the offer, but I'll have to decline.

Thank you for the offer, but unfortunately, I have to pass.

(기부금, 신용카드 개설 등의 권유에) 사양할게요.

Not today.

Not this time.

Maybe next time.

I'll pass.

일자리 제안이나 나에게 유리한 좋은 조건을 거절할 때라도 일단 제안해 준 것에 감사함을 표하는 것이 좋겠죠? 이때 쓸 수 있는 표현이 I appreciate the offer / Thank you for the offer입니다. 또, I'll have to, I have to를 사용하면 내 자의에 의해서가 아니라 상황 등의 타의에 의해서 어쩔 수 없이 거절한다는 뉘앙스를 풍겨서 한결 더 부드럽게 들립니다.

Q & A

Q Thank you for the offer. 대신 Thank you for offering. 이라고 해도 돼요?

A 네, 됩니다. 앞의 유닛에서 배운 invite가 동사, 명사 두 가지 형태 모두 가능한 것처럼 offer 역시 동사로는 '제안하다' 명사로는 '제안'이라는 뜻으로 쓰여요.

Q Not this time. 은 들어 봤는데 Not today. 는 좀 생소하네요. 오늘은 안 된다는 뜻인가요?

A 미국은 상점에서 소액 기부나 자사 신용카드를 만들라는 권유를 많이 하는데요, 그 권유를 거절할 때 주로 쓰이는 표현이 Not today. 입니다. 해석하면 '오늘은 안 하겠다'이지만 그렇다고 내일이나 모레 하겠다는 뜻이 아니라, 일단 이 상황을 모면하고 보자는 꼼수로 쓰이는 말이에요. 의미상 Maybe next time. 과 비슷하다고 보시면 됩니다.

Real))) CONVERSATION

A Would you like to work for us? We think you're perfect for the position.
저희 회사를 위해 일해 주시겠습니까? 그 직책에 딱 맞는 분이라고 생각하는데요.

B I really appreciate the offer, but I'll have to decline. I'm sorry.
제안은 정말 감사합니다만, 사양해야 할 것 같습니다. 죄송합니다.

A I'll give you a raise if you stay. What do you say?
(그만두지 않고) 계속 일해 주신다면 월급을 올려드리겠습니다. 어떠신지요?

B I appreciate the offer, but I'll have to take a pass on it.
제안은 감사하지만 거절해야 할 것 같네요.

A If you sign the contract today, we can give you an additional ten percent off.
오늘 계약서에 서명하시면 추가로 10퍼센트 더 할인해 드릴 수 있어요.

B Thank you for the offer, but I have to pass on that.
제안은 감사하지만 사양하겠습니다.

A Would you like to donate to children in need?
어려운 아이들을 위해 기부금 좀 내시겠습니까?

B Not today. Maybe next time.
오늘은 말고, 봐서 다음에 할게요.

A Would you like to sign up for a Target credit card? You can save fifteen percent on today's purchase.
타겟(미국의 대형 상점) 신용카드 개설하시겠습니까? (개설하시면) 오늘 구입 총액에서 15퍼센트를 할인 받으실 수 있는데요.

B Not today. / I think I'll pass. / Next time.
사양할게요.

지금은 할 일이 너무 많아서 (힘들겠는데).
I have a lot on my plate right now.
I have too much on my plate right now.

지금은 눈코 뜰 새 없이 바빠서 (안 되겠는데).
I'm swamped with work right now.

지금은 일에 묶여서 (어렵겠는데).
I'm tied up with work at the moment.

I have a lot on my plate.를 직역하면 '내 접시에 많이 담겨 있다'이지만, 접시를 내게 주어진 할당량으로 보면 일이 너무 많다는 의미가 됩니다. 또, 일의 늪(swamp)에 빠졌다, 일에 묶였다(tied up)는 표현으로 바쁘다는 걸 강조할 수 있는데요, 이 모두가 바빠서 도움을 줄 수 없다고 거절할 때 유용하게 쓰이는 표현들입니다.

Q & A

Q 지금은 바빠서 도와줄 수 없지만 한가해지면 도와주겠다고 말하고 싶으면 어떻게 하나요?

A I can help you after I take care of a few things first(일 몇 개 먼저 처리하고 도와주겠다). I can help you when things clear up(일이 다 정리되고 나면 도와주겠다). I'll help you as soon as I have time(시간 나는 대로 도와주겠다). 이렇게 말하면 돼요.

I wish I could. I have a lot on my plate right now.
나도 도와줄 수 있으면 좋겠는데. 지금은 일이 너무 많아서 말이야.

I have too much on my plate these days. Sorry.
내가 요새 일이 너무 많아서. 미안.

I'm swamped with work now. Can I help you later?
지금은 내가 눈코 뜰 새 없이 바쁘거든. 나중에 도와줘도 될까?

I'm tied up with work at the moment, but I can help you after I take care of a few things.
지금 당장은 내가 일이 많아서 힘들지만, 일 몇 개 처리하고 도와줄 수는 있어.

다음을 기약하며 거절할 때

MP3 032

나중으로 미뤄야겠다. 다음에 할게.
I have to take a rain check.

무엇을 함께하자고 제안하는 상대방에게 이번엔 안 되지만 다음번엔 꼭 같이 하자며 거절할 때, 혹은 사정이 있어 좋은 기회를 나중으로 미룰 때 자주 쓰이는 표현이 바로 take a rain check입니다. 예전에 비로 야구 경기가 취소되면 다음에 다시 경기를 보러 올 수 있도록 관중들에게 증서처럼 나눠 준 것이 바로 rain check인데, 여기서 유래한 표현이에요.

Q & A

Q rain check은 거절하는 입장인 사람만 쓸 수 있나요? 거절당한 사람이 "그럼 내가 너에게 rain check을 줄 테니 다음에 같이 하자."고 말할 수는 없나요?

A 그렇게 말할 수도 있어요. 입장에 따라서 take a rain check, give a rain check 모두 쓸 수 있는데, take, give 다 제끼고
How about a rain check? 이렇게만 말하는 경우도 많습니다.

Real 🛜 CONVERSATION

A **Should we go to a movie?** 우리 영화 보러 갈까?

B **I don't feel good today. I have to take a rain check.**
오늘 내가 컨디션이 별로라서. 다음에 같이 가야겠다.

A **I can't go to the beach with you guys today, but I would love a rain check.**
오늘은 너희들이랑 같이 바닷가에 못 가지만 다음번엔 꼭 같이 가자.

B **Of course.** 그래, 그러자.

A **Since you can't come over to our place for dinner this Saturday, I'll give you a rain check**
네가 이번 주 토요일에 저녁 먹으러 우리 집에 못 온다니까 다음번에 꼭 와.

B **Thank you. Definitely next time.** 고마워. 다음번엔 꼭 같게.

아뇨, 괜찮습니다.
　No, thank you.
　I'm good / fine.

지금은 괜찮아요.
　I'm good for now.
　I'll pass for now.

배가 불러서요.
　I'm full / stuffed.

음식 조절하는 중이라서요.
　I'm trying to watch my diet.

다이어트 중이라서요.
　I'm on a diet.
　I'm watching my weight.

상대방이 권하는 음식이나 음료를 거절할 때 원어민들이 No, thank you.보다도 더 많이 쓰는 표현이 바로 I'm good. I'm fine. I'll pass. 입니다. 음식, 음료뿐 아니라 제안을 거절할 때도 자주 쓰입니다. 만약 '지금 당장은 말고 좀 있다가' 먹겠다고 할 때는 I'm good. I'll pass. 뒤에 for now를 붙이면 돼요. 또, 배가 부르다고 할 때는 I'm full.도 좋지만 '뱃속이 꽉 찼다'는 의미의 I'm stuffed.도 원어민들이 자주 쓰는 표현이에요. 다이어트 중이거나 체중 관리 중이라면 몸무게를 주목해서 감시하고 있다는 의미로 watch를 사용하면 되는데, watch my diet에는 '많이 먹지 않으려 노력한다'는 뜻과 '몸에 안 좋은 음식을 피하려 한다'는 뜻이 함께 있으니 상황에 맞게 써야 합니다.

Q&A

Q　원어민 중에서도 No, thanks.는 너무 단호한 거절로 들려서 안 쓰는 게 좋다, 써도 괜찮다, 의견이 분분하던데요. 뭐가 맞는 건가요?

A　도움이나 호의를 거절할 때 No, thanks.는 무례하게 들릴 수도 있지만, 음식이나 음료를 거절할 때는 써도 괜찮습니다. 그래도 걱정되면 I'm good.이나 I'm fine.을 사용하면 돼요.

Real 🔊 CONVERSATION

A Would you like a coffee? 커피 드릴까요?

B No, I'm good. 아뇨, 괜찮아요.

A Do you want a glass of wine? 와인 한 잔 줄까?

B I'm fine. I'll stick with beer for now.
아니. 지금은 그냥 계속 맥주 마실래.

▶ stick with ~ : '~ 상황을 계속 고수한다'는 뜻으로, 이제껏 하던 것을 바꾸지 않고 계속할 때, 누구와 계속 함께한다고 할 때 쓰여요.

A Would you like more cake? 케이크 더 드릴까요?

B I'll pass for now. Thank you, though.
지금은 괜찮아요. 아무튼 감사합니다.

A Do you want more steak?
스테이크 더 드실래요?

B No, thank you. I'm stuffed.
아뇨, 괜찮아요. 배가 불러서요.

A Have some more. We have plenty of food.
좀 더 드세요. 음식 많이 있어요.

B Thank you, but I'm on a diet.
감사합니다만, 제가 다이어트 중이라서요.

A Do you want French fries, too?
감자튀김도 드릴까요?

B I'll pass. I'm trying to watch my diet.
괜찮습니다. 음식 조절하는 중이라서요.

A Why don't you have some more? You've barely eaten anything.
좀 더 먹지 그래? 거의 아무것도 안 먹었구먼.

B I'm good. I'm watching my weight. 괜찮아. 다이어트 중이거든.

MP3 034

난 빠질래. 난 됐어.

Count me out.

I'll pass.

여러 명이 무엇을 계획할 때, 혹은 투자 상품 등의 좋은 기회를 권유 받았을 때 구미가 당기지 않아 빠지겠다는 표현으로 Count me out.이나 I'll pass.를 사용합니다. 앞에서도 배웠듯이 I'll pass.는 권유나 제안을 거절할 때 아주 유용하게 쓰여요.

Q&A

Q 빠지겠다고 할 때 Count me out.이라고 한다면, 나도 하겠다고 할 때는
Count me in.이라고 하나요?

A 네. '나도 하겠다, 동참하겠다'고 할 때 쓸 수 있는 표현으로는
Count me in. I'm down. I'm up for it. I'm in. 등이 있습니다.

Real 🔊 CONVERSATION

A I think we should chip in for Amanda's wedding gift. What do you think?
우리가 조금씩 돈을 모아서 아만다 결혼 선물을 사는 게 좋을 것 같은데. 어떻게 생각해?

B I don't really like her. Count me out.
난 걔 별로 안 좋아해서. 난 빠질래.

▶ chip in: 조금씩 돈을 거두어 비용을 충당하다. 십시일반. 갹출하다

A We're planning a camping trip. Who wants to come with us?
우리 캠핑 갈 계획인데. 우리랑 같이 가고 싶은 사람?

B I'll pass.
난 빠질래.

A If we're going for a drink after work, count me in.
일 끝나고 한잔하러 갈 거면 나도 끼워 줘.

B I'm in, too.
나도 갈래.

CHAPTER 6

사과하기

캐주얼하게 사과할 때

MP3 035

내 잘못이야/실수야.

My bad / mistake / fault.

That's on me.

작은 실수에 대해 가볍게 사과할 때 원어민들이 가장 많이 쓰는 표현은 My bad.이지만, 우리가 익히 알고 있는 My mistake. My fault.라고 해도 좋습니다. 약간 생소한 표현일 수 있는 That's on me.는 '실책이 나에게 있다'는 의미로 이해하시면 돼요.

Q & A

Q 계산할 때 "내가 살게."를 영어로 It's on me.라고 하잖아요? It's on me. That's on me. 주어만 다를 뿐이니까 상황에 따라 "내가 사겠다."라는 뜻도 되고 "내 잘못이야."라는 뜻도 되는 건가요?

A 아니요, 두 표현은 완전히 다른 뜻입니다. "내가 살게."라고 할 때는 It's on me.만 가능하고, "내 잘못이야."라고 할 때는 That's on me.만 가능하기 때문에 섞어 쓸 수 없어요.

Q 다른 사람의 실수나 잘못일 때는 주어를 바꿔서 Your bad. His mistake. Her fault. That's on him. 이런 식으로 쓸 수도 있나요?

A 네, 쓸 수 있어요. 단, 어린아이들이 아니고서야 잘못한 상대방에게 대놓고 Your bad. That's on you.라고 하는 경우는 별로 없기 때문에 실제로 쓰이는 빈도는 낮습니다. 또, 제3자의 실수인 경우엔 It's his mistake. It's her fault.처럼 주어를 포함한 완벽한 문장으로 말하는 게 훨씬 더 자연스러워요.

HOW TO USE

My bad. I should've been more careful.
내 잘못이야. 내가 좀 더 조심했어야 했는데.

Sorry about the confusion. My mistake.
헷갈리게 해서 미안. 내 실수야.

That was Kenna's fault, not yours.
그건 케나가 잘못한 거지 네 잘못이 아니야.

That's on me. I was the one who gave her the wrong info.
내 실수야. 내가 걔한테 잘못 알려 줬어.

MP3 036

진심으로 사과드립니다.
I sincerely / deeply apologize.

제 사과를 받아주십시오.
Please accept my apologies / apology.

상대가 예의를 갖춰야 할 사람이거나 진심을 다해 사과할 때는 sorry보다 apologize를 사용하는 게 더 적당합니다. sincerely, deeply를 함께 써 주면 더 정중하고 진중하게 들려서 사과의 깊이를 더할 수 있어요. 간단하게 My apologies.라고만 하는 경우도 많습니다.

Q & A

Q **apologize, apology, apologies 너무 헷갈려요. 언제 어떤 걸 쓰나요?**

A apologize는 '사과하다'라는 동사이고, apology는 '사과'라는 명사, apologies는 apology의 복수형입니다. 따라서 "사과드립니다."는 I apologize. 특정한 '한 가지 일에 대한 사과'는 apology, 부수적으로 일어난 '여러 가지에 대한 사과'는 apologies이지만, 굳이 단수와 복수를 따질 필요는 없어요. 단, My apology.보다는 My apologies.가 관용적으로 더 많이 쓰인다고 보시면 됩니다.

Real 🔊 CONVERSATION

A I sincerely apologize for being late.   늦어서 정말 죄송합니다.

B You don't need to apologize. It's all good.
사과하실 필요 없어요. 괜찮습니다.

A I made a big mistake. Please accept my apologies.
제가 큰 실수를 했어요. 제 사과를 받아주시길 바랍니다.

B Thank you for saying that. Your apologies are accepted.
그렇게 말씀해 주셔서 감사해요. 사과는 잘 받겠습니다.

A I forgot to call you back. My apologies.
다시 전화 드린다는 걸 깜빡했어요. 죄송합니다.

B No worries. It wasn't anything urgent.
신경 안 쓰셔도 돼요. 급한 일도 아니었는데요, 뭐.

의도치 않게 일어난 일에 사과할 때

MP3 037

일부러 그런 건 아니에요.
I didn't mean to.

고의가 아니었어요.
It wasn't my intention.

내 의도와는 상관없이 일어난 일에 대해서 사과할 때는 일단 오해의 소지를 없애기 위해서 '그럴 의도는 없었다'는 뜻의 didn't mean to나 '작정한 건 아니었다'는 뜻의 wasn't one's intention 구문을 사용하는데요, 여기서 intention은 intend to ~의 동사구 형태로도 활용이 가능합니다.

Q & A

Q **I didn't do it on purpose.**라고 해도 되나요?

A 네. I didn't do it on purpose. It wasn't on purpose. 두 표현 역시 같은 의미로 사용할 수 있습니다.

Q **I didn't mean it.**은 **I didn't mean to**와 같은 뜻인가요?

A I didn't mean to.는 '일부러 그런 게 아니다'라는 행위의 고의성을 부정하는데, I didn't mean it.은 '그런 뜻으로 한 말이 아니었다'는 말의 의도를 부정합니다. 그래서 실수로 누군가의 발을 밟았다면 I didn't mean to.라고 해야 하고, 상대방이 내 말을 오해했을 때는 I didn't mean it.이라고 해야 정확해요.

HOW TO USE

Did I cut in line? Sorry. I didn't mean to.
제가 새치기를 했나요? 죄송해요. 일부러 그런 게 아니에요.

That's not what I said. I didn't mean it that way.
내가 한 말은 그게 아니야. 그런 식으로 말한 적 없어.

I'm sorry about what happened, but it wasn't my intention.
그런 일이 생겨서 미안하긴 한데, 내가 일부러 그런 건 아니야.

I didn't intend to upset you.
너 속상하게 하려던 건 아니었어.

Sorry I didn't answer your phone call, but it wasn't on purpose.
네 전화를 못 받아서 미안하긴 하지만 내가 일부러 안 받은 건 아니야.

미국인들의 사과 문화

우리는 미안하다고 말하고는 싶은데 차마 용기가 나지 않을 때 사과(apology) 대신 사과(apple)를 건네기도 하는데요, 단어 '사과'가 자기의 잘못을 인정하고 용서를 빈다는 뜻과 사과나무의 열매라는 뜻을 함께 가지고 있는 다의어이기 때문이죠. 말 없이 사과(apple)만 건네도 상대방에게 미안한 마음, 멋쩍은 마음, 게다가 약간의 유머까지 전달할 수 있으니 간단하면서도 참 좋은 방법입니다. 하지만 apple과 apology 사이에는 아무 연관성도 없으니 이 방법이 원어민들에게 통할 리는 없겠죠. 그렇다면 원어민들은 미안하다는 말 없이 사과하고 싶을 때 어떻게 할까, 그들만의 상징적인 방법이 따로 있을까 궁금해집니다.

다행히도 미국은 카드가 종류별로 다양하게 구비되어 있어요. 생일 카드조차도 아내 생일 카드, 남편 생일 카드, 딸, 아들, 할머니, 친구, 조카… 이렇게 생일을 맞은 대상에 따라 각각 다르게 디자인된 카드를 판매한답니다. 아픈 사람, 사랑하는 이를 하늘로 보낸 사람, 보고 싶은 사람, 졸업을 맞은 사람, 그리고 미안한 사람에게 보내는 카드(apology card)도 낭연히 있고요.

Apology card 겉장에는 I know I push your buttons sometimes. Sorry.(내가 가끔 너 열 받게 하는 거 알아. 미안.) Sorry. I'm psycho.(미안해. 내가 미친 X야.) I'm sorry I snapped at you when I had low blood sugar.(당이 떨어지는 바람에 너한테 쏘아붙여서 미안해.) 이렇게 재밌는 사과문과 귀여운 디자인이 함께 들어가 있어요. 이런 카드를 받으면 아무리 화가 났던 사람도 피식 웃게 된답니다. 그러니 apple을 주지 않아도 충분히 사과할 수 있겠죠!

MP3 038

방해해서 죄송해요.
Sorry to interrupt (you.)
Sorry to intrude (you.)
Sorry to bother you.

일에 열중하고 있거나 휴식을 즐기고 있는 사람, 대화 중인 사람을 불가피하게 방해해야 할 일이 생겨서 사과할 때는 흐름을 끊어서 미안하다는 의미로 Sorry to interrupt.라고 합니다. 또, 허락이나 초대받지 않은 장소에 내 맘대로 들어와서 미안하다, 상황에 끼어들어서 미안하다고 할 때는 Sorry to intrude.라고 하면 돼요. 원어민들이 일상적으로 많이 쓰는 Sorry to bother you.도 좋습니다.

Q&A

Q to interrupt, to intrude, to bother 모두 동사구잖아요. **Sorry about interrupting.** 이렇게 동명사 형태로 쓸 수는 없나요?

A 쓸 수 있어요. 단, about이 아닌 for를 써서 Sorry for interrupting. Sorry for intruding. Sorry for bothering you.라고 말합니다.

Q intrude가 초대받지 않은 장소에 맘대로 들어간다는 뜻이라고 했는데, 그럼 주인 없는 방이나 사무실에 막 들어가는 경우에도 쓸 수 있나요?

A 네. Sorry to intrude. I thought you were in your office / room.
(허락 없이 들어와서 죄송해요. 사무실에/방에 계시는 줄 알고 들어왔어요) 이렇게 사용하면 됩니다.

Real 🔊 CONVERSATION

A I'm sorry to interrupt you, but I really need you to sign this contract.

방해해서 죄송하지만, 이 계약서에 꼭 서명을 해 주셔야 해서요.

B Not at all. Let's see.

괜찮아요. 어디 봅시다.

A Sorry to interrupt, but can I borrow you for a second?

방해해서 죄송한데요, 잠깐 저 좀 보실 수 있을까요?

B Sure. I'll be right out.

그럼요. 곧 나갈게요.

▶ borrow 사람: 한국어의 "쟤 좀 잠깐 빌려갈게." "너 좀 잠깐 빌릴 수 있을까?"와 같은 의미로 용무를 위해 누군가를 잠깐 불러낼 때 쓰는 표현이에요.

A Sorry for interrupting, but can I ask you a quick question?

방해해서 죄송하지만, 간단한 거 하나만 여쭤봐도 될까요?

B That's okay. Go ahead.

괜찮아요. 물어보세요.

A I'm sorry to intrude during your downtime.

쉬시는 데 방해해서 죄송합니다.

B No worries. You're not intruding at all.

아니에요. 전혀 방해되지 않습니다.

▶ downtime: 휴식 시간, 한가한 시간

A Am I intruding? 제가 방해했나요?

B No, you're not intruding.

아뇨, 방해되지 않았어요.

A Excuse me. Sorry to bother you, but can you save my spot for a second?

저기요, 귀찮게 해서 죄송합니다만, 제 자리 좀 잠깐 맡아 주시겠어요?

B Of course. No problem.

그럼요. 맡아 드릴게요.

A Sorry to bother, but do you have a minute?

귀찮게 해서 죄송합니다만, 잠깐 시간 좀 있으세요?

B Yes, I do. What is it? 네, 무슨 일이시죠?

번거롭게 해서/불편을 끼쳐서 죄송하다고 사과할 때

번거롭게 해서/불편을 끼쳐서 죄송해요.

Sorry for the trouble.

I apologize for the trouble.

'번거롭게 해서 미안하다'의 영어 표현이 Sorry to bother you.라고 생각하기 쉽지만, '번거로운' 것과 '귀찮은' 것 사이에는 차이가 있습니다. 여러 과정을 거쳐야만 해결되는 일, 혹은 번복해야 하는 일이라면 분명 번거롭다는 표현이 맞겠고, 바로 해결되는 일이라도 하기 싫으면 귀찮다는 표현이 맞겠죠. 그래서 번거롭거나 불편한 일일 경우엔 bother보다 trouble을 쓰는 것이 더 적절합니다.

Q & A

Q '불편'은 inconvenience니까 Sorry for the inconvenience.라고 해도 되나요? 어차피 불편을 끼쳐서 미안하다고 사과하는 거니까요.

A Sorry for the inconvenience.는 서비스나 사용에 불편함이 생겼을 때 주로 하는 말이에요. 직원이 고객에게, 혹은 주최측에서 손님과 관객에게 "불편을 드려 죄송합니다."라고 할 때 바로 이 표현을 씁니다. 물건을 주문했는데 배송 날짜가 늦어졌다면 업체 측에서 고객에게 We're sorry for the inconvenience.라고 하지만, 병원 예약 날짜를 자꾸 변경하는 환자 입장이라면 Sorry for the trouble.이라고 하는 게 적절하겠죠.

Real 🔊 CONVERSATION

A I broke the wine glass. Sorry for the trouble.
제가 와인 잔을 깨뜨렸어요. 번거롭게 해서/불편을 끼쳐서 죄송해요.

B It's okay. Things happen. 괜찮아요. 그럴 수도 있죠.

> ▶ Things happen.: These things happen.의 줄임말로 '당연히 있을 수 있는 일'이라는 뜻이에요. 상대방을 위로하거나 상대방이 미안해하지 않도록 배려할 때 자주 쓰이는 표현입니다.

A My appointment is on July 5th, but I'm wondering if I can change it to the 12th.
제가 7월 5일에 예약이 되어 있는데요. 혹시 12일로 바꿀 수 있을까 해서요.

B Of course. You're all set. 그럼요. (예약 변경) 완료됐습니다.

A Oh, wait. Actually, the 12th won't work. Can I just keep the original appointment?
아, 잠깐만요. 보니까 12일은 안 되겠네요. 그냥 원래 예약했던 날로 해도 될까요?

B All right. We'll see you on the 5th, then.
네. 그럼 5일에 뵙겠습니다.

A Thank you, and sorry for the trouble.
감사합니다. 그리고 번거롭게 해서 죄송해요.

B No problem. Have a good one. 괜찮습니다. 좋은 하루 보내세요.

> ▶ You're all set.: 일 처리가 정상적으로 완료됐다는 의미로 계산이나 예약 등의 절차를 마치고 나서 "다 됐습니다. 이제 가셔도 돼요."의 뜻으로 일상에서 자주 쓰여요. 손님 입장에서 "다 됐나요? 이제 가도 되나요?"라고 물을 때는 Am I all set?이라고 합니다. 또, 외출 전이나 일 처리에 앞서 '준비 다 됐다'는 의미로 I'm all set. We're all set.이라고도 해요.

A I got delivered the wrong item. I ordered a blow dryer, and here I got a hair straightener.
물건이 잘못 배송돼 왔어요. 저는 헤어 드라이기를 주문했는데 여기 헤어 스트레이트너가 왔네요.

B Oh, probably some kind of mistake was made with your order. We'll send you the blow dryer today.
아, 고객님 주문에 무슨 착오가 있었나 보네요. 오늘 헤어 드라이기를 보내드리겠습니다.

A Okay. Should I send the hair straightener back?
알겠습니다. 이 헤어스트레이트너는 제가 도로 보내드려야 하나요?

B No, you can keep it. We don't want to cause you any trouble.
아니요, 그냥 가지셔도 됩니다. 고객님을 번거롭게 해드릴 수야 없죠.

A Oh, thank you. 아, 감사합니다.

B Absolutely. And we apologize for the inconvenience.
당연한 걸요. 불편을 드려 죄송합니다.

A That's okay. Thank you for your help. 괜찮아요. 도와주셔서 감사합니다.

MP3 040

제가 시간을 많이 빼앗아서 죄송합니다.

I'm sorry to take up your time.

I'm sorry for taking up so much of your time.

'시간을 빼앗다'를 그대로 직역해서 steal one's time이라고도 하지만, 이건 아무개 때문에 시간을 낭비했다는 의미가 있어서 보통은 누군가의 시간을 '취한다'는 뜻의 take up one's time을 많이 씁니다. 대상을 고스란히 차지한 상태를 나타내는 up과 함께 쓰이는 경우가 많아요.

Q&A

Q 상대방이 나 때문에 시간을 허비한 거니까 '낭비하다'라는 뜻의 waste를 써서 Sorry for wasting your time.이라고 해도 되나요?

A Sorry for taking up so much of your time.은 상대방이 나를 위해 시간을 할애해서 뭔가를 해 주거나 도와준 경우에 주로 쓰이는 데 반해, Sorry for wasting your time.은 내가 약속 시간에 늦어서 상대방을 오래 기다리게 하는 등 나로 인해 상대방의 시간이 무의미하게 낭비되었을 경우에 주로 쓰여요. 그러니 상황에 맞게 가려 쓰는 것이 좋겠죠?

Real 🔊 CONVERSATION

A **I'm sorry to take up your time. I feel so terrible.**
제가 시간을 너무 많이 빼앗아서 죄송해요. 마음이 영 안 좋네요.

B **No, I didn't mind at all.**
아뇨, 저는 진짜 괜찮아요.

A **I hope I didn't take up too much of your time.**
제가 시간을 너무 많이 빼앗은 건 아니었으면 좋겠네요.

B **Not at all. Anytime.**
전혀요. (도움이 필요하시면) 언제든 말씀하세요.

저희 아이 행실에 대해 사과드립니다.
I'm sorry / I apologize for my child's behavior.

저희 직원 때문에 불쾌한 경험을 하셨다니 죄송합니다.
I'm sorry that you had a bad experience with our employee.

자녀, 직원처럼 내 책임 하에 있는 사람이 실수를 범하거나 무례한 행동을 해서 대신 사과하는 경우, I'm sorry / I apologize와 함께 [for + 목적어 구문]이나 [that + 주어 동사 구문]의 형태를 쓰면 상대방에게 내가 책임을 수용한다는 느낌을 줄 수 있습니다.

Q & A

Q 자녀나 직원의 행실을 대신 사과하고 나서는 보통 "제가 따끔하게 혼내겠습니다." "다시는 이런 일이 없도록 하겠습니다."라는 말을 덧붙이잖아요. 영어로는 어떻게 하나요?

A I'll discipline my kid / our employee. We'll make sure this won't happen again. 이라고 하면 됩니다.

Real))) CONVERSATION

A I'm so sorry for my son's careless behavior. I'll discipline him.
저희 아들이 부주의하게 행동해서 정말 죄송해요. 제가 알아듣게 얘기하겠습니다.

B It's okay. Boys will be boys. 괜찮아요. 남자애들이 다 그렇죠, 뭐.

A I apologize that my mom made you uncomfortable.
저희 엄마 때문에 불편하셨던 점, 제가 (대신) 사과드리겠습니다.

B No worries. I understand our cultures are different.
걱정하실 거 없어요. 서로 문화가 달라서 그렇다는 거 잘 압니다.

A We apologize for the rude behavior of our employee. He's been disciplined. 저희 직원이 무례하게 군 점 사과드립니다. 그 직원에게는 벌써 주의를 줬습니다.

B It was an unpleasant experience but thank you for taking care of it.
불쾌하긴 했지만 시정해 주시니 감사하군요.

CHAPTER 7

변명하기

UNIT 1

시키는 대로/부탁받은 대로 했을 뿐이라고 변명할 때

저는 그냥 시키는 대로 했을 뿐이에요.

I did what I was told.

저는 그냥 부탁받아서 한 것뿐이에요.

I did what I was asked.

누군가에게 지시를 받아서 시키는 대로 했다고 할 때는 강제성을 띠는 I was told 구문을 사용하여 내 의지가 아니었음을 강조합니다. 반면에 지시가 아닌 부탁을 받아서 그대로 했다고 할 때는 I was asked 구문을 사용해서 변명하면 됩니다.

Q & A

Q 결국은 '아무개가 나한테 그렇게 하라고 했다'는 의미니까 She told me to do that. He asked me to do it. 이렇게 말해도 되지 않나요?

A 변명해야 하는 상황에서 내게 그 일을 시킨 사람을 주어로 삼아 Jane told me to do that(제인이 그러라고 했어요).이라고 말하면 어린아이가 고자질하는 것처럼 들릴 수도 있고, 대놓고 그 사람에게 책임을 떠넘기는 것처럼 보일 수도 있습니다. 그래서 나(I)를 주어로 삼아서 수동태 형식으로 말하는 게 좋아요.

Real 🔊 CONVERSATION

A Did somebody rearrange the files? It's hard to find anything.
누가 파일을 다 재배치해 놨나? (이렇게 해 놓으니까) 뭘 찾기가 힘드네.

B Well, I did. I just did what I was told.
그게. 제가 했는데요. 저는 그냥 시켜서 한 것뿐이에요.

A This is from Harry.
이거 해리가 너 갖다주래.

B Flowers again?
또 꽃이야?

A I just did what I was asked.
난 그저 부탁받은 대로 한 것뿐이야.

UNIT 2 어쩔 수 없었다고 변명할 때

MP3 043

어쩔 수 없었어요
It was unavoidable.

다른 방법이 없었어요
There was no other way.

'어쩔 도리가 없었다, 다른 방법이 없었다'고 변명할 때는 불가피한 상황이었음을 강조해서 It was unavoidable.이라고 하거나 way(방법, 수)를 활용해서 There was no other way.라고 표현합니다.

Q&A

Q I couldn't help it.도 어쩔 수 없었다는 뜻인데, 같은 의미로 봐도 될까요?

A I couldn't help it.은 다이어트 하겠다고 마음먹어 놓고 피자를 먹었을 때처럼 내 의지가 꺾인 경우에 '결국 참지 못했다'는 의미라서 상황상 어쩔 수 없었다는 것과는 차이가 있어요. 그래서 내가 못 참아서 벌어진 일이 아니라 상황이 그렇게 돌아가서 어쩔 수 없었을 때는 위의 표현들을 쓰는 것이 정확합니다.

Real 𝕒 CONVERSATION

A Thank God no one was hurt. However, you should've driven more carefully. 아무도 안 다쳤으니 천만다행이다. 그래도 네가 좀 더 조심히 운전했어야지.

B It was unavoidable. The driver in the other car was driving drunk.
어쩔 수가 없었어. 상대방 운전자가 음주운전을 했다니까.

A Did it really take seven years for you to finish college?
너 대학 졸업하는 데 진짜 7년이나 걸렸어?

B Yeah. I had to work to support my younger siblings while going to school. There was no other way.
응. 학교 다니면서 내 동생들 뒷바라지까지 하느라 일도 해야 했거든. 다른 방법이 없었어.

A You bit your fingernails again! 너 또 손톱 물어뜯었구나!

B I couldn't help it. 못 참겠더라고.

MP3 044

차가 많이 막혔어요.
The traffic was horrible.

I was stuck in traffic.

집에 일이 좀 있었어요.
Something happened at home.

지각했을 때 제일 많이 하는 변명이 차가 막혔다는 걸 텐데요. The traffic was horrible / terrible. 표현 외에 '교통체증에 꼼짝없이 갇혀 있었다'는 의미로 I was stuck in traffic.이라고도 합니다. 또, 집에 일이 좀 있어서 늦었다고 할 때는 happen(일어나다/발생하다)을 활용해서 Something happened at home.이라고 하면 돼요.

Q&A

Q 늦잠 자서 늦었다고 할 때는 I overslept.나 I slept in.이라고 하면 되나요?

A 같은 늦잠이라도 의미가 조금 달라요. I overslept.는 일어나야 하는데 제 시간에 일어나지 못했다는 뜻인 반면, I slept in.은 마음 놓고 푹 늦잠 잤다는 뜻이 강해요. 그래서 학교나 직장에 늦었을 때는 I overslept.라고 하는 것이 좋습니다.

HOW TO USE

I'm sorry, I'm late. The traffic was horrible.
늦어서 죄송합니다. 차가 너무 많이 막히더라고요.

Sorry for the delay, but it was unavoidable. I was stuck in traffic for more than an hour.
기다리시게 해서 죄송합니다만, 어쩔 수 없는 상황이었어요. 차가 막혀서 한 시간 넘게 꼼짝을 못 했거든요.

I'm sorry for being late. Something happened at home.
늦어서 미안합니다. 집에 일이 좀 생겨서요.

I'm sorry I'm late. I overslept.
늦어서 죄송해요. 제가 늦잠을 자서요.

I have the stomach flu and had to go to the bathroom multiple times. Sorry.
제가 장염에 걸려서 화장실에 여러 번 들락거리느라고요. 죄송합니다.

안 그래도 내가 너한테 전화하려고 했는데.
I've been meaning to call you.

내가 오늘 청소해 놓으려고 했는데.
I meant to clean the house today.

연락이든 일이든 '해야지' 생각만 하고 결국 안 했을 경우, mean(의도하다)의 현재완료진행형인 I've been meaning to ~나 과거형인 meant to ~를 쓰면 '~하려고 했다, ~할 마음은 있었다'라는 변명이 됩니다.

Q&A

Q "내가 먼저 전화하려고 했는데."라는 말을 많이 하는데요, I've been meaning to call you before you.라고 하면 되나요?

A 아니오. 이 경우에는 '먼저'라고 해서 before you를 쓰는 것이 오히려 어색하게 들려요. 그냥 I've been meaning to call you.라고만 해도 충분합니다.

Real 📶 CONVERSATION

A **Hi, it's Debby.**
안녕, 나 데비야.

B **Oh, Debby. You know, I've been meaning to call you.**
어머, 데비. 안 그래도 너한테 전화해야지 하고 있었는데.

A **I meant to help you with your project, but I've been tied up.**
내가 네 프로젝트 도와주려고 했는데, 일이 너무 바빠서 말이야.

B **I totally understand. It's been hectic for everybody these days.**
다 알지. 요새 다들 눈코 뜰 새 없이 바쁘잖아.

MP3 046

애가 뭘 알겠어?
> She / He doesn't know any better.

아직 어린애잖아.
> She / He is only a kid.

그 사람은 그런 의도가 아니었어.
> She / He didn't mean to / it.

너도 그 사람(그럴 사람 아닌 거) 잘 알잖아.
> You know her / him.

앞서 배웠던 didn't mean to / it 구문은 말이든 행동이든 나쁜 의도가 아니었다는 의미로 제3자를 대변해 줄 때도 자주 쓰입니다. She / He doesn't know any better. 표현은 어린아이를 대신 변명해 줄 때는 유용하지만, 성인을 변명해 줄 때 쓰면 '그 사람은 (멍청해서) 아는 게 없다'라는 뉘앙스를 풍기기 때문에 대상에 맞게 사용하는 것이 중요해요.

Q&A

Q **You know her / him.**은 제3자가 그럴 사람이 아닐 때, 즉 믿을 만한 사람이라 변명해 줄 때만 쓸 수 있는 표현인가요?

A 아니요. 두둔해 주는 상황에서는 '그 사람이 얼마나 좋은 사람인지 너도 잘 알잖아'의 의미지만, 험담하는 상황에서는 '그 인간이 어떤 인간인지 너도 알잖아'의 부정적인 의미로 쓰여요.

HOW TO USE

We're sorry for our son's rambunctious behavior. He's only three and he doesn't know any better.
저희 아들이 정신없이 굴어서 죄송해요. 애가 세 살밖에 안 돼서 아직 뭘 잘 몰라요.

Don't be so upset. She's only a kid.
너무 속상해하지 마. 걔 아직 어린애잖아.

I'm sure he didn't mean it.
걔가 절대로 그런 뜻으로 말한 게 아니란 건 확실해.

That doesn't sound like her. She would never say that. You know her.
걔가 그런 말을 했을 리가 없어. 걘 절대 그런 말 안 해. 너도 걔 잘 알잖아.

MP3 047

깜빡했어요.
It slipped my mind.

요새는 기억력이 엉망이에요.
I don't remember anything these days.

It slipped my mind.는 머릿속에서 기억이 미끄러져 나갔다(slip)는 의미로, 기억했어야 할 사항을 깜빡 잊었을 때 쓰는 표현입니다. 또, 내가 깜빡했다는 것에 대한 변명으로 I don't remember anything these days.라고 하면 내 탓이 아닌 기억력 감퇴 탓이라는 뉘앙스를 주기 때문에 고의성을 희석시킬 수 있습니다.

Q&A

Q 모두 다 아는 표현으로 I forgot.이라고 해도 되지 않나요?

A 네, I forgot.이라고 해도 괜찮아요. 단, 주어가 나(I)인 데다가 forgot(잊었다)의 의미가 너무 적나라하기 때문에 It slipped my mind.보다는 '내 책임'이라는 느낌이 좀 더 강하긴 하지만, 너무 재고 가릴 것 없이 두 표현 다 괜찮습니다.

Real))) CONVERSATION

A Yesterday was my mom's birthday, and it totally slipped my mind.
I forgot to wish her a happy birthday.
어제가 우리 엄마 생신이었는데 내가 완전히 깜빡했지 뭐야. 생신 축하도 못 해 드렸어.

B It's a day late, but you still can call her.
하루 늦긴 했지만, 지금이라도 전화 드려 봐.

▶ wish ___ a happy birthday: ~의 생일을 축하하다

A Did you tell Mr. Parker that the meeting has been canceled?
파커 씨한테 회의 취소됐냐고 전했나요?

B No. It completely slipped my mind.
아뇨. 아예 깜빡하고 있었어요.

UNIT 7 몰라서 저지른 실수에 변명할 때

저는 몰랐어요.
I had no idea.

알았으면 안 그랬죠.
I wouldn't have done it if I had known.

전후사정에 대해 전혀 아는 바가 없었기 때문에 실수한 거라고 변명할 때는 I had no idea. 라고 하면 됩니다. 이 표현은 아이디어가 떠오르지 않았다는 뜻이 아니라 상황에 대한 이해가 없었다는 의미로 쓰입니다. 또, I wouldn't have done it if I had known.에서 done it 대신 내가 저지른 실수를 구체적으로 설명해 넣을 수도 있어요.

Q&A

Q **I had no idea.** 대신에 **I didn't know it.**이라고 해도 되나요?

A 네, 됩니다. I had no idea.는 '전혀 몰랐다, 낌새도 못 챘다'는 의미이기 때문에 단순히 '몰랐다'의 I didn't know it.보다 강한 느낌을 준다는 것 외에는 같은 뜻이에요.

Real 🔊 CONVERSATION

A The lady who you just argued with is the new manager. She started today.
방금 너랑 말싸움한 사람이 새로 온 매니저야. 오늘부터 일 시작했대.

B Really? I had no idea. 진짜? 나는 전혀 몰랐어.

A Do you know Bob is gay? 너, 밥이 동성연애자라는 거 알아?

B What? I had no idea he's gay. 뭐? 난 걔가 동성연애자인지 전혀 몰랐네.

A You know, housing prices are skyrocketing these days.
있잖니, 요새 집값이 천정부지로 오르더라.

B Don't remind me. I wouldn't have sold my house if I had known.
생각나니까 말 꺼내지 마. 이럴 줄 알았으면 내가 집 안 팔았지.

MP3 049

일이 좀 생겼어요.
Something came up.

일정이 꼬였어요.
My day is / has gotten off track.

약속을 취소해야 하는 이유가 예상치 못한 일이 생겨서라면 Something came up.이라고 하면 되고, 일정이 예정과 달리 뒤죽박죽이 되어서라면 '선로(track)에서 벗어났다'는 의미로 My day is off track. My day has gotten off track.이라고 하면 됩니다. 앞의 두 표현의 시제가 다르다고 해서 구별해 쓸 필요는 없습니다. 한국말로도 "오늘 일정이 꼬여 버렸어." "오늘 일정이 꼬이네."가 시제만 다를 뿐 의미상 아무 차이가 없는 것처럼요.

Q&A

Q 친구와의 '약속이 취소됐다'고 할 땐 The appointment is canceled.라고 하나요?

A 아니요. appointment는 병원이나 미용실 등에서의 '예약'이라는 의미로 쓰이는 단어예요. 친구나 지인과 만나기로 한 약속이라면 plans를 써서 Our / My plans got canceled.라고 해야 하는데, 이 부분에 대해서는 뒤의 챕터에서 자세히 알려 드릴 거예요.

Real CONVERSATION

A Sorry, I can't make it today. Something came up.
미안한데 오늘 못 만날 것 같아. 일이 좀 생겼어.

B Oh, I was looking forward to seeing you today.
아, 난 오늘 너 만난다고 기대하고 있었는데.

A I hate to cancel our plans, but my day has gotten off track.
약속 취소하기 신짜 싫은데, 오늘 일정이 꼬여서 말이야.

B Oh, okay. How about tomorrow? Does tomorrow work for you?
어, 알았어. 내일은 어때? 내일은 돼?

A Yeah, that should work. 응. 괜찮을 것 같아.

MP3 050

변명의 여지가 없습니다.
(I have) no excuse.

excuse에는 '이유, 핑계, 변명'이라는 뜻이 있어서 '내가 한 행동에 변명의 여지가 없다, 핑계를 댈 만한 게 없다'고 변명할 때는 I have no excuse.라고 합니다. 주어와 동사를 생략하고 짧게 No excuse.라고도 하지요. 또, I have no excuse for ~ 구문으로 무엇에 대한 변명의 여지가 없는지를 구체적으로 설명할 수도 있어요.

Q&A

Q There's no excuse.라는 말도 들어 본 적이 있는데, I have no excuse.와 같은 뜻인가요?

A I have no excuse.는 나 스스로 변명의 여지가 없다고 할 때만 쓰이는 반면, There's no excuse.는 스스로 변명의 여지가 없을 때, 남에게 변명의 여지가 없다고 쓴소리할 때 모두 쓰입니다.

Real 🔊 CONVERSATION

A How could you forget our anniversary? I even reminded you last week.
당신은 어떻게 우리 결혼 기념일을 잊어버릴 수가 있어? 내가 지난주에 말해 주기까지 했는데.

B I'm so sorry. No excuse.
진짜 미안해. 변명의 여지가 없다.

A I was rude to you. There's no excuse for my behavior.
제가 무례하게 굴었습니다. 제 행동에 대해 변명할 여지가 없네요.

B It's okay.
괜찮습니다.

A You're an hour late for the meeting. There's no excuse.
회의에 한 시간씩이나 늦으셨네요. 할 말 없으시겠어요.

B You're right. There's no excuse.
맞아요. 변명의 여지가 없습니다.

CHAPTER 8

축하하기

MP3 051

축하!

Congrats!

우리도 친한 사이, 허물없는 사이에서는 "축하합니다!"라고 하지 않고 간단하게 "축하!"까지만 말하는 것처럼 영어에서도 Congratulations.를 줄여서 Congrats.라고 합니다.

Q & A

Q　무엇에 대한 축하인지 구체적으로 말하고 싶으면 Congrats about ~이라고 하면 되나요? **Congrats about your wedding.** 이렇게요.

A　아니요. about 대신 on을 써야 합니다. Congrats on your wedding(결혼 축하해). Congrats on your graduation(졸업 축하해). 이렇게 on 뒤에 축하받는 이유를 넣어 주면 돼요. 만약 축하받는 '이유'가 아니라 '대상'을 명시하고 싶다면 Congrats to ~ 구문을 써서 '아무개를 축하해 준다'고 하면 됩니다.

Real CONVERSATION

A Congrats! You finally finished the game.
축하! 드디어 그 게임을 깼구나.

B Gosh, it took me a whole month to finish the final level.
세상에, 마지막 단계 깨는 데 꼬박 한 달 걸렸네.

A Congrats on your retirement. 은퇴 축하한다.

B Thanks. How many more years do you have left to retire?
고마워. 넌 은퇴하려면 몇 년 남았지?

A Two years. 2년.

Boss Congrats to all of you! Our store has been voted the best customer service in town.
여러분 모두 축하해요! 우리 가게가 동네에서 고객 만족도 1위에 뽑혔습니다.

Workers That's great news! We should be proud of ourselves.
반가운 소식이네요! 우리 모두 자랑스러워할 만한 일인데요.

미국의 축하 문화

미국의 결혼, 임신 축하 문화를 얘기해 볼게요. 결혼을 앞둔 예비 신부를 위한 축하 파티를 bachelorette party(처녀 파티), 예비 신랑을 위한 축하 파티를 bachelor party(총각 파티)라고 하는데요, 요새는 한국에서도 많이들 하는 것 같더군요. 또, 동서고금을 막론하고 결혼은 말로만 축하하는 게 아니라서 선물이 빠지면 안 되죠. 한국에 축의금이 있다면 미국에는 wedding (gift) registry가 있습니다. 신랑신부가 마음에 드는 (온라인) 쇼핑몰을 정하고 그곳에서 파는 물건들 중 신혼집에 필요한 것들을 골라서 목록(registry)을 작성하면 하객들이 해당 웹사이트에 들어가서 각자의 예산에 맞는 것을 골라 값을 치릅니다. 그렇게 구매 완료된 물건들은 신랑신부에게 배송되고요. 요새는 아마존닷컴이 wedding registry의 대세라고 하네요. 아무래도 선택의 폭이 넓기 때문이겠죠.

임신 축하도 결혼 축하와 크게 다르지 않아서 예비 엄마의 가족이나 친구들이 baby shower라는 축하 파티를 열어 주는데, 이때 빠질 수 없는 것이 diaper cake예요. 돌돌 말은 아기 기저귀를 2~3단으로 쌓아 올려서 케이크 모양으로 만드는데, 보통 40~70개의 기저귀가 소요됩니다. 상징적이기도 하고 재밌기도 하고 아기가 태어나면 바로 쓸 수도 있으니 실용적이기까지 하답니다. 예비 엄마, 아빠가 육아에 필요한 용품들을 baby shower registry에 올리면 가족과 친구들이 해당 웹사이트에서 구입한 후 축하 선물로 보냅니다. wedding registry는 신혼집에 꼭 필요한 물건들을, baby shower registry는 육아에 꼭 필요한 물건들을 선물로 주고받는 것이니 도움도 되고, 축하도 되고, 참 좋은 아이디어인 것 같아요.

진짜 좋겠다. 부럽다.
I'm so jealous.

너무 자랑스럽겠다.
You must be very proud.

jealous를 '질투하는', '시기하는'이라고만 알고 있으면 활용 범위가 좁아집니다. 사람 성격을 말할 때 She / He's a jealous person.이라고 하면 질투심이 많은 사람이라는 뜻이고, 누군가의 성공에 배 아파하는 사람을 두고 She / He's so jealous.라고 하면 특정한 것을 시기한다, 샘낸다는 뜻이지만, 좋은 일이 생긴 상대방에게 I'm so jealous.라고 하면 '부럽다'는 의미가 됩니다. 또, 그런 좋은 성과를 냈으니 얼마나 자랑스럽겠냐는 뜻으로 You must be very proud.라고 해도 좋아요. 단, 이 표현은 반어적으로 "픽이나 자랑스러우시겠어요." 이렇게 비아냥거리는 투로 쓰이기도 합니다.

Q & A

Q   '부러워하다'가 영어로는 envy잖아요. I envy you.라고 해도 되나요?

A   사전을 찾아보면 envy의 뜻이 '부러워하다'로 나오기는 하지만, 사실상 '동경하다'에 더 가까운 뜻이라 일상에서 이 단어를 쓰는 일은 거의 없습니다. 누군가를 부러워한다고 할 때 원어민들은 I envy you.보다 I'm jealous.를 더 많이 써요.

Q   "너희 딸이 대학 붙어서 자랑스럽겠다." "너희 아들이 좋은 데 취직해서 자랑스럽겠다." 이렇게 제3자가 이뤄낸 것에 축하할 때도 You must be so proud.를 쓸 수 있나요?

A   네. You must be so proud of your daughter / son. 이렇게 구체적으로 자랑스러운 대상을 명시할 수도 있습니다.

Real 🔊 CONVERSATION

A I got a big pay raise.
내 월급이 많이 올랐어.

B That's great! I'm so jealous.
잘됐네! 부럽다.

A Hey, your annual income is still much bigger than mine.
야, 그래도 네 연봉이 나보다 훨씬 많거든.

B So, who's buying dinner tonight? Me or you?
그럼, 오늘 저녁은 누가 사는 거야? 나, 아니면 너?

A I picked up my Tesla yesterday.
어제 내 테슬라 뽑아왔어.

B Wow! I'm so jealous.
와! 진짜 부럽다.

A You have a Mercedes.
넌 벤츠 몰잖아.

B True.
그렇긴 하지.

▶ Mercedes: 벤츠의 정식 명칭은 Mercedes-Benz입니다. 때문에 미국에서는 '벤츠'라고 부르기도 하고 Mercedes(멀세이디즈)라고 부르기도 해요.

A You won four awards at the graduation ceremony. You must be so proud of yourself.
너, 졸업식에서 상을 네 개나 탔더라. 너도 네가 정말 자랑스럽겠다.

B Well, I just did my best.
뭐, 난 그냥 최선을 다한 것밖에 없어.

A That's all it takes.
그러니 그렇게 잘하지.

A I heard your younger brother made it to the Major Leagues. You must be so proud of him.
너희 동생이 메이저리그 들어갔다고 들었어. 너, 네 동생 진짜 자랑스럽겠다.

B I can't believe he actually did it. We're all so proud of him.
나도 걔가 진짜로 해낼 줄은 몰랐어. (식구들) 모두들 자랑스러워하고 있지.

A I bet. 당연하겠지.

MP3 053

너무 잘됐다!

I'm so happy for you.

That's great.

Good for you.

너무 좋겠다!

You must be so excited.

You must be happy.

축하한다고 해서 항상 Congratulations. 만 쓰는 건 아닙니다. '당신에게 좋은 일이 생겨서 나도 기쁘다'는 의미로 I'm so happy for you. '당신에게 잘된 일'이라는 의미로 Good for you. 역시 원어민들이 많이 쓰는 축하 표현이에요. 또, That's great! That's fantastic! That's awesome! 등의 표현들 역시 '멋지다'로 해석할 게 아니라 '잘됐다'로 이해해야 축하 표현으로 활용할 수 있어요. 축하받을 만한 좋은 일이 생긴 사람의 기분을 상상해 보고 공감해 주는 You must be so excited. You must be happy.도 좋은 축하 표현입니다.

Q & A

Q 영화에서 축하하는 상황이 아닌데 **Good for you.**라고 하는 걸 들었어요. **Good for you.**에 다른 뜻도 있나요?

A '잘됐다, 축하한다'고 할 때도 Good for you. 라고 하지만, 봉사활동 등 타인에게 도움을 주는 바람직한 일을 한 사람에게 쓰면 "좋은 일 했네." "잘했네."라는 의미가 됩니다.

Q 잘됐다는 건 일이 잘 흘러가서 잘 풀렸다는 뜻이니까 **It went well.**이라고 해도 되지 않나요?

A It went well. 은 일이 잘 풀렸다는 결과를 보고하는 느낌의 표현이라 좋은 일이 생긴 사람에게 축하 인사로 쓰지는 않습니다. 예를 들어 '노사협의는 얘기가 잘 됐어(잘 풀렸어).' 이런 경우에 쓸 수 있는 것이 It went well. 이에요.

Real 🔊 CONVERSATION

A I finally got the job I've been wanting.
내가 그렇게 다니고 싶어 하던 직장에 드디어 취직했어.

B That's great! I'm so happy for you. 잘됐다! 진짜 축하해.

A Thank you. 고마워.

A I just heard from Harvard. I made it!
방금 하버드에서 연락이 왔는데. 나 붙었대.

B Good for you! That's fantastic! 축하해! 진짜 잘됐다!

A I know. Isn't it crazy? 그러니까. 이게 정말 왠일이니?

B Your parents must be so happy.
너희 부모님 되게 좋아하시겠다.

> ▶ heard from ~ : 누구에게서/어디로부터 연락을 받다/소식을 듣다

A Gary proposed to me last night and I said yes.
어젯밤에 게리가 나한테 청혼하길래 승낙했어.

B Oh, that's awesome! I'm so happy for you guys.
어머, 잘됐다! 너희들 진짜 축하해.

A Thanks. 고마워.

A I got the house that I put a bid on.
내가 입찰 넣었던 집, 됐어.

B Oh, that's great. I know how much you wanted that house.
You must be so excited.
어머, 잘됐다. 네가 얼마나 그 집을 사고 싶어 했는지 내가 잘 알지. 너, 너무 좋겠다.

A I don't think I can sleep tonight. 오늘 밤에 잠 못 잘 것 같아.

B I don't think I could either if I were you. 내가 너라도 못 잘 것 같다.

> ▶ bid : (집, 건물 혹은 물품에 가격을 매기는) 입찰

A I'm going to marry Sam. 나, 샘이랑 결혼해.

B What? Congrats! 뭐? 축하해!

A And we're going to Alaska for our honeymoon.
그리고 신혼여행으로 알래스카에 가기로 했어.

B That's so great! I'm happy for you guys. This calls for a party.
너무 잘됐다! 너희들 진짜 축하해. 이거 파티라도 열어야겠는걸.

> ▶ This calls for a party. : 파티를 열 만큼 좋은 일이 있을 때 쓰여요. This calls for shots.는 좋은 일
> 이 있어서 "이거 술 한잔해야겠는데?"라는 말입니다.

MP3 054

넌 자격 있어.
You deserve it.

너만큼 자격 있는 사람이 또 어디 있다고.
No one deserves it more than you.

'마땅히 ~할 만하다'는 뜻의 deserve를 써서 축하해 주면 상대방이 자부심을 느낄 수 있어서 좋아요. 단, You deserve it. 표현은 좋은 의미로 쓰이면 '자격 있다'는 말이지만, 나쁜 의미로 쓰이면 '당해도 싸다, 샘통이다'라는 인과응보의 뜻이 됩니다.

Q&A

Q '자격이 있다'는 qualify 아닌가요? You're qualified.라고 해도 되나요?

A qualify가 의미하는 자격은 조건이 정해진 평가 기준에 누군가가 부합하는가를 보는 것이라서 입사 지원 시 자격 요건, 운동경기 출전 자격 조건 등에 쓰여요. 반면에 deserve는 뚜렷한 평가 기준보다는 '가치'에 중점을 둔 단어라서 노력, 성실성, 품성 등을 치하하는 표현에 적합합니다.

Real 🔊 CONVERSATION

A Enjoy your vacation. You deserve it.
휴가 잘 보내. (그동안 열심히 일했으니) 넌 푹 쉴 자격 있어.

B Thank you. I'll see you when I get back.
고마워. 갔다 와서 보자.

A Thank you for giving me the promotion.
승진시켜 주셔서 감사합니다.

B Of course. I think no one deserves it more than you.
당연한 걸 가지고. 자네만큼 자격 있는 사람이 또 어디 있겠나.

A I'm flattered. 과찬이십니다.

B I really mean it. You deserve it.
진심일세. 자넨 (승진할) 자격 있어.

MP3 055

그럴 줄(잘될 줄) 알았어.

I knew it.

놀랄 일도 아니지.

It doesn't surprise me.
I'm not surprised at all.

"넌 그럴 자격 있다."와 마찬가지로 "잘될 줄 알았다." 역시 상대방을 우쭐하게 만드는 축하 표현입니다. '당연히 그럴 줄 알았다'는 의미로 I knew it. '네가 잘 된 건 너무나 당연한 결과'라는 의미로 It doesn't surprise me. I'm not surprised at all.이라고 하면 좋아요.

Q & A

Q 누가 딱히 잘된 상황도 아닌데 I knew it.이라고 하는 걸 들었어요. 다른 상황에서도 쓸 수 있는 표현인가요?

A 네. I knew it.은 충분히 예상 가능했다는 뜻으로 여러 가지 상황에 쓰여요. 퀴즈나 문제의 정답을 듣고 나서 "나, 저거 아는 거였는데."라고 할 때도 사용할 수 있고, 안 좋은 일에 "거 봐. 내가 그럴 줄 알았다."라는 의미로도 쓸 수 있습니다.

Real 🔊 CONVERSATION

A I got accepted into Berkeley. 나 버클리 대학에 합격했어.

B I knew it. You're smart and a hard worker. There's nothing to be surprised about.
그럴 줄 알았어. 너야 뭐 똑똑하지. 공부 열심히 하지. 그러니 놀랄 일도 아니지 뭐.

A Thank you for the compliment. 칭찬 고마워.

A My daughter got a role in a movie. 우리 딸이 영화에서 배역을 맡았어.

B Good for her. I'm not surprised at all. She's always wanted to be an actress. 잘됐네. 놀랄 일도 아니지. 걘 항상 영화배우가 되고 싶어 했잖아.

A And now she is. I'm so proud of her. 결국 (영화배우) 됐지 뭐야. 너무 자랑스러워.

B You must be. 왜 아니겠어.

CHAPTER 9

칭찬하기

MP3 056

네가 그렇게 열심히 한 보람이 있구나.
Your hard work paid off.

끝내주게 잘했어.
You nailed it.

pay off에는 '지불해야 할 금액을 완납하다'라는 뜻 외에 '성과로써 보상을 받다'라는 뜻
도 있어요. 그래서 열심히 노력해서 좋은 결과를 얻은 사람을 칭찬할 때 Your hard work
(finally) paid off.라고 합니다. 또, 아무도 토를 달 수 없을 만큼 완벽하게 쐐기를 박았다는 의
미로 You nailed it.이라고 해도 좋아요.

Q&A

Q 해냈다고 할 때 **You made it.**이라고 하던데, **You nailed it.**과 비슷한
   뜻인가요?

A 엄밀하게 따지면 You nailed it.은 '완벽했다' '흠잡을 데 없었다'
   의 의미이고, You made it.은 '결국 해냈다' 혹은 '잘 겪어냈다'는
   의미입니다. 그래서 상대방이 제대로 실력 발휘를 해서 좋은
   결과를 냈다면 You nailed it.이 좀 더 어울리는 표현이 되겠죠.

Real 🔊 CONVERSATION

A Congrats on the promotion. Your hard work finally paid off.
승진 축하해. 그렇게 열심히 일하더니 보람이 있구나.

B Thanks. I thought I might not get it.
고마워. 난 안 될 수도 있겠다고 생각했거든.

A You nailed it. Our district manager said your presentation was very
impressive.
완벽하게 해내셨어요. 저희 지역 관리자께서 그쪽 프레젠테이션이 무척 인상 깊었다고 하시더군요.

B She did? Oh, I'm so flattered.
그렇게 말씀하시던가요? 너무 감사해서 몸 둘 바를 모르겠네요.

너 아니었으면 못 해냈을 거야.
We couldn't have done it without you.

네가 다 한 거야. 다 네 공이야.
You deserve full credit.

"네가 있어서 천만 다행이다." "너 아니었으면 아무것도 못 했을 뻔했다." 이렇게 상대방의 능력을 인정해 주는 칭찬을 할 때는 We / I couldn't have done it without you. 라고 하거나, 점수를 혼자 다 딸 정도로 기여한 바가 크다는 의미로 You deserve full credit. 이라고 하면 됩니다.

Q & A

Q "네가 최고다."라고 칭찬하고 싶으면 You're the best. 라고 하면 되나요?

A 네. You're the best.는 상대방의 능력을 칭찬할 때도 쓰이고, 나를 도와준 사람에게 '너밖에 없다.'는 의미로 고맙다는 인사 대신으로도 쓰이는 표현입니다.

Real 🔊 CONVERSATION

A **We won the game. We couldn't have done it without you.**
우리가 경기에서 이겼어. 너 아니었으면 아마 못 해냈을 거야.

B **Thanks, but we all did a great job.**
고마워. 그래도 우리 모두 다 잘했으니까 이겼지.

A **We got the deal! Thank you, Ben. You deserve full credit for this.**
우리가 계약 따냈어! 고마워, 벤. 이게 다 네 덕분이야.

B **No, I can't take full credit. Everyone in our team deserves credit.**
아니, 나 혼자 한 일은 아니지. 우리 팀원들 모두의 공이지.

A **You're too modest.**
넌 너무 겸손하다니까.

▶ modest: 겸손한

MP3 058

머릿결이 참 좋으시네요.
You have such beautiful hair.

I like your hair.

눈이 참 예쁘시네요.
Your eyes are stunning.

넌 키가 커서 좋겠다.
You're lucky to be so tall.

타고난 외모를 칭찬할 때는 stunning, You have beautiful ~, I like / love your ~ 등의 표현이 있습니다. 이 중 stunning은 '놀랄 만큼 아름다운'의 뜻으로, 원어민들이 즐겨 쓰는 단어입니다. 또 "예뻐서 좋겠다." "키 커서 좋겠다."는 식으로 부러움이 섞인 칭찬을 하고 싶다면 '넌 참 운도 좋다/복도 많다'는 의미로 You're so lucky ~를 활용해 주면 좋아요.

Q&A

Q 누가 "피부 참 좋으시네요."라고 칭찬하면 보통 "아우, 아니에요. 좋긴요." 이렇게 대답하잖아요. 영어로도 "**No, it's not.**"이라고 하나요?

A 아니요. 아주 친해서 투박한 말을 해도 오해 없이 받아들이는 사이가 아니라면 '딱 봐도 아닌데 넌 도대체 무슨 말을 하는 거냐?'라는 식으로 상대방을 질타하는 듯 들릴 수도 있어요. 정 칭찬에 동의할 수 없다면 You think so(그런가요)? 정도가 적당하지만, 일단은 무조건 Thank you.라고 답하는 것이 좋습니다.

Q 날씬해서 좋겠다고 칭찬할 때는 **You're so thin.**이라고 하면 되나요?

A thin은 '날씬한'보다는 '마른'에 훨씬 가까운 뜻의 단어라 자칫 '너무 말랐다'라는 부정적인 의미로 받아들여질 수도 있기 때문에 slim이나 fit을 쓰는 게 적절합니다.

Q 한국에서는 머리가 작다, 얼굴이 작다는 게 칭찬이잖아요. 원어민에게도 **Your head / face is so small.** 이렇게 칭찬해도 통하나요?

A 아니요. 그건 서양권 사람들에게는 칭찬이 아닙니다. Your head / face is so small.이라고 말하면 뇌가 작아서 머리가 나쁘거나

Q & A

기형으로 보인다는 뜻으로 받아들일 수도 있기 때문에 그런 말은 아예 하지 않는 것이 좋아요.

Q 눈이 예쁘다고 칭찬할 때 Your eyes are pretty.라고 해도 되죠?

A 사실, 눈에 대한 칭찬은 좀 조심스러운 부분이 있어요. 한국에서도 눈이 예쁘다는 말이 종종 작업 멘트로 쓰이듯 영어권에서도 마찬가지여서, Your eyes are pretty / beautiful.이란 표현은 듣는 입장에서 불편할 수도 있습니다. 대신 파란색, 초록색 등 색깔이 화려한 눈을 칭찬할 때는 앞서 배운 stunning이 적절한데요, 눈뿐 아니라 화려하고 아름다운 차림새에도 쓰이는 칭찬이에요.

Real 📶 CONVERSATION

A You have such beautiful skin.
피부가 참 좋으시네요.

B Thank you. I got it from my mom.
감사합니다. 제가 저희 엄마 피부를 닮아서요.

A I like your hair. It's so full and shiny.
머릿결이 좋으시네요. 숱도 많고 윤기도 자르르하고요.

B Oh, thank you. So is yours.
아, 감사합니다. 그쪽 머릿결도 좋으세요.

▶ So is / are yours.: '내 것뿐 아니라 네 것도 예쁘다/좋다'는 뜻으로 사물, 사람에게 모두 적용 가능해요.

A Your eyes are stunning. The color matches your green dress.
눈 색깔이 참 예쁘시네요. 지금 입으신 초록색 드레스랑 색깔이 딱 맞아요.

B Thank you for the compliment. I wear green a lot because of my eye color. 칭찬 감사합니다. 제 눈 색깔 때문에 초록색을 많이 입는 편이에요.

A You're so lucky. You can eat whatever you want and you don't gain weight. 넌 좋겠다. 먹고 싶은 거 다 먹어도 살 안 쪄서.

B It's genetic. My whole family is the same way.
유전이야. 우리 집안 식구들이 전부 다 그래.

A It's not fair. 진짜 불공평하구나.

111

신발이 예쁘네요.
I like / love your shoes.
They're so cute.

파란색이 잘 어울리세요.
Blue looks good on you.
Blue is your color.

오늘 너무 예쁘다/멋지다.
You look great / awesome / stunning today.

오늘 무슨 날이야? 무슨 특별한 일이라도 있어?
What's the occasion?

옷차림이나 장신구, 스타일을 칭찬할 때 역시 I like / love your ~ 구문을 많이 씁니다. 그리고 예쁘다고 할 때 원어민들은 pretty보다 cute를 훨씬 자주 써요. 특정한 색깔이나 스타일이 잘 어울린다고 할 때는 ~look⑤ good on you 혹은 ~is your color라고 하면 돼요. 상대방이 특별히 신경 쓴 것 같아 보이면 What's the occasion?만으로도 칭찬이 됩니다.

Q&A

Q "귀걸이랑 목걸이가 잘 어울린다." "머리랑 옷이 잘 어울린다." 이렇게 두 가지가 서로 잘 어울린다고 칭찬할 때는 어떻게 하나요?

A A matches B, 혹은 A goes well with B 형태를 활용해서 Your earrings match your necklace. Your hairdo goes well with your outfit. 이렇게 말하면 됩니다.

Q 젊어 보인다는 칭찬도 많이 하는데요. "그 옷 입으니까 젊어 보인다."는 어떻게 말하면 되나요?

A '그 옷이 너를 젊어 보이게 만든다'는 의미로 It makes you look younger. 라고 할 수도 있고, 그 옷을 입으니까 젊어 보인다는 의미로 You look younger in that outfit. 이라고 할 수도 있어요.

Real 📶 CONVERSATION

A Oh, I like your hair. Did you do it yourself?
아우, 머리가 참 예쁘네요. 직접 (스타일링) 하신 거예요?

B Yeah. I used a curling iron. 네. 컬링 아이롱으로 제가 했어요.

A I should get one for my sister. 여동생한테 하나 사 줘야겠어요.

B Yeah. It's easy to use. 그러세요. 사용하기 쉬워요.

A I love your necklace. It's super cute.
네 목걸이 진짜 마음에 든다. 완전 너무 예쁘네.

B Thank you. I bought this at a flea market.
고마워. 벼룩시장에서 산 거야.

A Oh, wow! Red looks great on you. 와! 너 빨간색 되게 잘 어울린다.

B Really? Don't you think red is too strong for me?
정말? 나한테 빨간색이 너무 강한 것 같지 않아?

A Not at all. It is definitely your color. 전혀 안 그래. 그거 완전히 네 색깔인데.

B If you say so. 네가 그렇다면야 뭐.

A You look stunning today. What's the occasion?
너 오늘 완전 멋지다. 오늘 무슨 날이야?

B Thank you. I'm going to my friend's wedding.
고마워. 친구 결혼식에 가거든.

A I see. Well, have fun. 그렇구나. 재밌게 놀다 와.

A Your hairdo matches your outfit. So cute!
헤어스타일이랑 옷이랑 잘 어울리네요. 너무 예쁘세요.

B Thank you for the compliment. 칭찬 감사합니다.

A You should wear jeans more often. You look younger in your
jeans. 너. 청바지를 더 자주 입어야겠다. 청바지 입으니까 젊어 보이네.

B You think so? 그런 것 같아?

A Yup! 응.

MP3 060

칭찬이 자자하던데요.
Everybody spoke highly of you.

아무개는 항상 네 칭찬만 해/볼 때마다 네 칭찬이야.
_____ always speaks highly of you.

내가 상대방에게 직접 하는 칭찬이 아니라 제3자가 한 칭찬을 전할 때는 speak highly of you 구문을 사용하면 좋습니다. '너에 대해 높게 말하더라', 즉 '너를 높이 평가하더라'라는 의미로 보시면 돼요.

Q & A

Q praise나 compliment도 칭찬이라는 뜻이니까 speak highly of you 대신 쓸 수 있나요?

A 정확히 구분하면 praise는 상대방의 능력이나 가치에 대한 칭찬으로 객관적인 입장이 강하고, compliments는 취향이나 의견에 준한 칭찬으로 주관적인 입장이 강하다고 볼 수 있어요. 따라서 praise가 speak highly of ~에 좀 더 가까운 표현이긴 하지만, 굳이 세세하게 따질 것 없이 Everybody praised you. Everybody gave you a lot of compliments.라고 말해도 별 상관은 없습니다.

Q speak highly of ~가 '칭찬하다'라는 뜻이라면, 아무개에 대한 안 좋은 말이나 좋지 않은 평가를 들었다고 할 때는 speak lowly of ~를 쓰나요?

A 아니요, 그런 표현은 없습니다. 대신 I never heard anything good about _____, No one said good things about _____ 이라는 표현을 써서 '아무개에 대해 좋은 말을 들어 본 적이 없다', '아무도 아무개에 대해 좋게 말하지 않는다'고 해 주면 됩니다.

A Eddie, everybody spoke highly of you at the tennis match.
에디, 네 테니스 경기를 본 사람들이 전부 다 너 칭찬하더라.

B Really? Thanks. 진짜? 고마워.

A I guess you did a great job on your presentation. Everybody spoke highly of you.
네가 프레젠테이션을 되게 잘했나 보더라. 다들 칭찬이 자자하던데.

B I'm glad to hear that. Thank you.
그렇다면 정말 다행이다. 고마워.

A My boss hates me. He picks on me all the time.
직장 상사가 나 엄청 싫어해. 나한테 항상 딴지를 건다니까.

B I don't think so. Maybe you're mistaken.
아닌 것 같은데. 네가 오해하는 걸 수도 있지.

A What made you think so? 왜 그렇게 생각하는데?

B Because your boss always speaks highly of you.
네 상사가 (다른 사람들한테) 늘 네 칭찬만 하고 다니니까.

A I don't believe that. 못 믿겠는데.

▶ pick on ~: ~에게 시비를/딴지를 걸다

A You must be Ian. It's very nice to meet you.
네가 이안이구나. 만나서 정말 반갑다.

B Nice to meet you, too. 저도 만나서 반가워요.

A You know your mom always speaks highly of you.
너희 엄마가 어찌나 네 칭찬을 하는지.

B She does? 엄마가요?

A Yes. She's so proud of you.
응. 널 엄청 자랑스러워하셔.

A Jane, I heard your co-workers praising you.
제인, 네 직장 동료들이 네 칭찬을 하더라.

B About what? 무슨 칭찬?

A They said you're amazing with your customers.
다들 네가 고객 대응을 엄청 잘한다고 하던데.

B Oh, it's nice of them to say that.
아, 그런 말도 해 주고 다들 고맙네.

MP3 061

그렇지, 잘했어.
Atta boy / girl.

착하다 / 장하다.
That's my boy / girl.

Atta boy. That's my girl.은 주로 부모가 자식에게, 어른이 어린아이에게, 그리고 간혹 나이 많은 직장 상사가 젊은 부하 직원에게 쓰는 칭찬 표현입니다. 자칫 상대방을 어린아이 취급하는 뉘앙스를 풍길 수 있기 때문에 나보다 아주 어린 사람이 아니면 주의해서 사용하는 것이 좋아요.

Q&A

Q 반대로 나보다 나이 많은 어른이나 직장 상사에게 할 수 있는 칭찬 표현은 없나요?

A 미국은 한국처럼 나이나 직급에 따라 대화 형태가 달라지지 않기 때문에 어른이나 상사라고 해서 별도의 칭찬 표현이 따로 있지는 않습니다. 대신 Sir, Ma'am, 등의 존칭을 붙이면 훨씬 정중하게 들리긴 하죠. 예를 들어 "잘하셨습니다."는 Well done, sir. Good job, sir. 이렇게 말하는 것만으로도 충분합니다. 한국 사람에게는 아무리 sir를 붙여도 버르장머리 없게 들릴 수도 있지만, 원어민들은 그렇게 생각하지 않으니 걱정할 필요 없어요.

HOW TO USE

Atta boy! Good work, Brendon.
그렇지! 잘했어, 브렌든.

Atta girl! That's the way.
잘했어! 그렇지.

You won Best Employee of the Month. Atta girl!
이번 달 최우수 사원으로 자네가 뽑혔어. 잘했네!

You presented really well today. That's my boy.
오늘 자네가 발표를 아주 잘했어. 장하네!

You made Principal's Honor roll? That's my girl!
네가 최우수상을 받았다고? 아이고, 장해라!

It was great. Good job, sir.
멋지셨어요. 잘하셨습니다.

CHAPTER 10

격려/위로하기

잘하고 있으니 계속 그렇게 하라고 할 때

MP3 062

너 지금 잘하고 있어.

You're doing great.

You're on the right track.

계속 그렇게만 해. 계속 수고해 주세요.

Keep it up.

Keep up the good work.

이미 잘하고 있는 사람을 격려할 때는 현재 상태를 계속 유지하라는 의미로 keep up을 사용하면 좋은데요, 이 Keep it up. Keep up the good work.를 앞으로도 계속 수고해 달라는 의미로도 쓸 수 있어요. 또, 육상 트랙이나 기차 트랙처럼 제 선로에서 잘 달리고 있다는 뜻으로 on the right track 구문도 많이 쓰입니다.

Q&A

Q **on the right track의 반대는 on the wrong track인가요?**

A 네, '선로를 잘못 잡았다'는 뜻으로 on the wrong track 또는 아예 '선로에서 벗어났다'는 뜻으로 off track을 써서 You're on the wrong track. You're off track.이라고 하면 됩니다.

Real))) CONVERSATION

A To be honest, we weren't sure if you could handle that position, but you're doing great. Keep up the good work.
솔직히 말하면, 당신이 그 직책을 잘 소화해 낼 수 있을지 확신이 없었는데, 너무 잘하고 계세요. 앞으로도 계속 그렇게만 해 주셨으면 합니다.

B Oh, it's such a relief to hear that. Thank you.
아, 그 말씀을 들으니 마음이 놓이네요. 감사합니다.

▶ It's such a relief.: 마음이 놓이네요.

A You did a fantastic job today. Keep it up.
오늘 너무 잘하셨어요. 계속 수고해 주세요.

B You got it. 알겠습니다.

UNIT 2 낙담해 있는/자신 없어 하는 사람을 격려할 때

MP3 063

넌 할 수 있어.

You got this.

You can do it.

힘 내. 기 죽지 마.

Cheer up.

Put / Keep your chin up.

자신 없어 하는 사람에게 "넌 할 수 있다."라고 격려해 줄 때 You can do it.보다도 더 자주 쓰이는 표현이 You got this.인데요, '넌 이 정도는 충분히 해낼 수 있다'는 의미입니다. 또, 기 죽지 말라고 격려할 때는 당당하게 턱, 즉 고개를 들고 다니라는 뜻으로 Put / Keep your chin up.이라고 해요.

Q&A

Q 응원이나 격려할 때의 '화이팅(fighting)'은 잘 싸우라는 뜻인가요?

A '화이팅'이라고 말하는 건 순전히 한국만의 문화예요.
원어민들은 You got this. You can do it.이라고 해요. 운동
경기를 보며 응원할 때 자주 쓰는 표현으로는 You got this. Go,
go, go! Come on! You're gonna kill it. Nice try. 등이 있습니다.

Real 🔊 CONVERSATION

A **Hey, keep your chin up. You can do it.** 야, 기 죽지 마. 넌 할 수 있어.

B **You think so?** 정말 그렇게 생각해?

A **I don't think so. I know so.**
그렇게 생각하는 게 아니라 네가 해낼 수 있다는 걸 알기 때문에 하는 말이야.

▶ I don't think so. I know so.: 그렇게 '생각'하는 게 아니라 확실히 '아는'거다, 즉 막연한 추측이나 바람이 아니라
확실한 믿음이 있다는 의미로 상대방에게 확신을 줄 때 쓰이는 표현이에요.

A **You came this far. You got this.** 너 여기까지 왔잖아 / 여태 잘해 왔잖아. 넌 할 수 있다니까.

B **Okay. Thanks for cheering me up.** 알았어. 격려해 줘서 고마워.

MP3 064

널 응원한다.
I'm rooting for you.

난 널 100퍼센트 지지해.
I'm with you 100 percent.

root에는 '뿌리'라는 뜻 외에 '응원하다'라는 뜻도 있어서 누구를 응원한다고 할 때 root for _____라고 합니다. 또, I'm with you.라는 표현은 상대방과 의견을 같이 한다는 뜻으로, 누군가의 결정이나 노력, 행보를 지지할 때도 쓰이는데요. 100 percent가 더해지면 그만큼 열성적으로 지지하고 있으니 열심히 잘하라는 힘찬 응원의 말이 됩니다.

Q&A

Q '지지하다'가 영어로는 support잖아요. 그럼 I support you.라고 말해도 내가 널 지지한다는 뜻이 되나요?

A 네. I'm with you. I support you. 둘 다 I'm on your side. 즉, '나는 네 편이다.' '너와 뜻을 같이 한다.'라는 뜻이기 때문에 결국 지지한다는 의미입니다. 다만 원어민들이 일상적으로 더 많이 쓰는 표현은 I'm with you.라는 것!

Real 🔊 CONVERSATION

A I have a job interview tomorrow morning.
나, 내일 아침에 회사 면접 있어.

B I'm rooting for you.
잘하고 오길 응원한다.

A Thanks.
고마워.

A I decided to go to graduate school next year.
나, 내년에 대학원 가기로 했어.

B That's great. I'm with you. If you need any help, let me know.
잘했다. 난 네 결정을 지지해. 도움이 필요하면 뭐든 나한테 말해.

응원과 지지 문화

Tom Moore라는 영국인이 있었습니다. 세계2차대전 참전용 사이기도 한 그는 이제 보행기에 의존해서 걸을 만큼 연로한 나이가 되었어요. 본인 몸도 건사하기 힘든 할아버지는 다가오는 자신의 100세 생일에 즈음하여 코로나로 고생하는 의료진들을 지지하기 위한 모금 운동을 시작했습니다. 하루에 집 주위를 10 바퀴씩, 열흘 동안 100 바퀴를 돌겠다고 공약하고 1,000 파운드를 목표액으로 잡았지요. 걷는 것도 여의치 않은 할아버지에게 집 100바퀴는 결코 쉬운 일이 아니었는데도 말입니다. 이 소식이 퍼지자 영국은 물론 세계 곳곳에서 응원이 쏟아졌고, 300억 파운드 이상이라는 큰돈이 모아졌습니다. 할아버지는 처음 목표액의 3만 배가 넘는 모금액을 모두 영국 의료진에게 기부하셨고, 그 공을 인정받아 영국 여왕으로부터 기사 작위를 받으셨어요. 하지만 아쉽게도 이듬해인 2021년에 작고하셨다네요.

저는 이 이야기를 접하고 열심히 일하는 의료진을 응원하고자 했던 할아버지의 마음도 뭉클하지만, 누군가를 응원하는 그 마음을 함께 지지하는 사람들의 마음도 감동적이었어요 내가 먼저 시작하지는 못했어도, 첫발을 디뎌준 사람을 응원하고 지지하는 마음도 못지않게 크고 훌륭하니까요. 좋은 마음들이 모여서 더욱 큰 응원이 되고, 그 응원이 결국 세상을 바꾸는 것 같습니다.

저 역시 지금 이 책을 읽는 여러분의 영어에 대한 열정을 응원합니다. I'm rooting for you!

UNIT 4 힘든 시기를 겪고 있는 사람을 위로/격려할 때

힘내.
Power through.
Cheer up.

조금만 더 버텨.
Hang in there.

나도 그랬어/겪었어.
I've been there.

잘 이겨낼 수 있을 거야.
I know you're gonna get through it.

너한텐 내가 있잖아. 힘들면 언제든 말해.
I'm here for you. If there's anything you need, just let me know.

힘들어하는 사람을 격려, 위로할 때는 힘든 시기를 통과한다는 의미로 (get) through, 꾹 참고 매달려 있으라는 뜻의 hang을 써서 표현하는 경우가 많습니다. 또, 힘내서 통과하라는 아자 아자!의 느낌으로 Power through.라고도 하고, 나 역시 같은 일을 겪었다는 공감의 표현으로 I've been there.라고도 해요.

Q&A

Q 힘든 일 겪는 사람을 위로할 때 보통 "힘들어서 어떡하니?" "네가 힘들겠다." 이런 말을 많이 하는데요, 영어로는 어떻게 하나요?

A 강하고 거친 사람에게 '터프하다'라고 하는 것처럼 힘들고 거친 상황에도 tough를 써서 That must be tough.라고 하면 '힘들겠다.'는 의미가 됩니다. 좀 더 감정을 이입해서 I can't imagine how hard it would be for you.라고 해도 좋아요. 또, 간신히 버티고 있다는 뉘앙스의 hold up을 써서 How are you holding up? 하면 "힘들 텐데 잘 버티고 있어?" "견딜만 해?"의 뜻이 됩니다.

Q 안 좋은 일이 생겼을 때 하는 "이 또한 지나가리니."는 영어로 뭔가요?

A This too, shall pass.가 그것인데요, 좋은 일이든 안 좋은 일이든 반드시 지나가게 마련이라는 의미로 쓰입니다.

Real 🔊 CONVERSATION

A   I heard that you're having a hard time with your business. How are you holding up?
사업 때문에 네가 힘들어한다고 들었어. 어떻게, 견딜만 한 거야?

B   Things don't look good at all. I'm barely holding up.
상황이 영 좋지가 않아. 간신히 버티고 있는 중이야.

A   You know I'm here for you. If there's anything you need, just let me know.
내가 있잖아. 뭐든 도움이 필요하면 말해.

B   Thank you. That means a lot to me.
고마워. 힘이 많이 된다.

A   How are you doing at school?
학교는 잘 다니고 있니?

B   It's hard to keep up the good grades.
학점(성적) 잘 받기가 어려워요.

A   Hang in there, girl. There's only one semester before graduation.
조금만 버텨, 얘. 졸업까지 한 학기밖에 안 남았잖니.

A   My wife and I both lost our jobs. Can you believe it?
나랑 아내랑 둘 다 잘렸어. 이게 말이 되냐?

B   Oh, no. That must be tough / rough.
어쩌냐. 진짜 힘들겠다.

A   We've been looking for any kind of job, but it's not easy.
아무 일이든 찾고는 있는데, 쉽지가 않네.

B   I know it's tough, but you'll find something. Power through!
힘들겠지만, 뭐든 곧 일자리가 생길 거야. 힘내! / 아자 아자!

A   I've been having post-partum depression and it's no fun.
내가 산후우울증에 시달리고 있는데, 이거 진짜 별로네.

B   I've been there. I know exactly what it feels like, but you know what? You'll get through it.
나도 겪었던 거라 어떤 기분인지 내가 정확히 알아. 근데 있잖니, 결국 잘 이겨낼 거야.

누구나 다 실수해.
Everyone makes mistakes.
We all make mistakes.

신이 아니라 사람이잖아. (실수하는 건 당연하지.)
To err is human.
You're only human.

다 그러면서 배우는 거야.
You're learning.

완벽한 사람은 없어.
No one is perfect.

실수한 사람에게 가장 위로가 되는 말은 아마도 "너만 실수하는 게 아니다. 누구나 다 실수한다."는 말일 텐데요, 영어 표현 역시 비슷해서 Everyone makes mistakes. We all make mistakes.라고 합니다. 또, 살아가는 과정, 배우는 과정이라는 점에 초점을 두어 You're learning.이라고도 하고, 신이 아닌 사람이라는 점을 강조해 You're only human., 실수를 하니까 사람이라는 의미로 To err is human.이라고도 하는데요, err는 error의 동사형으로 '잘못을 저지르다'라는 뜻이에요.

Q&A

Q '한 번 실수는 병가지 상사'란 말이 있는데, 영어로도 비슷한 표현이 있나요?

A '한 번 실수는 병가지 상사'란 말은 전쟁을 하다 보면 한 번쯤은 실수도 하게 된다는 뜻인데, 이에 딱 맞는 직접적인 영어 표현은 없지만 You learn from your mistakes(다 실수하면서 배우는 거야). 표현이 의미상 가장 비슷하다고 볼 수 있겠습니다.

Q 실수해도 괜찮다고 위로할 때 It's okay to make mistakes.라고 해도 돼요?

A 네. 좀 더 강조해서 It's totally okay to make mistakes. There's nothing wrong with making mistakes.라고 해도 좋고, 실수를 두려워하지 말라는 뜻으로 Don't be afraid to make mistakes. 라고 해도 됩니다.

A I forgot to fax the document to our top client on time. My boss got so mad at me.

우리 회사 최고 고객한테 시간 맞춰 서류 보내는 걸 내가 깜빡했어. 상사가 나한테 엄청 화났다니까.

B You just started working there. You're learning.

너 거기서 일 시작한 지 얼마 안 됐잖아. 그러면서 배우는 거지, 뭐.

A I'm so dumb.

난 진짜 바보천치인가 봐.

B Hey, don't be too hard on yourself. We all make mistakes.

야, 너무 자책하지 마. 실수 안 하는 사람이 어디 있다고.

▶ **be hard on someone** : '아무개에게 심하게 하다/몰아세우다'라는 뜻으로, be hard on oneself 는 자책하거나, 스스로에게 냉엄하거나, 무리해서 일하는 경우에 쓰여요.

A Our team lost because I dropped the ball. I feel awful.

내가 실수하는 바람에 우리 팀이 졌어. 진짜 기분 엉망이다.

B It's not your fault. Everybody makes mistakes.

네 잘못이 아니야. 실수는 누구나 다 하는 거라고.

A No, it was my fault. How stupid.

아니야, 내 잘못이야. 진짜 바보 같은 실수를 했다니까.

B No one's perfect, you're only human.

신도 아니고, 완벽한 사람이 어디 있어.

▶ **drop the ball** : 상황에 따라서 진짜로 '공을 놓치다'라는 뜻으로도 쓰이고, 우회적으로 '실수하다'라 는 뜻으로도 쓰여요.

A I'm terribly sorry. I made a big mistake.

너무너무 죄송해요. 제가 큰 실수를 했습니다.

B No worries. You learn from your mistakes.

괜찮아요. 한 번 실수는 병가지 상사라잖아요.

A Thank you for saying that.

그렇게 말씀해 주시니 감사합니다.

B There's nothing wrong with making mistakes. You just don't want to make the same mistake twice.

실수하는 건 괜찮아요. 똑같은 실수를 두 번 하지만 않으면 되죠.

UNIT 6 아픈 사람을 위로할 때

MP3 067

빨리 나아.
> (I) hope you get well soon.
> (I) hope you feel better.

몸조리 잘해.
> **Take good care of yourself.**

(네가) 아프다니 내 맘이 안 좋네.
> **I'm so sorry to hear that.**

몸이 아픈 사람을 위로할 때는 I hope ~ 구문을 써서 I hope you get well soon. I hope you feel better.로 "빨리 나았으면 좋겠다."라고 표현하는데요, 원어민들은 주어 (I)를 빼고 말하기도 합니다. take care 역시 몸조리 잘하라는 의미로 쓸 수 있어요.

Q&A

Q 감기 같은 가벼운 병이 아니라 수술이나 장기 치료를 받아야 하는 병에 걸린 사람이라면 처음 진단받을 때 덜컥 겁이 났을 텐데요, 그런 경우에 "진단받고 많이 무서웠겠다."라고 말하려면 어떻게 하나요?

A '진단을 받았다'는 말을 그대로 영어로 하려 들면 머리에 쥐만 나기 때문에 '그 사실을 처음 알았을 때'로 전환시켜 생각하면 훨씬 쉬워져요. You must have been so scared when you first found out. You must have been shocked when your doctor told you. 이렇게 말하면 돼요.

Q 친구나 지인에게 "요새 독감 돌더라. 조심해."라는 말은 어떻게 하면 되나요?

A 정확한 병명 필요없이 Something's going around these days. So be careful.이라고 하면 됩니다. something만으로도 독감 등 뭔가 안 좋은 게 돌고 있다는 의미를 전달하기에 충분해요.

HOW TO USE

Hope you feel better. Take extra good care of yourself, okay?
빨리 낫길 바라. 몸조리/건강에 신경 많이 쓰고, 알았지?

I'm so sorry you have to go through this. I hope you get well soon. (병 때문에) 이렇게 고생해서 어쩌니. 빨리 나아라.

I'm so sorry to hear that. Would it be a help if I bring some food? (아파서) 어쩐다니. 내가 음식이라도 가져다주면 도움이 좀 될까?

너한텐 차라리 걔가 없는 게 나아.
You're better off without him / her.

네 짝이 아니었어.
He / She wasn't for you.

지나간 일은 잊어. 훌훌 털어 버려.
(You should) move on.

시간이 지나면 다 괜찮아질 거야.
Time heals all wounds.

결별로 힘들어하는 사람을 위로할 때는 그런 사람은 차라리 없는 게 낫다는 뉘앙스의 better off without ~, 또는 어차피 어울리는 짝이 아니었다는 뉘앙스의 ~ wasn't for you 구문을 이용하면 좋습니다. 지나간 일은 잊고 앞으로 나아가자는 뜻으로 Move on. 이라고 도 해요. 또, 동양이든 서양이든 시간이 약인 건 다 같아서 Time heals all wounds. 라는 표 현도 있습니다.

Q&A

Q "네가 아까워."라는 말로 위로하기도 하는데요, 둘 중 누가 더 아깝다는 말은 어떻게 하나요?

A 'A에게 B는 과분한 사람, 능력 밖의 사람'이라는 뜻으로 B is out of A's league라고 표현합니다. 속해 있는 리그 자체가 다르다는 의미여서 우리말의 '급이 다르다'와 비슷하다고 보시면 돼요.

Real 🔊 CONVERSATION

A How am I supposed to live without her? 그 사람 없이 난 이제 어떻게 살지?

B Time heals all wounds. Move on. 시간 지나면 다 잊혀져. 그냥 훌훌 털어 버려.

A I'm not sure divorcing him was the right thing to do.
그 사람하고 이혼한 게 잘한 일인지 모르겠어.

B I think you're better off without him. He wasn't for you.
너한테는 그 사람이 없는 게 나은 것 같아. 네 짝이 아니었어.

어쩔 수 없지. (살다 보면) 이런 일도 생기지.

Things happen.

It happens.

사는 게 다 그렇지. 인생이 다 그런 거야.

That's life.

다 잘될 거야.

Things will work out.

It'll work out.

다 괜찮아질 거야.

Everything's gonna be all right.

It's gonna be all right.

나쁜 일을 당한 사람을 위로할 때는 불가항력으로 일어난 일이라는 점을 강조해서 That's life. Things happen. It happens. 라고 해 주면 적절합니다. 이 중 Things happen. It happens. 는 앞에서도 배웠듯이 실수한 사람을 위로할 때도 쓸 수 있습니다. 앞으로 다 잘될 거다, 잘 풀릴 거라는 의미로 It's gonna be all right. It'll work out. 이라는 말도 많이 해요.

Q&A

Q 재수없게 안 좋은 일을 당했을 때 '똥 밟았다'라는 표현을 쓰잖아요?
I stepped on poop. 이라고 하면 되나요?

A 아니요. 우선 on이 아니라 in을 써야 하고요, I stepped in poop. 은 말 그대로 길 가다 '똥을 밟았다'는 뜻일 뿐이라서 재수없게 안 좋은 일을 당했다는 의미를 전달하려면 Just my luck. 이라고 해야 합니다. 똥을 밟은 것도 결국 운이 나빠서 밟은 것이니 의미가 아주 안 통한다고는 볼 수 없겠네요.

Real 📶 CONVERSATION

A I lost my business. I don't know what to do.
나 사업 망했어. 이제 어떻게 해야 할지 모르겠다.

B Things will work out. Believe me.
다 잘될 거야. 내 말 믿어.

A We lost our house. I want to die. 우리 집 날렸어. 죽고 싶어.

B Don't say that. Everything's gonna be all right.
그런 말 마. 다 괜찮아질 거야.

A My friend took my money and ran away. Just my luck.
내 친구가 내 돈 들고 날랐어. 완전 똥 밟았다니까.

B That's terrible, but things happen, you know.
진짜 거지같지만, 살다 보면 이런 일도 있는 거지.

A I didn't get the job. This is so disappointing.
나, 그 회사 떨어졌어. 진짜 실망이야.

B There's always next time. It'll work out.
항상 다음이라는 게 있잖아. 다 잘 될 거야.

A I was super late to work today, and my boss wouldn't even look at my face all day.
내가 오늘 출근이 많이 늦었더니 내 상사가 하루 종일 내 얼굴도 안 쳐다보더라.

B Well, it happens. Don't worry too much.
뭐, 그럴 수도 있지. 너무 걱정하지 마.

A My kids don't even call, my joints hurt, my dog is sick... what kind of life do I have?
애들은 전화도 안 하지, 관절은 아프지, 개도 아프지... 내 인생은 뭐 이러냐?

B That's life, my friend.
사는 게 다 그렇단다. 친구야.

UNIT 9 지난 일을 계속 곱씹는 사람/미련을 못 버리는 사람을 위로할 때

MP3 070

이제 그만 잊어.
> Just let it go.

> Get over it.

자꾸 곱씹지 마.
> Don't dwell on it.

집착하지 말고 그만 놓아 버리라는 뜻의 let it go, 극복하고 떨쳐 버리라는 뜻의 get over it, 이 두 표현 모두 미련을 버리지 못하는 사람에게 쓸 수 있는 표현입니다. '머무르다'는 뜻의 dwell을 써서 Don't dwell on it.이라고 하면 '계속 과거에 갇혀서 정체되어 있지 말아라', 즉 '자꾸 곱씹지 말고 잊어버리라'는 의미가 돼요.

Q&A

Q 미련을 버리라고 할 때 옛날 일을 뒤돌아보지 말라는 의미로 Don't look back.이라고 해도 되나요?

A look back은 좋은 일이든 나쁜 일이든 과거의 일을 단순히 '돌아보다' '회상하다'는 의미이기 때문에 후회와 미련을 버리라고 할 때는 Don't dwell on ~을 쓰는 것이 훨씬 더 명확합니다.

Q '더 이상 미련 없다'는 말은 영어로 어떻게 하나요?

A 상황이나 결과에 미련이 없다고 할 때는 아쉬움, 후회를 뜻하는 regret을 활용해서 I have no regrets.라고 하면 돼요. 만약 이성적으로 좋아하던 사람에게 더 이상 미련이 없다고 말하려면 I'm over her / him.이라고 하고, 어떤 식으로든 애착을 가졌던 사람이나 사물에 더 이상 미련이 남지 않았다고 말하려면 [I have no lingering attachment to 사람/사물.]이라고 하면 됩니다.

Real 🔊 CONVERSATION

A How can he fire me? I still can't come to terms with it.
어떻게 그 사람이 날 자를 수가 있어? 아직도 납득이 안 되네.

B It's been a month. Just get over it.
한 달이나 됐잖아. 그만 잊어버려.

> ▶ I can't come to terms with it.: 받아들일 수 없다. / 납득할 수가 없다.

A I can't get over it. I just can't get it off my mind.
잊어버릴 수가 없어. 계속 생각난다니까.

B Don't dwell on it. That doesn't help.
곱씹지 좀 마. 그래 봤자 아무 도움도 안 돼.

A I still have a lingering attachment to my old house. I shouldn't have sold it.
내 예전 집에 아직도 미련이 남았어. 그 집을 파는 게 아니었는데.

B There's nothing you can do now. Just let it go.
이제 와서 뭘 어쩌겠어. 그냥 잊어.

A I can't believe my mom threw my blanket away.
우리 엄마가 내 이불을 버리다니, 어떻게 그럴 수가 있어?

B There you go again. That blanket was a million years old.
또 시작이다, 또. 그 이불 엄청 오래된 거였잖아.

A I know, but I have used that blanket since I was born. I have a lingering attachment to it.
그렇긴 하지만 내가 태어날 때부터 썼던 이불이란 말이야. 애착이 많은 물건인데.

B Stop dwelling on it. You're thirty now.
미련 좀 버려라. 네 나이 이제 서른이야.

A I guess I'm not over her, yet. I think about her every day.
아무래도 내가 아직 그 애를 못 잊은 것 같아. 매일 생각 나.

B Move on. She was out of your league.
이젠 털어 버려. 그 애는 너한테 과분한 사람이었어.

A I didn't get the job, but I have no regrets. I tried my best at the interview.
취업은 못 했지만 그래도 미련은 없어. 면접에서 난 최선을 다했거든.

B I like your attitude. 좋은 자세네.

> ▶ I like your attitude.: 긍정적이고 올바른 정신 상태를 가지고 있는 사람에게 하는 칭찬으로, '상황에 대처하는 자세가 좋다, 바람직한 마음가짐이다'는 의미예요.

MP3 071

고인의 명복을 빕니다. 얼마나 애통하십니까.
My / Many condolences (to your family.)

삼가 고인의 명복을 빕니다.
May she/he rest in peace.

고인을 애도합니다.
My heart goes out to _____.

고인을 생각하면 저도 마음이 아픕니다.
My heart breaks for your _____.

상을 당한 사람에게 애도(condolence)를 표하는 영어 표현 중 원어민들이 가장 많이 쓰는 것은 My condolences. 와 My heart goes out to _____. 입니다. 두 표현 모두 고인에게만 쓸 수 있다고 생각하기 쉽지만, 남은 가족들을 위한 인사말로도 쓰여요.

Q&A

Q **rest in peace를 줄여서 R.I.P 라고 하던데요, 말할 때도 줄여서 R.I.P 라고 해도 되나요?**

A 아니요. 그건 마치 "너무 불쌍하고 안타깝네요."라고 말할 걸 "안습"이라고 말하는 것과 같아요. 묘비나 카드에 글로 새기는 거면 몰라도 상을 당한 사람을 위로할 때는 I hope _____ rests in peace. 라고 완전한 문장으로 말해야 합니다.

My condolences. 고인의 명복을 빕니다.

Many condolences to you and your family.
가족분들 모두 얼마나 애통하십니까.

My heart goes out to your father. 아버님(고인)을 애도합니다.

My heart goes out to your family. 남은 가족분들께 애도를 표합니다.

My heart breaks for your mother.
어머니를 생각하면 저도 마음이 아픕니다.

I'm very sorry for your loss. 상을 당하셔도 저도 무척 슬픕니다.

I'll pray for her and your family.
돌아가신 분과 가족분들을 위해 기도하겠습니다.

CHAPTER 11

약속/예약하기

약속 잡자.
Let's make plans.

날찌랑 시간 정하자.
Let's set a date and time.

넌 언제가 좋아?
When is good for you?

What day is good for you?

What time is good for you?

이번 주 토요일 괜찮아?
Is this Saturday okay with you?

Does this Saturday work for you?

오늘 오후에 시간 있어?
Are you available this afternoon?

Are you free this afternoon?

네가 시간이랑 장소 정해.
You pick the time and place.

You decide when and where.

난 5시 괜찮아.
Five sounds good (to me.)

친구나 지인과의 만날 약속은 appointment가 아니라 plans라고 해야 맞습니다. 약속 날짜나 시간을 타진할 때 원어민들은 good, work를 써서 Is tomorrow good for you? It works for me. 이런 식으로 말해요. 또, 시간이 있다/된다고 할 때 free 외에 자주 쓰이는 표현이 바로 available입니다.

Q & A

Q 친구가 언제 시간 되냐고 물어봤을 때 아무 때나 다 된다고 하려면 어떻게 말하나요?

A 앞에서 약속 날짜나 시간을 타진할 때 good이나 work를 쓴다고 했었죠? 그래서 Anytime is good. Anytime works for me.라고 하면 됩니다. 만약 제한을 두어 며칠/몇 시 이후나 이전으로는 다 괜찮다고 하려면 Anytime before / after six is good.(6시 전으로/후로 다 괜찮아.) 이런 식으로 말하면 돼요.

Q 상대방 편의를 최대한 감안해서 "언제가 제일 편해?"라고 묻고 싶으면 When are you most comfortable?이라고 하면 되나요?

A 아니요. comfortable은 육체적, 심적 편안함을 뜻하는 것이지 시간상의 편의를 말하는 것이 아니기 때문에 그렇게는 쓸 수 없어요. 대신 What / When is the best time for you?라고 하면 돼요.

Q 몇 월 며칠에 만나자는 친구에게 "나 그날 약속 있는데."라고 말하려면 어떻게 하나요?

A 이미 다른 사람과 약속이 있다고 할 때는 I already have plans. 라고 하면 됩니다.

Real))) CONVERSATION

A Hey, let's make plans. When is good for you?
야. 우리 약속 잡자. 넌 언제가 좋아?

B How about this Saturday?
이번 주 토요일 어때?

A It works for me. What time is best for you?
그날 괜찮아. 넌 몇 시가 제일 편해?

B Any time after 11 is good.
11시 이후로는 다 괜찮아.

A Are you available tomorrow?
너 내일 시간 돼?

B I already have plans tomorrow. How about the day after?
내일은 약속 있는데. 모레는 어때?

A Sounds good.
좋아.

> ▶ the day after : 내일 모레라고 해서 the day after tomorrow라고 할 것 없이 간단히 the day after라고
> 해도 돼요. 내일 모레뿐 아니라 대화 중 거론된 날짜의 다음날을 말할 때도 쓰여요.

A Let's set a day and time. When is best for you?
날짜랑 시간 정하자. 넌 언제가 제일 편해?

B Any time is good. You pick the time and place.
난 아무 때나 다 돼. 네가 시간이랑 장소 정해.

A You decide when and where.
네가 시간이랑 장소 정해.

B Is Sunday at the shopping mall okay with you?
일요일에 쇼핑몰에서 보는 거 괜찮아?

A Sounds good to me.
좋아.

A Let's have dinner together. Does this Friday work?
같이 저녁 먹자. 이번 주 금요일에 시간 돼?

B No, Friday doesn't work for me. How about Saturday?
아니. 금요일엔 안 되는데. 토요일은 어때?

어디서 만날까?

Where do you want to meet?

Where should we meet?

넌 스타벅스 괜찮아?

Is Starbucks okay with you?

Is Starbucks fine with you?

Does Starbucks work for you?

Does Starbucks sound okay to you?

스타벅스 좋아.

Starbucks works for me.

Starbucks sounds good (to me.)

약속 장소를 정할 때도 okay, fine, good, work, ~ sounds good (to me) 구문을 활용하는 등
약속 시간을 정할 때 쓰는 표현들과 비슷합니다.

Q & A

Q "지난번에 만났던 데서 보자."라는 말도 자주 하잖아요. 이건 영어로는 어떻게
하나요?

A '지난번과 같이' '지난번처럼'이니까 as last time을 활용해서
Let's meet at the same place as last time. 이라고 하면 됩니다.

Q 친구가 제안한 약속 장소가 마음에 안 들어서 다른 데서 보자고 하고 싶으면
어떻게 말하면 좋을까요?

A 예를 들어 맥도날드를 별로 좋아하지 않아서 약속 장소를
바꾸고 싶다면 I'm not a big fan of McDonald's. Can we meet
somewhere else? 라고 하면 돼요. 더 간단하게 How about ~?으로
제안해도 좋고요.

A Where should we meet? Does Jamba Juice work for you?
우리 어디서 볼까? 잠바쥬스 괜찮아?

B Jamba Juice sounds great to me. 잠바쥬스 좋지.

A Is Denny's okay with you?
데니스에서 만나는 거 괜찮아?

B Well, I'm not a big fan of Denny's. Can we meet somewhere else? 난 데니스는 별론데. 다른 데서 봐도 될까?

A Is Subway fine with you?
서브웨이에서 만나는 거 괜찮아?

B Yeah, Subway is fine.
응, 서브웨이 괜찮아.

A Does Mexican food sound okay to you?
멕시코 음식 먹으면 어떨까?

B Of course. We can go to Taco Loco.
좋지. 타코로코에 가자.

A I can't think of any good restaurants. Do you want to come over to my place? We can order food.
갈 만한 식당이 생각나질 않네. 네가 우리 집으로 올래? 배달시켜 먹으면 되니까.

B Okay. That works. 그래. 그럼 되겠다.

A Where do you want to meet? 어디서 볼까?

B I don't really care. Wherever you want to meet.
난 아무데서나 봐도 괜찮아. 너 가고 싶은 데로 가지, 뭐.

A How about Jen's Coffee?
젠스 커피 어때?

B Sounds good.
좋아.

MP3 074

구내식당에서 만나.
Meet me at the cafeteria.

5시에 공원에서 보자.
I'll meet you at the park at 5.

친한 사람과 약속을 정할 때는 예의 차릴 것 없이 짧게 '_____에서 보자' '_____ 시에 만나'라고 하는데요, 일방적으로 들릴 수도 있지만 허물 없는 사이라면 오히려 자연스럽게 오가는 대화입니다. 영어로도 간단하게 Meet me ~, 혹은 I'll meet you ~ 구문으로 표현하면 돼요. 길게 대화할 시간이 없어서 서둘러 약속만 잡을 때도 쓸 수 있습니다.

Q & A

Q 그럼 meet 대신 see를 쓸 수도 있나요? **See me at the cafeteria. I'll see you at the park at 5.** 이렇게요.

A I'll see you ~. See you ~.는 괜찮지만, See me ~는 어감이 좀 달라요. 이건 상사가 부하 직원에게 "자네, 나 좀 보세." "내 방으로 들어오게."라고 하는 것처럼 고압적으로 들릴 수도 있고, '할 말이 있는데 네가 와라' 식으로 심각하거나 명령조로 들릴 수도 있기 때문에 되도록 쓰지 않는 것이 좋습니다.

Real 🔊 CONVERSATION

A **Meet me in the parking lot after work.** 일 끝나고 주차장에서 보자.
B **Okay. I'll meet you there.** 그래. 거기서 봐.

A **I'm late. I have to go. I'll see you at the restaurant at 6.**
늦었다. 나 가 봐야 해. 여섯 시에 그 식당에서 만나자.
B **See you there.** 거기서 봐.

A **Come see me at my office.** 내 사무실에서 좀 보세.
B **Be right there.** 바로 들어가겠습니다.

UNIT 4   약속을 변경할 때

MP3 075

우리 약속 바꿀 수 있을까?
Can we reschedule (our plans)?

다음 주 금요일로 약속 미뤄도 될까?
Can we push it (back) to next Friday?

내일로 당겨서 만날 수 있을까? 내일로 미룰 수 있을까?
Can we move it to tomorrow?

이미 정해진 약속 날짜나 요일을 뒤로 미룰 때는 push it (back) to ~라고 하는데요, 이에 반해 move it to ~ 구문은 약속을 앞으로 당길 때, 뒤로 미룰 때 두 경우 모두에 쓸 수 있어요. 뒤로 미룰 때는 push를 쓰니까 앞으로 당길 때는 pull을 쓸 것 같지만, 그렇게는 쓰이지 않고 move를 사용해서 move it forward / up to ~라고 합니다.

Q & A

Q 약속 날짜나 요일을 변경하는 게 아니라 같은 날 시간만 한 시간 앞당기면 안 되겠냐, 두 시간만 미루면 안 되겠냐고 물을 때는 어떻게 하나요?

A 이 역시 push it back, move it up을 활용해서 Can we move it up by an hour?(우리 한 시간만 앞으로 당길 수 있을까?) Can we push it back by two hours?(우리 두 시간만 뒤로 미룰 수 있을까?) 이렇게 말하면 됩니다. 보시는 바와 같이 시간 차이는 by로 처리하고요.

Q 약속 날짜를 언제 언제로 옮기자는 친구에게 그날 일이나 약속이 있는지 일단 확인해 보겠다고 할 때는 어떻게 말하나요?

A 약속이나 중요한 날은 보통 달력에 적어 놓기 때문에 I'll check my calendar.라고 해요.

Real))) CONVERSATION

A Hey, can we reschedule our plans?
야, 우리 약속 좀 변경하면 안 될까?

B Sure. No problem. 되지. 그럼.

A Can we reschedule for next week?
약속을 다음 주로 옮겨도 될까?

B I'll check my calendar and will text you back.
내가 스케줄 확인하고 문자해 줄게.

A Can we push our plans back to Saturday?
우리 약속을 토요일로 미뤄도 될까?

B I already have plans for Saturday. Does Sunday work for you?
토요일엔 내가 약속이 있는데. 너 일요일은 괜찮아?

A I'm sorry, but can we push it back by an hour?
미안하지만 약속을 한 시간 미뤄도 될까?

B It's okay with me. 난 괜찮아.

A I finished work early today. Can we meet an hour earlier?
오늘 일이 빨리 끝났거든. 우리 한 시간 빨리 만날까?

B Actually, that sounds great. 실은 나도 그게 더 좋아.

A Is it okay to move our plans up by two hours?
우리, 두 시간 당겨서 빨리 만나도 괜찮을까?

B I don't see why not. 안 될 것도 없지.

▶ I don't see why not.: 안 될 것도 없다. 된다.

A Could we move the meeting forward to Thursday morning?
회의를 목요일 아침으로 당겨도 될까요?

B I'll ask around. 제가 사람들한테 물어볼게요.

▶ ask around: 여러 사람들에게 의견을 묻다

141

MP3 076

나, (약속에) 못 갈 것 같아.
I won't be able to make it.
I don't think I can make it.

나, 약속 못 지킬 것 같은데.
I can't keep our plans.

약속 취소하기 정말 싫은데 나도 어쩔 수가 없네.
I hate to cancel our plans, but I have no choice.

미안. 약속 취소해야 할 것 같아.
I'm sorry. I'll have to cancel our plans.

약속을 취소해야만 할 때는 내 의지가 아니라 상황에 의해서라는 뉘앙스로 I won't be able to make it. I'll have to cancel. I hate to cancel, but I have no choice. 등의 표현을 많이 씁니다. 이런 표현들로 약속을 취소한 다음에는 앞서 배웠던 Let's reschedule. Can we reschedule?이라고 덧붙여서 여전히 상대방을 만날 의사가 있음을 밝히는 것도 좋아요.

Q&A

Q 곧 약속 시간인데 갑자기 일이 생겨서 약속을 취소해야 하는 경우에 특별히 쓰이는 표현이 따로 있나요?

A 앞서 배웠던 Something came up.을 사용하면 됩니다. 약속 시간에 임박해서 취소하는 것에 미안함을 강조하기 위해서라면 I'm sorry to be cancelling at the last minute. 이라고 하면 돼요. 또, 약속의 구속으로부터 너를 놓아주겠다는 의미로 bail을 써서 I'll have to bail on you. 라고도 하는데, 결국 '너를 바람맞혀야겠다' 라는 뜻이기 때문에 이 표현은 허물없는 사이에서만 쓰는 것이 좋아요.

Real 🔊 CONVERSATION

A Something came up. I have to cancel our plans. Sorry.
갑자기 일이 생겨서 약속을 취소해야 할 것 같아. 미안해.

B No worries. 괜찮아.

A Thanks. I'll call you later. 고마워. 내가 나중에 전화할게.

A I'm terribly sorry. I won't be able to make it today.
진짜 미안해. 나, 오늘 못 나갈 것 같아.

B It's okay. We can always reschedule.
괜찮아. 약속이야 언제라도 다시 잡으면 되지.

A I can't keep our plans. Something came up.
나 약속 못 지킬 것 같은데. 일이 좀 생겼어.

B Are you going to bail on me? 나 바람 맞히는 거야?

A Not that I want to. 내가 너 바람 맞히고 싶어서 맞히겠니?

▸ bail on someone: 누구를 바람 맞히다

A I hate to cancel our plans, but something came up.
약속 취소하기 진짜 싫은데. 일이 좀 생겼어.

B No problem. We'll keep in touch. 괜찮아. 또 연락하자.

A I don't think I can make it today. Sorry to be cancelling at the last minute. 나 오늘 약속 못 지킬 것 같아. 막판에 취소해서 미안하다.

B Is everything all right? 무슨 일 있는 건 아니고?

A My car has a problem and I have to take it to the garage.
내 차에 문제가 생겨서 정비소에 가져가 봐야 해.

B Oh, no. I hope it's not a big deal. Good luck.
아이고. 큰 문제 아니어야 할 텐데. 잘 하고 와.

▸ at the last minute: 막판에
▸ take one's car to the garage: (수리나 정비를 위해) 차를 정비소에 가져가다
  *garage는 원래 '차고'의 뜻이지만 원어민들은 자동차 정비소도 garage라고 불러요.

A I can't make it to the party tonight. I have to work late.
나 오늘 밤 파티에 못 가. 야근해야 해.

B Oh, no. Just try to drop by if you can.
이런. 올 수 있으면 잠깐이라도 들리도록 해 봐.

▸ drop by: 들르다, 잠깐 얼굴을 내밀다

이번 주 토요일로 예약하고 싶은데요.
I'd like to make a reservation for this Saturday.

두 사람 식사 예약하고 싶은데요.
I'd like to reserve a table for two.

식당, 호텔, 비행기, 영화관 등의 장소나 좌석처럼 '공간'을 예약할 때는 reservation을 사용합니다. 우리에겐 아무래도 명사 reservation이 귀에 익기 때문에 make a reservation만 쓰기 십상인데요, 원어민들은 동사 reserve도 자주 사용하니까 같이 익혀 두는 게 좋아요.

Q&A

Q 호텔이나 B&B 등을 예약할 때 먼저 빈 방이 있는지부터 물어보는 경우가 많은데요, 영어로는 어떻게 말하나요?

A '빈자리'를 뜻하는 vacancy를 써서 Do you have any vacancies (+ on the 예약하고 싶은 날짜)?라고 하거나 더 간단하게 Do you have a room (+ on the 예약하고 싶은 날짜)?이라고 해도 좋습니다.

Real 🔊 CONVERSATION

A Hi, I'd like to reserve a table for two for tonight.
안녕하세요. 오늘 저녁에 두 사람 예약하고 싶은데요.

B We have a table available for 6 tonight.
저녁 6시에 테이블 가능합니다.

A 6 sounds great. I'll take it.
6시 좋아요. 예약하겠습니다.

A Hi, do you have a room for tomorrow?
안녕하세요? 내일 방 있나요?

B Yes, we do. Do you want to make a reservation?
네, 있습니다. 예약하시겠습니까?

A Yes, please. What is your rate for two queen beds?
네. 퀸사이즈 침대 두 개 있는 방 가격이 어떻게 되죠?

B It's 180 before tax. 세전 요금이 180달러입니다.

예약하고 싶은데요.
I'd like to make an appointment.

로빈슨 선생님으로 예약할 수 있을까요?
Can I make an appointment with Dr. Robinson?

장소를 예약할 때는 reserve, reservation을 쓰지만, 전문가(헤어드레서, 의사, 점쟁이 등)나 담당자 등 사람을 만나기 위해 예약을 할 때는 make an appointment라고 합니다. 특정 인물을 지정해서 예약하는 경우라면 뒤에 'with + 사람 이름' 형태로 활용하시면 돼요.

Q&A

Q 예를 들어 피부과에 예약이 꽉 차서 자리가 없는데 꼭 가야 할 상황이라면 어떻게 좀 끼워 넣어 달라고 부탁하기도 하잖아요. 그럴 때 어떻게 말하나요?

A 좁은 공간에 간신히 끼워 넣다는 의미의 squeeze in을 써서 Is there any way to squeeze me in? 이나 Can you please squeeze me in? 이라고 하면 됩니다.

Real 📶 CONVERSATION

A Hi, I'd like to make a dental appointment.
안녕하세요. 치과 예약을 하고 싶은데요.

B What is this appointment for? 어떤 문제로 예약을 하고 싶으신지요?

A I have sensitive teeth and I think I have a cavity, too.
(차가운 것, 뜨거운 것 먹으면) 이가 시큰거리고 충치도 있는 것 같아요.

A Hi, I need an appointment for a haircut. Do you have any spots this morning? 머리 자르게 예약 좀 하고 싶은데요. 오늘 아침에 자리 있나요?

B Unfortunately, we're all booked up today. 죄송하지만 오늘은 예약이 꽉 차서요.

A Oh, I really need it today. Is there any way to squeeze me in?
아, 오늘 꼭 잘라야 하는데. 어떻게, 저 좀 끼워 넣어 주실 수는 없나요?

B I'm afraid not. Do you want us to call you if we have any cancelations?
죄송하지만 안 되겠는데요. 혹시라도 예약 취소하시는 분 계시면 전화해 드릴까요?

UNIT 8 장소/대면 예약에 공통으로 쓸 수 있는 표현

방을 예약하고 싶은데요.
I'd like to book a room.

스미스 씨로 예약하고 싶은데요.
I'd like to book an appointment with Smith.

식당 등의 장소 예약, 피부과 상담 등의 대면 예약에 공통으로 쓸 수 있는 단어가 바로 book입니다. book 뒤에 예약하고자 하는 대상을 덧붙여 주면 돼요.

Q&A

Q 공연 티켓을 예약하는 경우에는 어떤 단어를 써야 하나요? 공연장이라는 장소에 초점을 맞춰야 할지, 공연하는 사람에게 초점을 맞춰야 할지 애매해서요.

A 공연장의 좌석을 예약하는 것이기 때문에 reserve tickets라고 해야 해요. 장소와 대면 예약에 공통으로 쓰이는 book을 써서 book tickets라고 할 수도 있고요. 공연하는 사람을 직접 볼 수 있다고는 해도 서비스를 받기 위해 개인적으로 약속을 잡고 만나는 것은 아니기 때문에 make an appointment는 쓸 수 없습니다.

Real))) CONVERSATION

A I'd like to book a room for 2 adults for next Friday, please.
다음 주 금요일에 성인 두 사람 묵을 방을 예약하고 싶은데요.

B Of course. Let me check the availability.
네. 방이 있나 확인해 드리겠습니다.

A Do you have an appointment? 예약하셨나요?

B Yes, I booked it for 3 with Dr. Wilson.
네. 3시에 윌슨 선생님으로 예약했는데요.

A Do you have a reservation? 예약하셨나요?

B Yes, I booked a table for six.
네. 여섯 명 앉을 테이블로 예약했어요.

CHAPTER 12

회신 재촉하기

기대/감사 인사를 섞어 처음부터 은근히 회신을 재촉할 때

MP3 080

빠른 회신 부탁드립니다.
I look forward to your prompt [immediate] response.

빨리 회신해 주시면 정말 감사하겠습니다.
I would be grateful for a quick turnaround.

빨리 이메일을 보내주신다면 대단히 감사하겠습니다.
It would be much appreciated if you could email me back soon.

회신을 재촉하는 이메일을 보낼 때 look forward to, I would be grateful, It would be appreciated 등의 구문을 사용하면 회신에 대한 기대와 감사를 미리 언급함으로써 회신 독촉의 효과를 발휘할 수 있습니다. 빠른 회신을 바란다고 해서 fast를 쓰기보다는 prompt, immediate, quick turnaround 등의 표현을 쓰는 것이 보통이에요.

Q&A

Q '가능한 한 빨리'라는 뜻으로 as soon as possible을 써도 되지 않나요?

A 틀리지는 않지만 어감상 상대방 입장은 고려하지 않고 무조건 서두르는 뉘앙스를 풍겨서 쫓기는 느낌을 줄 수도 있기 때문에 as soon as possible 대신 as soon as you can이라고 하는 게 좋습니다.

HOW TO USE

I look forward to your immediate response to my email.
제 이메일에 신속히 답해 주시길 기대하고 있겠습니다.

I would be grateful for a quick response.
빨리 회신해 주시면 대단히 감사하겠습니다.

It would be appreciated if you would confirm as soon as you can.
시간 되실 때 바로 확인해 주신다면 대단히 감사하겠습니다.

Your prompt response is greatly appreciated.
빨리 회신해 주시면 정말 감사하겠습니다.

UNIT 2 기다려도 회신이 안 올 때

제가 전에 보내드린 이메일 확인차 연락드립니다.
I wanted to follow up with you on my previous email.

제 이메일을 읽으셨는지 궁금해서요.
I was wondering if you had a chance to read my email.

상사나 거래처에 이메일을 보냈는데 기다려도 회신이 오지 않을 때, 확인차 연락을 뜻하는 follow up이나 I was wondering if you had a chance ~ 구문을 사용하면 부드럽게 회신을 재촉할 수 있습니다. 단도직입적으로 Did you read my email? 이라고 묻는 건 피하는 것이 좋아요.

Q&A

Q 아무래도 업무상 주고받는 이메일이다 보니 Hi. How are you? 로 시작하기도 좀 그렇고, 그렇다고 바로 용건부터 꺼내기도 좀 그래요. 자연스럽게 이메일을 시작할 수 있는 표현이 있을까요?

A 네, 있어요. 업무상 이메일, 혹은 학교나 관공기관에서 보내는 공고 초반에 원어민들이 자주 쓰는 표현으로 I hope this email / message finds you well.이 있습니다. '이 이메일을 잘 받으셨기 바랍니다.'라는 의미로 아주 유용하게 쓰여요.

SAMPLE 📧 EMAILS

1. I hope this email finds you well. I'm following up with you on my previous email from July 4th. I requested an answer from you and was wondering if there's any update on this request. Please let me know if you have any questions.

   이 이메일을 잘 받으셨기 바랍니다. 지난 7월 4일에 보내드린 이메일 확인차 연락드립니다. 제가 답변을 요청 드렸는데 그 요청에 대한 새로운 사안이 있을까 싶어서요. 무엇이든 궁금한 점이 있으면 연락 주십시오.

2. I hope this message finds you well. I just wanted to see if you had a chance to read my previous email. I know how busy you must be at work, but I would be grateful if you could reply when you get a chance.

   이 이메일이 잘 도착했기를 바랍니다. 혹시 제가 보내드린 이메일을 읽으셨는지 궁금해서요. 회사 일로 얼마나 바쁘실지 잘 압니다만, 기회 있을 때 답신을 주신다면 대단히 감사하겠습니다.

늦어도 내일까지 보내주시면 감사하겠습니다.
It would be great if you could reply by tomorrow at the latest.

오늘까지 답신 주시면 정말 감사하겠습니다.
I would be grateful if you could email me back by the end of the day.

늦어도 이번 주 목요일까지 회신해 주시겠습니까?
Could you please get back to me no later than this Thursday?

메일 확인해 보셨나 물어보는 것도 한두 번이죠. '언제까지' '늦어도' 이렇게 회신 기한을 미리 정해 줄 때는 [by + 날짜/요일 at the latest] 혹은 [no later than + 날짜/요일] 형태로 써 주면 됩니다. no later than은 '~보다는 늦지 않게'로 than 뒤에 오는 시간 표현이 흔히 말하는 마지노선이라는 뜻입니다. 답 메일을 보내달라고 할 때는 email me back 대신 get back to me라는 표현을 쓰는 경우도 많은데요, 이 표현은 이메일뿐 아니라 전화, 문자를 포함해서 상대방에게 답을 줄 때 유용하게 쓰입니다.

Q & A

Q '늦어도'가 at the latest라면 '빨라도'는 at the fastest인가요?

A '늦게'가 late이고 반대말인 '일찍'이 early잖아요. fast는 속도에 관한 내용인데, 회신을 보내거나 일을 처리하는 경우의 '빨라도' 는 시기상 '가장 일찍 하더라도'의 의미이기 때문에 at the earliest 라고 합니다. 만약 '준비되려면 아무리 빨라도 다음 주 수요일 전까지는 무리입니다.'라고 한다면 It won't be ready until next Wednesday at the earliest. 이렇게 말하면 돼요.

Hi, neighbor. I hope this email finds you well. We would like your opinion on allowing Air B&Bs in our neighborhood. Air B&Bs will be on the HOA meeting agenda next Monday. Please respond to this email no later than this Friday. Thank you for your time.

이웃 여러분, 안녕하세요. 이 이메일이 잘 도착했기를 바랍니다. 우리 동네에 에어 비엔비를 허용할 것이냐에 대한 여러분의 의견을 듣고 싶습니다. 다음 주 월요일에 있을 반상회에서 에어 비엔비에 관한 사항을 안건으로 다룰 예정이니 늦어도 이번 주 금요일까지 회신해 주시기 바랍니다. 시간 내어 읽어 주셔서 감사합니다.

▶ HOA: Home Owners Association의 약자로 우리나라 구역 주민단체, 아파트 입주자 단체와 비슷해요.

Hello. We are conducting a survey of our customers regarding the quality of our product. Your responses to the survey would be greatly appreciated. Please respond by the end of this week. Thank you.

안녕하세요. 저희 제품의 품질에 관한 고객님들의 의견을 설문 조사 중입니다. 설문에 응해 주시면 대단히 감사하겠습니다. 이번 주 내로 답해 주실 것을 부탁드립니다. 감사합니다.

Hello. We have made some changes to the contract for the project. I have attached the contract with the changes. Please review them and get back to me no later than close of business tomorrow. Thank you.

안녕하세요. 프로젝트 계약서에 약간의 변경 사항이 생겼습니다. 변경 사항을 포함한 계약서를 (이메일에) 첨부하여 보냅니다. 확인하시고 늦어도 내일 영업 마감 시간 전까지 회신해 주시기 부탁드립니다. 감사합니다.

MP3 083

시간 나실 때 바로 확인해 주십시오.
Please confirm at your earliest convenience.

급한 사안입니다. 서둘러 주십시오.
It's time sensitive.

다급한 사안이라 바로 처리해야 합니다.
It's urgent. It needs to be handled right away.

급한 정도를 따져 보면 at your earliest convenience 〈 time sensitive 〈 urgent 순서입니다. at your earliest convenience는 '편하실 때'라는 뜻이라서 재촉하는 것처럼 들리지 않을 수 있지만, 일단 earliest라는 단어가 들어가기 때문에 '최대한 빨리'의 의미가 포함되어 있어요. 일반적으로는 time sensitive가 가장 많이 쓰입니다.

Q & A

Q 반대로 '급하지 않다, 서두를 것 없다'고 할 때는 뭐라고 하나요?
A No rush. There's no hurry. At your convenience. Whenever you can. 등의 표현이 있어요.

Q 내용과 직접적으로 관련이 있는 건 아니지만, '급할수록 돌아가라'라는 우리말과 비슷한 영어 표현이 있는지 궁금합니다.
A 네, 있지요. Haste makes waste(성급함이 낭비를 만든다).로, 즉 서두를수록 잃는 게 많으니 여유를 가지고 천천히 하라는 뜻입니다. '급할수록 돌아가라'와 흡사한 표현에 라임까지 딱딱 맞아 떨어져서 입에 잘 붙죠?

SAMPLE @ EMAILS

Good afternoon, Mr. Bennett. Please review and confirm the attached document. Please understand this is time sensitive and it needs to be handled ASAP. I look forward to your prompt response.

안녕하십니까, 베넷 씨. 첨부해 드린 서류를 읽고 확인해 주시기 바랍니다. 급한 사안이라 최대한 빨리 처리되어야 한다는 점 양해해 주셨으면 합니다. 그럼 빠른 답신 기다리겠습니다.

CHAPTER 13

확인하기

MP3 084

계약서를 확인해 보셨나요?
Were you able to review the contract?

혹시 제 제안서 검토해 보셨어요?
Did you get a chance to go through my proposal?

혹시 안건을 확인해 보셨는지 궁금해서요.
I was wondering if you had a chance to check the agenda.

내가 보낸 이메일에 답신이 없어 확인할 때와 마찬가지로, 부탁했던 일이 어떻게 진행되고 있는지 정확한 소식을 몰라서 궁금해할 때 역시 Did you get a chance to ~?, I was wondering if ~ 구문을 사용합니다. 이처럼 상대방의 입장을 최대한 고려한 표현으로 Were you able to ~? 구문 역시 많이 쓰여요.

Q&A

Q 진행 상황을 알려 달라는 말은 어떻게 하면 좋을까요?

A Could you give me an update? Can you update me?라고 하면
돼요. 만약 정확히 무엇에 대한 진행 상황인지 확실히 하려면
Could you give me an update on ~? 구문을 활용합니다.
예를 들어 '판매 현황에 대한 진행 상황을 알려 달라'고 한다면
Could you give me an update on the sales status?,
Can you update me on the sales status? 이렇게 말하면 돼요

Real 🔊 CONVERSATION

A Were you able to review my proposal? 제 제안서 검토해 보셨나요?

B I've been running around the whole week this week. I'll go through it and will call you no later than tomorrow.
이번 주 내내 여기저기 뛰어다니느라 바빴어요. 제가 검토해 보고 늦어도 내일까지는 전화 드리겠습니다.

A Could you give me an update on the marketing of the new product?
신제품 홍보/영업에 대한 진행 상황 좀 말해 줄래요?

B I'm sorry to tell you that it's not meeting our expectations.
저희 기대에 못 미치고 있다는 말씀을 드리게 되어 죄송합니다.

MP3 085

이해돼? 동의해?
Are we on the same page?

이해돼? 듣고 있는 거야? 동의해?
Are you with me?

이해돼? (내용을) 잘 따라오고 있는 거야?
Are you following me?

Are we on the same page? Are you with me? 이 두 표현은 상대방이 내 말을 잘 이해하고 있는지 뿐만 아니라 내 의견에 동의하는지를 확인할 때도 쓰여요. 반면에 Are you following me?는 내용을 잘 따라오고 있는지, 이해가 되는지를 확인할 때만 쓰입니다.

Q & A

Q 그냥 Do you understand? Do you agree with me?라고 해도 되지 않나요?

A 당연히 되긴 돼요. 하지만 Do you understand?는 어감에 따라 상대방을 가르치고 훈계하는 투로 들릴 수도 있고, Do you agree with me? 역시 약간은 강요하는 느낌을 줄 수 있어서 위의 세 가지 표현을 사용하는 것이 더 좋아요.

Real 📶 CONVERSATION

A Cats are curious animals. I don't think it's fair to keep them indoors only. 고양이가 얼마나 호기심이 많은 동물인데. 집안에만 가둬 놓고 키우는 건 옳지 않은 것 같아.

B I'm so glad that we are on the same page. 너도 나랑 같은 생각이라니 정말 반갑구나.

A Mason. Are you with me, or are you zoning out?
메이슨, 내 말 듣고 있니, 아니면 멍 때리고 있니?

B No, I'm with you. 아니요, 잘 듣고 있어요.

A Are you following me? If you feel lost, stop me any time and ask questions. 이해되시나요? 잘 모르겠다 싶으시면 설명 도중이라도 괜찮으니까 언제든 질문하세요.

B Actually, I'm having a hard time understanding the theory.
실은, 그 이론이 잘 이해가 안 되네요.

MP3 086

흡연이 위험하다는 건 알고 있어?
Are you aware of the dangers of smoking?

상대방이 해당 정보를 들어 알고 있는지, 이미 숙지하고 있는지를 확인할 때는 be aware of ~ 구문을 씁니다. know를 써도 큰 상관은 없지만, 차이점을 말하자면 know는 전부터 익히 알고 있다는 뜻으로 이미 습득된 정보를 말할 때 주로 쓰이고, aware는 새로운 정보나 변화를 '인지하는, 인식하는'의 의미로써 알고 있어야 할 사실이나 모르고 지나칠 수도 있는 사실을 말할 때 쓰여요.

Q & A

Q beware라는 단어를 본 적이 있는데, **be aware**와 비슷한 뜻인가요?

A beware는 '조심하다, 주의하다'라는 뜻의 단어인데요, 위험 요소가 있으니 이를 인지하고 경계하라는 의미에서 be aware와 사촌 관계라고 볼 수 있습니다. 미국에서는 크고 사나운 개를 키우는 집의 울타리나 사이드 게이트에 BEWARE OF DOG (개조심) 표지를 붙여 놓는 경우도 많아요.

Real 🔊 CONVERSATION

A The meeting has been pushed back to next week. Were you aware?
회의가 다음 주로 미뤄졌는데, 너 알고 있었어?

B No, I wasn't. Thank you for telling me that.
아니, 몰랐는데. 알려 줘서 고마워.

A Are they okay? Did anybody get hurt?
그 사람들 괜찮아? 누구 다친 사람은 없고?

B Well, the whole family is at the ER now because no one was aware of the fire. 그게, 지금 그 집 식구들 전부 응급실에 있어. 불이 난 걸 아무도 몰랐대.

A I hope you are aware that the risks from drinking are high.
음주가 얼마나 위험한 건지 네가 알았으면 좋겠다.

B I am. I became more aware since my dad passed away from alcoholism.
알아. 우리 아빠가 알코올 중독으로 돌아가신 후로는 더 잘 알지.

상대방에게 예약/행사 일정 등을 상기시키며 확인할 때

MP3 087

제가 기억을 환기시켜 드릴게요.

Allow me to refresh your memory.

Let me refresh your memory.

(혹시 잊어버렸을까 봐 / 잊어버리지 않도록) 다시 한번 확인 시켜 드리는 거예요.

Just a friendly / kind / gentle reminder.

예약 손님, 행사에 참석할 손님에게 당일 이전에 다시 한번 확인 문자나 이메일을 보낼 때 Just a friendly / kind / gentle reminder.라고 쓰면 강압적이거나 무례한 느낌을 주지 않고도 기억을 상기시킬 수 있습니다. 예약이나 행사 일정이 아니더라도 상대방이 내가 했던 말이나 내용을 까먹었다면 Allow me to refresh your memory., Let me refresh your memory.라고 하면 돼요.

Q&A

Q 그럼 Just a friendly reminder.는 문자나 이메일에만 쓸 수 있고, 상대방과 직접 대화할 때는 쓸 수 없는 표현인가요?

A 아니요. 직접 대화할 때도 쓸 수도 있는데요, 문자나 이메일에 쓰이는 경우가 압도적으로 많아요. 직접 대화할 때는 I just wanted to remind you.라고 하거나 I just wanted to doublecheck with you.라고 하는 것이 훨씬 자연스럽게 들립니다.

HOW TO USE

Please allow me to refresh your memory.
(기억나게) 제가 다시 한번 말해 드릴게요.

It's okay. Let me refresh your memory.
(기억 못해도) 괜찮아. 내가 다시 얘기해 줄게.

This is a kind reminder that your dental appointment is on Friday, Sept. 15th.
귀하의 치과 방문 예약이 9월 15일, 금요일임을 다시 한번 알려 드립니다.

Hi! Just a friendly reminder of Daniela's appointment on Tuesday, Jul 3rd.
안녕하세요. 다니엘라 씨의 예약이 7월 3일 화요일임을 재확인차 연락 드립니다.

Just a gentle reminder that your rent is due tomorrow.
내일까지가 월세 납부 기한임을 다시 한번 알려 드립니다.

(100퍼센트) 확실해?
Are you (100 percent) positive?

확정된 거야?
Is it definite? / Is it set in stone?

공식화된 거야? 확정된 거야?
Is it official?

계획이나 일정이 변동의 여지없이 확정되었는지 확인할 때는 돌에 새긴 것만큼 확실하다는 의미의 set in stone이나 definite, 혹은 공식적으로 발표해도 좋을 만큼 확실하다는 의미의 official을 씁니다. 확실히 믿을 수 있는 정확한 정보일 때는 의심의 여지없이 100퍼센트 긍정적이라는 의미로 100 percent positive라는 표현을 써요.

Q & A

Q **Are you sure?도 확실하냐고 묻는 표현이잖아요.**

A 네, Are you sure?도 확실성을 확인할 때 쓸 수 있는 표현이긴 해요. 단, 어감에 따라 '너, 그거 진짜 확실한 거 맞아? 아닌 것 같은데…' 딱 이런 느낌으로 상대방의 말을 못 미더워한다는 뉘앙스를 풍길 수도 있어요.

Real 🔊 CONVERSATION

A So, you're saying it WILL rain today. It doesn't look like it's gonna rain at all. Are you positive?
그러니까 네 말은 오늘 꼭 비가 온다는 거네. 전혀 비 올 것 같지 않은데. 확실해?

B Yes, I'm 100 percent positive because my knee is aching.
응. 내 무릎이 쑤시는 걸 보면 100퍼센트 확실해.

A So, your wedding day is going to be on your birthday? Is that set in stone? 그러니까 네 생일에 결혼을 한다고? 아주 확정된 거야?

B Yes, it's set in stone. We reserved the wedding hall.
응, 확정됐어. 웨딩홀도 예약했는 걸.

A It's definite, then. Congrats! 그럼 정말 확실한 거네. 축하해!

CHAPTER 14

의견 조율/협상/타협하기

UNIT 1 가능성을 타진할 때

재협상할 방법/여지가 있을까요?
Is there any way we can renegotiate?
Is there any possibility for renegotiation?

조율/조정이 가능한가요?
Is there any wiggle room there?

고려해 주실 의향이 있으세요?
Would you be open to that?

절충/타협할 수 있을까요?
Can we find a compromise?

특히 상대방이 결정권을 가지고 있는 상황에서 가능성을 타진할 때는 나에게 제시해 줄 만한 방법이 있는지, 가능성의 여지가 있는지를 묻는 표현인 Is there any way ~?, Is there any possibility ~? 구문을 많이 씁니다. 가격이나 일정 등의 조율 폭을 타진할 때는 움직일 수 있는 공간이라는 의미로 wiggle room을 쓰고요. 또, 제안이나 조건을 고려하고 타협할 여지에 대해 말할 때는 be open to ~, find a compromise 구문을 사용하면 좋습니다.

Q&A

Q room 자체에 '공간'이라는 뜻이 있는 걸로 알고 있는데요, 그렇다면 wiggle room 대신 그냥 room을 써도 되나요?

A 네, 됩니다. wiggle 없이 Is there any room for renegotiation on the price?(가격 조율이 가능한가요?)라고만 해도 같은 뜻이에요.

HOW TO USE

Is there any way we can solve this problem?
우리가 이 문제를 해결할 방법이 없을까요?

Is there any wiggle room on the schedule?
일정을 약간 조정할 수 있을까요?

Would you be open to a short-term position?
단기직도 하실 의향이 있으신가요?

I'm glad we came to / found a compromise.
타협이 성사되어서 기쁩니다.

UNIT **2** 반반씩 양보/절충할 때

우리 서로 조금씩 양보하는 걸로 하죠.
Meet me halfway.

How about we meet halfway?

절충해 주실 수 있을까요?
Can you meet me in the middle?

양측 모두 조금씩 양보해서 절충안을 마련하자고 할 때는 한쪽에만 이롭거나 불리하지 않도록 중간에서 만나자는 의미로 meet (me) halfway, meet me in the middle 구문을 씁니다.

Q & A

Q　'양보하다'는 yield니까 Can we yield each other?라고 하면 어때요?

A　yield는 상대방에게 내 자리를 내어 주거나 순서상 다른 사람을 위해 우선권을 포기하는 등, 한쪽의 일방적인 양보를 뜻하기 때문에 공평하게 양보해서 타협점을 찾는 절충안과는 차이가 있어요. 그래서 양쪽 모두 양보할 때는 위의 표현들이 적합합니다.

Real 📶 CONVERSATION

A We want to sell it for 500 grand, and you want to buy it for 400 grand. Why don't we meet halfway? About 450?
우리는 50만 달러에 팔고 싶고, 당신은 40만 달러에 사고 싶어 하니, 서로 조금씩 절충하는 게 어떨까요? 한 45만 달러쯤으로요?

B Can I sleep on it and get back to you tomorrow?
생각 좀 해 보고 내일 연락 드려도 될까요?

▶ sleep on it: '바로 결정하지 않고 시간을 갖고 심사숙고한다'는 뜻이에요.
▶ grand: 천 달러

A You never help with cleaning. Can you meet me in the middle and clean the house every Saturday? I'll do Wednesdays. 넌 한 번도 청소를 도와주는
법이 없어. 너도 좀 양보해서 매주 토요일엔 네가 청소하면 안 되겠니? 수요일에는 내가 할 테니까.

B It sounds fair. 그게 공평할 것 같다.

우리가 서로 생각이 다르다는 것을 인정해야 할 것 같네요.
We have to agree to disagree.

견해 차이를 인정합시다.
Let's agree to differ.

논쟁, 논의, 협상에서 내 의견과 상대방의 의견이 달라서 결국 조율에 실패했을 때 쿨하게 할 수 있는 표현으로 agree to disagree, agree to differ가 있습니다. '서로 동의하지 않는다는 것에 동의한다, 서로 다르다는 것에 동의한다'는 의미로 다름을 인정하는 표현입니다.

Q & A

Q 대화 중 상대방의 의견에 동의하지 않는다고 말하고 싶으면 I don't agree with you.라고 하면 되나요?

A 틀린 문장은 아니지만 상대방에게 불쾌하게 들릴 수도 있으니, 뒤에 on that을 붙여서 I don't agree with you on that.이라고 하면, 내가 너에게 반대하는 것이 아니라 '이 사안에 대해서' 동의하지 않는다는 의미로 덜 호전적으로 들립니다. 더 좋은 표현으로는 I beg to differ. I'm afraid I disagree. I respectfully disagree. 등이 있어요.

HOW TO USE

I guess we can just agree to disagree.
우리가 서로 의견이 다르다는 걸 인정하죠.

In some cases, we're gonna have to agree to disagree.
때로는 서로의 견해가 다르다는 걸 인정해야만 할 것입니다.

Let's just agree to differ.
서로 다름을 인정합시다.

I cannot agree with you on that, but I respect your opinion.
그 점에 있어서는 동의할 수 없지만, 당신의 의견을 존중은 합니다.

We all think differently. We just have to agree to disagree.
우리 각자 생각하는 게 다 다르죠. 서로의 다름을 인정하는 수밖에요.

가격 흥정/협상할 때

MP3 092

좀 깎아 주실래요?
Can you give me a discount?
Can I get a discount?
Can you come down a little?

10 퍼센트 깎아 주실 수 있으세요?
Can you give me ten percent off?

(너무 비싼 경우) 그러지 말고 (가격 조정을) 잘 좀 해 봅시다.
Come on, work with me.

가격을 깎아달라고 할 때 우리가 익히 아는 discount 외에 원어민들이 많이 사용하는 표현으로 Can you come down a little?이 있는데요, 이렇게 가격을 내려달라고 할 때도 come down을 쓸 수 있어요. 서로 잘 대화해서 가격을 절충해 보자는 의미로 work with me 표현을 쓰기도 하고요. 또, 할인 받고 싶은 금액을 20달러, 10퍼센트, 이렇게 정해 놓고 물어볼 때는 Can you give me 액수/퍼센트 off?라고 하면 됩니다. 가능성 타진 유닛에서 배웠던 wiggle room 표현 역시 가격 흥정에 쓸 수 있어요.

Q&A

Q 디스카운트를 보통 '디씨'라고 하잖아요. 그럼 Can you give me a DC?라고 해도 괜찮나요?

A 아니요. 'DC'는 discount를 우리 맘대로 줄인 콩글리시라서 원어민들이 들으면 '워싱턴 D.C.를 말하는 건가?' 하고 오해하기 딱입니다. discount는 단어 통째로 쓰셔야 해요.

Q '현금 할인'을 영어로는 뭐라고 하나요?

A 미국은 주유소를 제외하고는 현금 할인이 보편화되어 있지 않지만, discount for paying cash라고 하면 뜻은 충분히 통해요. Can I get a discount for paying cash?라고 하면 됩니다

Q 미국에도 군인 할인 혜택, 학생 할인 혜택 같은 게 있나요?

A 그럼요. '군인 할인'은 military discount, '학생 할인'은 student discount, 그리고 '경로 할인'은 senior discount라고 합니다.

Real CONVERSATION

A That's a little too pricey. Can you come down a little?
좀 많이 비싸네요. 조금만 깎아 주시면 안 돼요?

B Well, this is the lowest I can go.
이게 최대한 낮춰 드린 가격이에요.

A Can you give me a hundred dollars off?
100달러만 깎아 주실 수 있으세요?

B Let me ask our manager.
저희 매니저께 물어볼게요.

A This beauty runs like brand new. I'll give her away at thirty grand.
이 차가 완전 새 차처럼 잘 나간다니까요. 삼만 달러에 드리겠습니다.

B Come on. Thirty grand is way too high for a ten-year-old car. Please work with me.
이거 왜 이러십니까? 십 년 된 차가 삼만 달러면 너무 비싼 거죠. 가격 좀 잘 조정해 봅시다.

▶ beauty : '미녀' 외에도 외관이 근사한 집, 자동차, 장식품 등을 지칭할 때 쓰여요. 그래서 자동차를 말할 때 무생물 주어인 it 외에 she로 받는 경우도 있어요.

A Can I get a discount for paying cash?
현금 할인되나요?

B We're sorry. We don't offer any discounts.
죄송하지만, 저희가 (어떤 종류든) 할인은 못해 드려요.

A I know this is already on sale, but I was wondering if you could give an additional five percent off.
이 물건이 세일 상품인 건 아는데요, 혹시 추가로 5퍼센트 더 깎아 주실 수 있을까 해서요.

B We're afraid we can't.
죄송하지만, 그건 좀 곤란합니다.

A Do you give a military discount? 여기 군인 할인해 주나요?

B Yes, we do. We give ten percent off.
네, 해 드려요. 저희가 10퍼센트 할인해 드리고 있습니다.

CHAPTER 15

초대하기

MP3 093

저희 집 저녁 식사에 초대하고 싶어요.
We would love to have you over for dinner.

크리스마스 파티에 초대하고 싶어요.
I would like to invite you to our Christmas party.

저희 파티에 오실 수 있다면 정말 좋겠는데요.
It would be great if you can join us at the party.

손님을 초대할 때는 상대방이 환영받는다는 느낌을 확실히 받을 수 있도록 We / I would love to ~, It would be great ~ 등의 구문을 쓰는 것이 좋습니다. have someone over는 손님을 집으로 초대하는 경우에, join ~은 무엇을 같이 하자고 권하는 경우에 원어민들이 많이 쓰는 표현이에요.

Q&A

Q 친하고 허물없는 사람을 초대할 때는 "올 수 있어?" "올래?" 이렇게 캐주얼하게 말하잖아요. 영어로는 **Can you come?**이라고 하면 되나요?

A 네, Can you come?도 되고 Can you make it?도 돼요. Can you make it to the party? 이런 식으로 문장을 좀 더 구체적으로 늘여 줄 수도 있고요.

We're planning to throw a graduation party at our place.
It'll be awesome if you can join us.
저희 집에서 졸업 축하 파티를 열 계획이에요. 오셔서 저희와 함께해 주시면 정말 좋겠습니다.

▶ throw a party : 파티를 열다

I would love to invite you and your family to my birthday party. Hope you can make it.
제 생일 파티에 가족들과 함께 와 주시면 좋겠습니다. 꼭 오실 수 있길 바랄게요.

We're going to barbeque next Saturday. Can you join us?
다음 주 토요일에 바비큐 할 건데 올 수 있어?

We're having Mexican for dinner tomorrow, and you're more than welcome to join us.
내일 저녁에 멕시코 음식 먹으려고 하는데, 같이 먹고 싶으면 와. 대환영이야.

▶ more than welcome : 대환영

MP3 094

너무 좋지.
I would love to.

갈게. 꼭 갈게.
I'll be there.
I'm definitely down.

빨리 가고 싶다. 그날이 빨리 왔으면 좋겠다.
I can't wait.

초대를 받으면 참석 여부에 상관없이 일단 Thank you for the invite. Thank you for inviting me. 이렇게 초대해 줘서 고맙다는 말을 하는 것이 먼저입니다. 만약 초대를 수락하는 경우라면 위의 표현들을 사용하면 되는데요, I'm down.은 '슬프다, 몸이 안 좋다'는 뜻 외에 '계획에 동참하겠다, 제안이나 초대에 응한다'는 뜻으로도 많이 쓰입니다.

Q & A

Q 초대한 사람에게 한 명 더 데려가도 되냐고 물어보려면 어떻게 말하나요?

A 초대받지 않은 사람을 한 명 데려갈 수 있도록 에누리를 두는 것을 plus one이라고 해요. 그래서 Can I bring _____ as a plus one?이라고 하면 되는데, 더 간단하게 Can I bring _____ ? Is it okay to bring _____ ?라고만 해도 충분합니다.

Real 🔊 CONVERSATION

A **I'm having a Halloween party next weekend. Can you make it?**
다음 주말에 할로윈 파티할 건데, 올 수 있어?

B **I'm definitely down. That sounds like so much fun. I can't wait.**
당연히 가야지. 진짜 재밌겠다. 빨리 다음 주말이 왔으면 좋겠다.

A **We would love to have you over for dinner tomorrow.**
내일 저희 집 저녁 식사에 초대하고 싶은데요.

B **Oh, I'd love to come. Thank you for the invite.**
어머, 너무 좋죠. 불러 주셔서 감사해요.

MP3 095

저도 가고는 싶지만 아쉽게도 안 될 것 같네요.
> I wish I could.
> I'm afraid I can't.

선약이 있어요.
> I have a prior engagement.

이미 일/약속이 있어요.
> I already have plans.

초대를 거절할 때는 참석은 못하지만 가고 싶은 마음은 굴뚝 같다는 걸 I wish I could. I'm afraid I can't.로 표현하고 선약이 있다, 일이 있다는 이유를 덧붙여 주면 좋습니다.

Q&A

Q 이번엔 못 가지만 다음 번엔 꼭 가겠다고 할 때는 어떻게 말하나요?

A I can't make it this time, but definitely next time.이라고 하면 돼요. 이번에 못 가니까 그 기회를 다음 번에 써도 되냐고 하고 싶으면 rain check을 써서 Can I take a rain check?이라고 하세요.

Real 📶 CONVERSATION

A Can you come over for lunch today? 오늘 점심 먹으러 우리 집에 올래?

B I wish I could, but I already have plans. 그럼 좋겠지만 일/약속이 있어서 안 되겠는데.

A Can you make it to Mr. Campbell's farewell party? It's next Friday.
캠벨 씨 환송회에 오실 수 있어요? 다음 주 금요일이에요.

B I'm afraid I can't. I have a prior engagement with my client.
아쉽지만 저는 참석 못하겠네요. 제 고객과 선약이 있거든요.

A We're going hiking this morning. Can you join us?
우리 오늘 아침에 하이킹 갈 건데 너도 같이 갈래?

B I'm sorry, I can't. Can I take a rain check?
미안하지만, 오늘은 안 돼. 다음에 같이 가도 될까?

갈 때 뭘 가져가면 좋을까요?
What should I bring?

Is there anything I can bring?

그냥 몸만 오세요. 부담 갖지 말고 그냥 오세요.
Just bring yourself.

디저트를 가져오시면 도움이 많이 될 것 같은데요.
It would be a big help if you can bring dessert.

초대받은 사람이 초대한 사람에게 갈 때 뭘 가져가면 좋겠냐고 물을 때 쓰는 표현이 What should I bring? 입니다. 대답으로 그냥 몸만 오라고 할 때는 다른 건 필요 없으니 너만 데려오라는 뜻으로 Just bring yourself. 라고 해요. 또, 간단한 디저트나 side dish를 부탁하기도 하는데, 이때는 It would be a big help / great if ~ 구문을 사용합니다.

Q&A

Q 뭘 가져갈까 묻는 게 아니라 먼저 자진해서 "샐러드 좀 가져갈까요?"라고
묻고 싶으면 Do you want me to bring salad? 라고 하면 되나요?

A 네. Do you want me to bring salad? Should I bring some salad?
I can bring some salad. 모두 괜찮아요.

Real 𝕒 CONVERSATION

A What should we bring? Should we bring dessert?
갈 때 저희가 뭘 가져가면 좋을까요? 디저트 가져갈까요?

B We have everything we need. Just bring yourself.
저희가 다 준비했으니까 그냥 몸만 오시면 돼요.

A Is there anything I can bring?
내가 뭐 좀 가져갈까?

B It would be a big help if you can bring some dinner rolls.
저녁 식사용 빵 좀 가져오면 좋겠는데.

▶ dinner roll: 저녁 식사에 곁들이는 빵

손님이 선물을 가져왔을 때

MP3 097

뭐 이런 걸 다. 안 갖고 오셔도 되는데.
You shouldn't have.

어머, 너무 마음에 들어요.
Oh, I love it.

선물을 가져온 손님에게 미안함과 고마움을 같이 전할 수 있는 표현이 바로 You shouldn't have. 입니다. 이 표현은 선물뿐 아니라 어떤 형태로든 호의를 베풀어 준 상대에게 '안 그래도 되는데'의 의미로 쓸 수 있습니다. 손님이 가져온 선물이 장식품이나 꽃 같은 시각적인 용도의 것이라면 It's so beautiful. I love it(너무 예쁘다. 마음에 쏙 들어). 등의 표현으로 마음에 든다는 걸 강조해 주고, 음식이라면 It looks so good(맛있어 보인다). It smells so good(너무 맛있는 냄새가 난다). 등의 표현으로 칭찬겸 고마움을 전할 수 있어요.

Q&A

Q 손님 초대 시 한국과 미국의 문화 차이 같은 것이 있을까요?

A 한국에서는 손님이 돌아갈 때 주인이 남은 음식을 싸 주는 경우가 많지만, 미국은 주인이 준비한 음식을 싸 주는 문화가 아니에요. 오히려 손님이 가지고 온 음식이 남으면 그 손님이 돌아갈 때 남은 것을 모두 도로 가져가요. 그래서 주인이 남은 음식을 다 덜어내고 빈 그릇만 돌려주면 상대방이 어이없어 할 수도 있습니다.

Real 🔊 CONVERSATION

A We brought you some flowers. 저희가 꽃을 좀 가져왔어요.

B Oh, they're beautiful. Thank you. You shouldn't have.
어머, 예뻐라. 고마워요. 안 가져오셔도 되는데.

A It's just a token of appreciation for the invite.
초대해 주신 데 대한 작은 감사의 표시예요.

▶ a token of appreciation : 작은 감사의 표시/선물

A I brought some homemade brownies. 집에서 만든 브라우니를 좀 가져왔어요.

B You shouldn't have. Oh, my! They smell so good. Thank you.
뭐 이런 걸 다. 어머! 냄새 너무 좋다. 고마워요.

들어오세요.
Come on in.

와 주셔서 감사해요.
Thank you for coming.

가방/코트 받아드릴까요?
Do you want me to take your bag / coat?

앉으세요.
Have / Take a seat.

손님에게 들어오라고 할 때 Come in.보다도 Come on in.을 쓰는 경우가 훨씬 많아요. 또, 미국에서는 손님이 묻지도 않고 소지품을 아무 데나 놓는 것을 주인이 불편해할 수도 있습니다. 그래서 주인이 장소를 정해 주며 You can leave your stuff there(소지품 거기에 두셔도 돼요).라고 권하거나 Can I take your coat? Do you want me to take your bag?이라고 묻는 경우가 많습니다. 손님에게 자리를 권할 때도 명령조나 하대로 들릴 수 있는 Sit down.이 아닌 (Please) have a seat. Take a seat.이라고 말하는 것이 좋아요.

Q&A

Q 손님이 주인에게 불러 줘서 고맙다고 인사할 때 Thank you for inviting me. 말고 다른 표현은 없나요?

A 원어민들이 자주 쓰는 표현으로 Thank you for having me.가 있어요. 나를 가져줘서 고맙다는 뜻이 아니라 '손님으로 오게 해 줘서 고맙다'는 뜻인데요, 이 표현은 초대받았을 당시에 하는 말이 아니라 초대받은 장소에 들어가면서 하는 말인 걸 꼭 알아두세요.

Q 처음 방문한 손님이라면 집 좀 둘러봐도 되냐고 묻기도 하잖아요. 그럴 땐 어떻게 말하나요?

A Do you mind if I look around?라고 물어볼 수는 있지만, 이게 미국에서는 무례하고 어이없게 들릴 수 있어요. 대신 주인에게 집을 구경시켜 달라고 요청할 수는 있는데, Can you show me around?라고 하면 됩니다.

Real 🔊 CONVERSATION

A Hi. Come on in.
안녕하세요. 어서 들어오세요.

B Thank you for having me.
불러 주셔서 감사해요.

A Thank you for coming. Let me take your coat.
와 주셔서 제가 감사하죠. 제가 코트 받아드릴게요.

A Hi. Thank you for having us.
안녕하세요. 초대해 주셔서 감사합니다.

B Thank you for coming. Have a seat.
와 주셔서 감사해요. 앉으세요.

A Oh, your house is so nice. Can you show us around?
어머, 집이 너무 좋네요. 집 구경 좀 시켜 주실 수 있으세요?

B Sure. I'll give you a tour. 그럼요. 제가 안내해 드릴게요.

▶ show around: (장소를) 구경시키다
▶ give someone a tour: 여행지가 아니더라도 장소 곳곳을 안내해 준다고 할 때 자주 쓰여요.

A You're here. I'm glad you made it.
오셨군요. 오실 수 있어서/시간이 돼서 정말 다행이에요.

B Thank you for the invite. Can I leave my bag here?
초대해 주셔서 감사해요. 제 가방 여기에 좀 놔도 괜찮을까요?

A Yeah, that's fine. 네, 그러세요.

B Your house is huge. Could you show me around, so I don't get lost?
집이 굉장히 넓네요. 제가 길 안 잃어버리게 집 구경 좀 시켜 주시겠어요?

A You're so funny. Of course.
너무 재밌으시네요. 네, 구경시켜 드릴게요.

A Welcome to my humble abode.
이렇게 남루한 곳까지 찾아주셔서 감사합니다.

B This is great. Thank you for the invite.
아주 좋은데요. 초대해 주셔서 감사해요.

▶ Welcome to my humble abode: '초라한'이라는 뜻의 humble과 '거처'라는 뜻의 abode 를 함께 써서 겸손하게 손님을 환영하는 인사인데요, 약간 옛날 표현이라고 할 수 있어요.

CHAPTER 16

지적하기

MP3 099

잘못 알고 계신 것 같네요.
I think you're mistaken.

그게 아닌데요.
That's not quite right.

상대방이 잘못 알고 있을 때는 '잘못된'이라는 뜻의 mistaken을 써서 You're mistaken.이라고 하면 되는데, I think를 붙여 주면 좀 더 완곡하게 들려서 좋습니다. That's not right. 역시 quite를 삽입해 줌으로써 덜 직설적인 느낌을 줄 수 있어요.

Q&A

Q misunderstood도 mistaken이랑 비슷한 것 같은데, You're misunderstood.라고 해도 되나요?

A You're mistaken.은 '네가 정보, 사실 관계를 잘못 알고 있다'는 뜻이지만, You're misunderstood.는 '다른 사람들이 너에 대해 잘못 알고 있다'는 뜻이에요. 사실은 마음도 따뜻하고 눈물도 많은 사람인데, 표정 때문에 못된 사람이라고 오해를 받는 경우처럼요. 만약 상대방에게 '잘못 이해했다, 잘못 알아들었다'고 말하고 싶다면 You're misunderstood.가 아니라 You misunderstood.라고 해야 합니다.

Real 🔊 CONVERSATION

A I'm pretty sure Hannah's birthday is this month.
한나 생일이 이번 달 맞을 걸.

B I think you're mistaken. Her birthday is in three months.
네가 잘못 알고 있는 것 같은데. 걔 생일은 3개월 뒤야.

A I know Sydney is the capital of Australia.
호주 수도가 시드니라는 건 내가 알지.

B That's not quite right. It's Canberra.
그건 좀 아닌데. 수도는 캔버라야.

A You told me the capital of Australia is Sydney.
네가 호주 수도가 시드니라고 했잖아.

B I never said that. I said Sydney is NOT the capital of Australia.
You misunderstood.
난 그런 말 한 적 없어. 호주 수도는 시드니가 아니라고 했지. 네가 잘못 들은 거야.

A I don't know why people think you're cold and scary. You're
totally misunderstood.
난 사람들이 왜 널 차갑고 무섭게 보는지 모르겠더라. 널 완전히 오해하고 있는거지.

B Well, I don't smile and I'm pretty straightforward. Maybe that's
why.
뭐, 내가 잘 웃지도 않고 말도 돌려서 안 하고 하니까. 아마 그래서겠지.

다시 한번 확인해 보시는 게 좋겠어요.
You might want to doublecheck.

doublecheck은 정보가 확실하지 않아서 다시 확인할 때, 혹은 확실하다는 것은 알지만 그래도 다시 확인할 때 '재확인하다'의 의미로 쓰입니다. 내가 재확인해 보겠다고 할 때는 I'll doublecheck. 상대방이 잘못 알고 있는 것 같을 때는 You might want to doublecheck. 이라고 은근히 권하면 돼요.

Q&A

Q 접두사 re-도 '다시'라는 뜻이니까 doublecheck 대신 recheck을 써도 되지 않나요?

A recheck도 엄연한 단어이고 의미 면에서도 doublecheck과 거의 비슷하지만, 실제로 잘 쓰이지는 않아요. 원어민들이 일상적, 습관적으로 사용하는 표현은 doublecheck입니다.

Q "내가 알고 있는 것과 다르다."는 말도 자주 하잖아요. 그건 어떻게 말하나요?

A 말 그대로 That's different than what I know. 라고 하면 돼요. "내가 들은 것과 다르다."고 할 때는 That's different than what I heard. That's not what I heard. 라고 하면 되고요.

Real 🔊 CONVERSATION

A **Looks like the 49ers won the game last night, huh?**
어젯밤 경기에서 포티나이너스가 이긴 것 같더라.

B **I thought they lost.** 난 걔네가 진 줄 알았는데.

A **Are you sure? I heard they won. You might want to doublecheck.**
확실해? 난 이겼다고 들었는데. 네가 다시 확인해 보는 게 좋겠다.

▶ 49ers: 샌프란시스코 풋볼 팀

A **Did I tell Joe that we need to reschedule our plans?**
내가 조한테 약속 다시 잡아야 한다고 말했나?

B **You're asking the wrong person. You might want to doublecheck with him.** 나야 모르지. 걔한테 다시 확인해 봐.

완전 사실무근이야.

That's the farthest from the truth.
Nothing could be farther / further from the truth.

사실과 전혀 다른 얘기에 사실무근이라고 지적할 때는 '사실에서 가장 멀다'는 의미로 the farthest from the truth, '이보다 더 사실에서 멀 수는 없다'는 의미로 Nothing could be farther / further from the truth.라고 하면 되는데요. 이때는 실제 거리를 뜻하는 farther, '더 나아가서'처럼 비유적으로 거리를 나타내는 further 둘 다 쓸 수 있습니다.

Q & A

Q 루머(rumor)도 헛소문이라는 뜻이니까 That's a rumor.라고 해도 되나요?

A That's the farthest from the truth.는 사실이 아님을 확신하는 표현이지만, rumor는 사실인지 아닌지 모르는 유언비어, 확인되지 않은 설을 말할 때 쓰는 표현이에요. 그렇기 때문에 내가 사실여부를 확실히 알고 있는지 아닌지에 따라 쓰는 표현이 달라집니다.

Real 🔊 CONVERSATION

A I heard a rumor that Janet broke up with her fiancé.
재닛이 약혼자랑 헤어졌다는 소문을 들었어.

B That's the farthest from the truth. They set their wedding day yesterday. 완전 사실무근이야. 걔네 어제 결혼식 날짜 잡았는데, 뭐.

A I think my mom doesn't love me. She only loves my brother.
엄마는 나를 안 사랑하는 것 같아. 동생/오빠만 사랑하셔.

B Nothing could be farther from the truth. Of course, she loves you.
말도 안 되는 소리. 너네 엄마야 당연히 널 사랑하시지.

A I heard that kimchi is originally from China.
김치가 원래 중국 음식이란 말을 들었어.

B Nothing could be further from the truth. Kimchi has been a Korean dish from the beginning. 완전 사실무근이야. 김치는 처음부터 한국 음식이었다고.

MP3 102

너한텐 노란색이 잘 안 어울려.

Yellow is not your color.

Yellow is not for you.

좀 과한 것 같은데.

I think you overdid it.

I think that's a little too much.

특정 색깔이나 스타일이 안 어울린다는 표현으로는 don't look good on you 외에도 not your color, not for you 등의 표현이 있습니다. 옷차림이 지나치다면 오버했다는 뜻의 overdid it, 과하다는 뜻의 a little too much를 써 주면 돼요.

Q & A

Q 우리말에 '옷이 날개다'라는 말이 있잖아요. 영어에도 그런 표현이 있나요?

A 그럼요. 여기도 다 사람 사는 곳인데요. 대신 여기서는
'옷이 날개다'가 아니라 옷이 사람을 만든다고 표현합니다.
그래서 '옷이 날개다'에 해당하는 표현은
Clothes make the man. 이에요.

Real 🔊 CONVERSATION

A No offense. I just don't think red is your color.
기분 나쁘게 듣지 마. 너한테 빨간색이 안 어울리는 것 같아서 말이야.

B It's not? What color looks good on me, then?
안 어울려? 그럼 나한테 무슨 색이 어울려?

A Green always looks good on you.
넌 초록색 입으면 잘 어울리더라.

▶ No offense.: 기분 나쁘게 듣지 마세요. 나쁜 마음으로 하는 말 아니에요.

A You know, I think that necklace is a little too much.
있잖아, 그 목걸이 아무래도 좀 과한 것 같은데.

B Should I wear this one instead?
그럼 대신 이거 할까?

A I think that's much better.
그게 훨씬 나은 것 같다.

A Do you think I overdid it?
내가 너무 지나치게 꾸몄나?

B Well, yes. That dress is a bit flashy for a funeral.
응. 장례식에 입고 가기엔 그 드레스가 좀 화려하다.

A I better change.
다른 거 입어야겠다.

▶ flashy: 화려한, 요란한

넌 항상 남의 실수를 지적하더라.

You always point out people's mistakes.

네가 나한테 사소한 것까지 일일이 지적질하는 거 불쾌해.

I don't appreciate how you keep correcting me over little things.

point out은 '어떤 점을 콕 집어내다'는 뜻으로 잘못을 찾아내어 지적한다는 의미로도 쓰입니다. correct someone 역시 '누군가의 잘못을 정정하다, 수정하다', 즉 '지적하다'는 의미로 쓰이는 표현이에요. 지적질하는 사람이 나와 허물없는 사이라면 You always point out my / people's mistakes.이라고 대놓고 말해도 되지만, 어느 정도 예의를 지켜야 하는 상황이라면 I don't appreciate ~ 구문을 활용해서 불쾌함을 지그시 표시하는 것이 좋습니다.

Q&A

Q 지적을 하는 것과 트집을 잡는 건 다른 거잖아요. 트집을 잡는다는 말은 어떻게 하죠?

A 트집을 잡는 것은 pick on someone, nitpick이라고 하고, 애먼 트집을 잡는 사람은 nitpicker라고 합니다. nit은 '이, 기생충의 알' 이란 뜻이기 때문에 nitpick은 기생충 알처럼 보이지도 않는 작은 오점을 기필코 찾아내기에 트집잡는다는 의미가 되는 것이죠.

Real 🔊 CONVERSATION

A You always point out my mistakes, and I'm getting tired of it.
너 맨날 내 실수만 지적해 대는 거 이젠 지긋지긋하다.

B I just meant to help you.
난 그저 널 도와주려고 그런 거지.

A I don't appreciate how you keep correcting me over every little thing.
별것도 아닌 작은 실수를 하나하나 다 지적하시는 거, 저는 좀 불쾌하네요.

B I'm sorry if I hurt your feelings. I'll try not to.
기분 상하게 했다면 미안해요. 안 그러도록 할게요.

다들 흔히 하는 실수야.
It's a common mistake.

나라도 그렇게 했을 거야.
I would've done the same thing.

a common mistake는 많은 사람들이 무신경하게 저지르거나 '당연히 이럴 것이다'라고 생각하고 저지르는 흔한 실수를 뜻하기 때문에 실수한 상대방에게 It's a common mistake. 라고 말해 주면 죄책감이나 민망함을 덜어 줄 수 있어요. 또, 판단을 잘못해서 실수한 사람에게는 나였어도 그렇게 했을 거라는 의미로 I would've done the same thing. 이라고 말해 주면 좋습니다.

Q & A

Q 상대방의 실수를 지적한 후에 위로조로 "나도 똑같은 실수했어."라고 하잖아요. 그럴 땐 I made the same mistake.라고 하면 되나요?

A 네, 됩니다. 단, 시제상 상대방이 실수한 시점보다 내가 실수한 시점이 더 멀기 때문에 과거완료형으로 I had made the same mistake.라고 하는 것이 정확해요.

Real 🔊 CONVERSATION

A It's supposed to be: "The party was boring." Not: "The party was bored."
"파티가 지루했다."라고 해야지, "파티가 지루해했다"가 아니라.

B That's right. I made the same grammar mistake again. I'm so dumb.
그렇네요. 제가 똑같은 문법 실수를 또 했네요. 이런 바보.

A No, you're not. It's a common mistake.
너 바보 아니야. 이건 다들 하는 흔한 실수거든.

A It would've been better if you had considered it more before signing the contract, but honestly, I would've done the same thing.
네가 계약서에 서명하기 전에 좀 더 심사숙고해 봤더라면 좋았겠지만, 솔직히 나였어도 같은 결정을 했을 거야.

B You're right. I should've taken it more seriously.
네 말이 맞아. 내가 좀 더 신중했어야 했는데.

MP3 105

그러면 안 된다는 것쯤은 너도 알잖아.
You know better than that.

진짜 왜 이럴까, 너 이것보다 더 잘할 수 있잖아.
Come on, you can do better than this.

하지 말아야 할 실수를 한 사람에게 You know better than that. 표현을 많이 쓰는데, that 대신 상대방이 한 실수를 명시해 넣을 수도 있습니다. 또, Come on은 '이리 오라'는 뜻 외에 의견이 맞지 않거나 마음에 안 드는 짓을 한 상대방에게 호소하는 투로 자주 쓰인다는 것도 알아두세요.

Q&A

Q 실수한 사람한테 "아마추어처럼 왜 이래?"라는 말 많이 하는데, 원어민들도 이런 표현을 쓰나요?

A You're such an amateur.라는 표현이 있긴 하지만, 친한 사이에 편하게 빈정대는 투로 쓰면 모를까, 직장 동료처럼 공적으로 얽힌 사람에게는 쓰지 않는 것이 좋습니다.

Real 🔊 CONVERSATION

A **You know better than to make this kind of mistake.**
이런 실수는 하면 안 된다는 것쯤은 네가 잘 알잖아.

B **I'm so sorry. I don't know what I was thinking.**
죄송합니다. 제가 도대체 무슨 생각으로 그랬는지 모르겠어요.

A **There's no excuse for your mistake. You have enough experience to know better.** 자네 실수에 대해서는 변명의 여지가 없네. 그 정도 경력이면 자네도 잘 알 거 아닌가.

B **I have no excuse. It won't happen again.**
드릴 말씀이 없네요. 다시는 이런 일 없도록 하겠습니다.

A **Your presentation was pretty disappointing. I know you can do better than that.** 프레젠테이션이 꽤 실망스럽더군. 잘할 수 있는 사람이 왜 그랬나?

B **I was tied up with other things, but you're right. I should've paid more attention.**
다른 업무에 매어 있다 보니 그렇게 됐습니다만, 맞는 말씀이십니다. 제가 좀 더 신경 썼어야 했습니다.

CHAPTER 17

조언하기

네가 나라면 어떻게 하겠어?
What would you do if you were me?

나한테 해 줄 만한 조언 있어?
Do you have any advice for me?

조언 좀 해 줘.
Please advise.

조언을 구할 때 가장 흔하게 하는 말이 "너라면 어떻게 하겠어?"일 텐데요, What would you do if you were me?에서 be동사가 과거형 were인 이유는 실제로 일어나지 않은 사실을 가정법으로 처리했기 때문입니다. 설사 주어가 I나 She, He이더라도 be동사는 항상 were를 써야 합니다.

Q&A

Q advise, advice 철자가 두 가지인데요, 미국식, 영국식 그 차이인가요?
A 아니요. advice는 명사형이고 advise는 동사형이에요. 명사형 advice는 [엗바이스] 뒤의 '바이스'를 짧게 발음하는 반면, 동사형 advise는 [엗바∼이즈]처럼 'ㅈ'와 함께 길게 발음합니다. 한국식인 '어드바이스'와는 차이가 있죠?

Real 🔊 CONVERSATION

A I'm lost. What would you do if you were me?
난 모르겠어. 네가 나라면 어떻게 하겠니?

B If I were you, I would look for another job.
내가 너라면 다른 직장을 알아보겠어.

A What should I do? Please advise. 어떡하면 좋지? 조언 좀 해 줘.

B I think you should move back in with your parents. Living with your parents would protect you from that crazy guy. 네가 다시 부모님 댁으로 들어가서 사는 게 좋을 것 같아. 부모님이랑 같이 살면 그 미친 놈도 널 어쩐진 못하겠지.

A I guess I should. Thank you for your advice. It really helped.
아무래도 그래야겠어. 조언 고마워. 진짜 도움 많이 됐어.

너희 애를 다른 학교로 전학 시키는 건 생각해 본 적 있어?
Have you thought about sending your kid to a different school?

상담을 받아보는 것도 좋은 방법일 것 같은데.
It might be a good idea to see a counselor.

강요하는 느낌 없이 조심스럽게 제안하듯 조언할 때 주로 쓰이는 구문이 Have you thought about ~?과 It might be a good idea ~입니다. 만약 '~하는 것이 좋은 생각이 아닌 것 같다'고 조언할 때는 It might not be a good idea ~라고 하면 돼요.

Q&A

Q 조언이 별 도움이 되지 않은 경우도 많잖아요. 아무개가 조언을 해 줬는데 별 도움이 안 됐다고 말하려면 어떻게 하나요?

A She gave me advice, but it didn't help. It wasn't a big help. It wasn't much help. 이런 표현들이 있지만 조언을 해 준 당사자에게는 쓰면 안 되겠죠!

Real 🔊 CONVERSATION

A I get way too much stress at work, and now it's hurting me physically.
직장에서 스트레스를 너무 많이 받아서 이제는 몸까지 아파.

B Have you thought about talking to your boss? She may not know how much stress you're under.
상사한테 얘기해 보는 건 생각해 봤어? 너네 상사는 네가 얼마나 스트레스 받는지 모를 수도 있잖아.

A Our landlord raised the rent. We can't afford it, but we can't move because of our kids' school.
집주인이 세를 올렸어. 우리 형편에 감당은 안 되는데 그렇다고 애들 학교 때문에 이사도 못 가.

B It might be a good idea to look for a smaller place in the same area.
같은 동네에서 더 작은 집을 찾아보는 것도 괜찮은 방법일 것 같은데.

A That might be the only solution for us.
우리한텐 그 방법밖에 없을 것 같다.

그 사람이랑 정치 얘기는 꺼내지도 마.
Try not to start political conversations with him.

누구한테든 그 호텔에서 묵으라는 말은 못 하겠어.
I wouldn't advise anyone to stay in that hotel.

도움이 되지 않는 방법이나 하면 후회하게 될 일 등을 미리 알려 주며 하지 말라고 조언할 때는 try not to ~, I wouldn't advise ~ 구문을 씁니다. I wouldn't advise 대신 I wouldn't suggest를 사용해도 좋아요.

Q&A

Q You better not은 어떤가요? 안 그러는 게 좋을 거라는 뜻이니까 이것도 뭔가를 하지 말라고 조언할 때 쓸 수 있을 것 같은데요.

A 문법상 올바른 표현은 You had better not.인데 줄여서 You'd better not.이라고 해요. You better not은 구어체에서 쓰는 표현이고요. 상대방에게 뭔가를 하지 않는 것이 좋겠다고 말해 줄 때 쓸 수도 있지만, '하지 마. 하면 큰일난다'는 뉘앙스를 풍기기 때문에 조언보다는 경고에 가깝게 들릴 수도 있으니 주의해야 합니다.

Real 📶 CONVERSATION

A Try not to say anything about your kids to Nancy. She lost a child years ago, and she's still very sensitive on that subject.
낸시한테는 너희 집 애들 얘기는 하지 마. 그 사람이 몇 년 전에 아이를 잃어서 아직도 그 부분에 민감해.

B I see. Thank you for your advice.
그렇구나. 조언 고마워.

A We're talking about going to Phoenix this summer. You're from Arizona. Any travel tips?
우리 이번 여름에 피닉스에 갈까 얘기 중인데. 너 애리조나 출신이잖아. 여행 팁 좀 줄래?

B I wouldn't suggest going to Phoenix in the summer. The temperature gets up to 130.
여름엔 피닉스에 가란 말 못 하겠는데. 기온이 (섭씨) 54도까지 올라간다니까.

부모로서 내 경험을 말하자면, 아이들한테 너무 많은 걸 기대하지 않는 게 답이야.

In my experience as a parent, not expecting too much from my kids was the key.

이건 순전히 내 경험인데, 친구 많아 봤자 아무 의미 없더라고.

From my own experience, having lots of friends means nothing.

in my experience ~, from my own experience ~는 오직 내가 겪은 바에 기준해서 말하는 것이라서 객관적이거나 일반적인 건 아니라는 의미를 깔고 조언할 때 쓰여요. '어떤 입장에서의 나의 경험'이라고 할 때는 in my experience as ~,처럼 as를 동반하면 돼요.

Q & A

Q "다른 사람들은 모르겠고, 내 경험만 얘기하자면 ~" 이런 식으로 말할 때가 많은데요, "다른 사람들은 모르겠고"에 해당하는 영어 표현이 있나요?

A I don't know about other people. This is just my experience. 라고 할 수는 있지만, in my experience, from my own experience 에 이미 다 포함되어 있기 때문에 굳이 말할 필요는 없어요.

Real 🔊 CONVERSATION

A Should I buy an American car or a Japanese car? Any advice?
미국 차를 살까, 일본 차를 살까? 조언해 줄 거 뭐 없어?

B In my experience, American cars are stronger and sturdier.
내 경험으로 보면 미국 차들이 더 튼튼하고 견고한 것 같아.

A What do you think about Kaily as a coworker? Some say she's wonderful, and some say she's awful.
직장 동료로서 카일리 어때? 누구는 되게 좋다고 하고, 또 누구는 너무 별로라고 하던데.

B From my own experience, she's not a good person to work with. She takes advantage of people.
내 경험만 말하자면, 같이 일하기 좋은 사람은 아니야. 사람들을 이용해 먹더라고.

▶ take advantage of ~: 이용해 먹다, 이익을 취하다

개인적인 소견으로 조언할 때

MP3 110

내 의견을 묻는다면, 나라면 그 집 안 사겠어.
If you ask me, I wouldn't buy that house.

순전히 내 개인적인 의견임을 강조하며 조언할 때 자주 쓰이는 표현이 바로 if you ask me 입니다. 위의 예문처럼 문장 맨 앞에 올 수도 있고 I wouldn't buy that house, if you ask me. 처럼 문장 끝에 올 수도 있어요.

Q & A

Q 그럼 if you ask me는 in my opinion과 같은 뜻인가요?

A 네, 같은 의미로 쓰여요. 해석상 '내 생각으로는'과 '물어본다면 내 생각을 말하겠다'의 차이인데, 어차피 둘 다 내 생각을 말하는 것이기 때문에 의미상 별 차이는 없습니다.

Real CONVERSATION

A I've been saving to buy a car. I can't wait.
나, 차 사려고 돈 모으고 있는 중이야. 빨리 샀으면 좋겠다.

B I don't think it's a good idea to have a car in a city like New York, if you ask me.
나한테 묻는다면, 뉴욕 같은 도시에서 차 가지고 있는 건 좋은 생각이 아닌 것 같아.

A If you ask me, it's almost meaningless to go to college these days.
내 의견을 묻는다면, 요즘에는 대학에 가는 게 별 의미가 없는 것 같아.

B Why do you think it's meaningless?
왜 의미가 없다고 생각하는데?

A Because college degrees don't guarantee a job. It might be a better idea to start working right after high school.
대학 졸업장이 취업을 보장해 주지는 않으니까. 고등학교 졸업하고 바로 일 시작하는 게 차라리 나을 수도 있어.

▶ degree: 학위

CHAPTER 18

아쉬움 나타내기

기대했던 대로 안 돼서 아쉬울 때

MP3 111

실망스럽다. 아쉽다.

> That's a bummer.
>
> Bummer.
>
> That's too bad.

여행 가는 날 비가 오거나 고대하던 약속이 취소되는 등 기대했던 대로 일이 풀리지 않아서 실망스러울 때는 That's too bad. That's a bummer.라고 하는데요. 줄여서 Too bad. Bummer.라고만 하는 경우도 많습니다.

Q&A

Q **bummer의 정확한 뜻은 뭔가요?**

A 사전에는 '게으름뱅이', '농땡이꾼', 혹은 '짜증나거나 실망스러운 일'이라고 나오는데, 원어민들은 주로 실망스러운 일에 bummer를 씁니다. 그렇다고 매번 '실망스럽다' '아쉽다'라고만 하면 부자연스러울 수 있으니 상황에 맞게 풀이해 주면 좋아요.

Real 🔊 CONVERSATION

A **My phone says it'll rain on my wedding day. It's a garden wedding, you know.** 전화기 (날씨 정보) 보니까 내 결혼식 날 비 온대. 야외 결혼식인데 말이다.

B **That's a bummer.** 어쩌냐.

A **My favorite restaurant is now permanently closed. Bummer!**
내 최애 식당이 폐업했어. 속상해!

B **That's too bad.** 안됐네.

A **I can't make it to the reunion. I'll be on a business trip that day.**
나 동창회에 못 가. 그날 출장 가 있을 거거든.

B **That's too bad you can't come. Everyone was excited to see you.**
못 온다니 아쉽네. 다들 너 본다고 들떠 있는데.

▶ reunion: 동창회, 친목회, 가족 모임 등의 모임

아쉽다. 안타깝다.
It's a (real) shame.

대부분의 경우 That's too bad. 와 It's a shame. 을 호환해서 쓸 수 있긴 하지만, 기회를 놓쳐서 다시는 돌이킬 수 없는 일에 대한 아쉬움을 나타낼 때라면 It's a shame. 이 가장 적절한 표현입니다. 뒤에 that절을 사용해서 아쉬운 사항을 구체적으로 설명할 수도 있어요.

Q & A

Q shame은 '수치심'이라는 뜻이라서 "창피한 줄 알아라."고 할 때 Shame on you. 라고 하잖아요. 그런데 It's a shame. 은 수치심과 무슨 상관이 있나요?

A shame에는 '수치심' 외에도 '안타깝다, 실망스럽다' 라는 뜻도 있어요. '안타깝다, 실망스럽다'의 뜻으로 쓰일 때는 주로 It's a shame. What a shame. 의 형태로 쓰입니다.

Real 📶 CONVERSATION

A **It's a shame that I can't go with you guys.**
너희랑 같이 못 가서 아쉽다.

B **I know. Bummer.**
그러게. 속상하다.

A **She tried so hard, but she didn't get a job.**
그 사람 되게 열심히 노력했는데 취업에 실패했어.

B **What a shame.**
안타깝다.

A **It's a real shame that I missed the last chance to see my grandma.**
우리 할머니를 마지막으로 뵐 수 있는 기회를 놓쳐서 너무 아쉽고 속상해.

B **I'm so sorry.**
진짜 안타깝다.

네가 여기 있다면 좋겠어.
I wish you were here.

그 사람이 나랑 같이 있다면 좋겠어.
I wish he were with me.

멀리 있는 사람을 두고 지금 여기 함께 있다면 얼마나 좋겠느냐며 아쉬움을 표현할 때 I wish ___ were here / with me.라고 합니다. 떨어져 있는 상태에서 함께 있는 모습을 상상한 것이기 때문에 가정법에 해당되어 주어에 상관없이 be동사는 무조건 were를 써 줘야 하니 주의해 주세요.

Q&A

Q   I wish you were here.는 "네가 여기 있다면 좋겠다."는 뜻인데요, 반대로 "내가 거기 있다면 좋겠다."라고 말하려면 I wish I were there.라고 하면 되나요?

A   네. I wish I were there. I wish I were there with you. 이렇게 말하면 돼요.

Real 🔊 CONVERSATION

A   (On the phone) This party is so much fun. I wish you were here.
(전화로) 파티 너무 재밌어. 너도 여기 같이 왔으면 좋았을 텐데.

B   I wish I were there, too. 나도 같이 갔으면 좋았을 걸.

A   I miss her so much. I wish she were here with us.
그 애가 너무 보고 싶어. 그 애가 우리랑 여기 같이 있다면 얼마나 좋을까.

B   We'll see her again in heaven. 하늘나라 가서 다시 만날 텐데, 뭐.

A   This place is amazing. I wish my husband were with me.
여기 놀라울 만큼 좋다. 우리 남편도 나랑 같이 있으면 얼마나 좋아.

B   To me, it's amazing that you guys are still in love after 30 years of marriage. 결혼생활을 30년씩이나 하고도 여태 서로 사랑하는 너네가 더 놀랍다.

그랬더라면 좋았을 텐데.
It would have been nice / great.

그랬더라면 좋았겠지만 결국 그렇게 되지 않은 일을 아쉬워할 때는 가정법 과거완료형인 It would have been ~ 구문을 사용하는데, 줄여서 would've로 발음합니다. 아쉬운 이유를 자세히 명시하고 싶다면 It would've been nice 뒤에 if절을 덧붙여 설명해 주면 돼요.

Q&A

Q 그냥 I wish ~ 절을 사용해서 말해도 같은 의미인가요?

A 네, I wish ~ 절을 사용해도 됩니다. It would've been nice if you were here. I wish you were here.는 주어가 상황이냐 사람이냐의 차이일 뿐 둘 다 같은 뜻이에요.

Real 📶 CONVERSATION

A **It would've been nice if we bought that house back then. That house is worth over two million now.**
그때 우리가 그 집을 샀더라면 얼마나 좋았을까. 지금 그 집이 이백만 달러 이상 나간다던데.

B **Don't remind me. It's painful to think about.**
자꾸 생각나게 말 꺼내지 마. 생각하면 가슴 아파.

A **It would've been great if the sun was out the day we went camping.**
우리 캠핑하던 날 해가 떴더라면 좋았을 텐데.

B **I'm thankful that it didn't rain that day.**
난 그날 비 안 온 것만으로도 감사해.

A **It would've been nice if my husband was a sweet person.**
남편이 좀 상냥한 사람이었더라면 좋았을 텐데.

B **I wish my wife was mute. She nags too much.**
난 아내가 말을 못 했으면 좋겠어. 잔소리가 너무 심해.

▶ 가정법은 be동사를 were로 쓰는 게 문법상 맞지만, 회화체에서는 이렇게 were 대신 was로도 많이 씁니다.

내 것이 아니었나 봐.
I guess it wasn't for me.

뭐 어쩌겠어? 어쩔 수 없지.
What can we do?

그렇다고 세상이 끝난 건 아니니까. 그렇다고 죽는 건 아니니까.
It's not the end of the world.

애초에 내 것이 아니었다고 생각하면 포기하기가 수월해지지요. 이때는 It wasn't for me.라고 표현합니다. 할 수 있는 게 없으니 포기하는 게 맞다고 할 때는 What can we do? What can I do?라고 하고, 아쉽고 슬프긴 하지만 그렇다고 세상이 끝나는 건 아니니 마음을 추스르라는 응원까지를 포함한 표현으로는 It's not the end of the world.가 있어요.

Q&A

Q '포기하다'는 영어로 give up이잖아요? I'll give up.이라고 해도 되나요?

A give up은 '중도 포기'라는 느낌이 강해요. 하다가 지쳐서 포기한다는 뉘앙스라서 끝까지 가 본 후, 안 좋은 결과를 깨끗이 받아들이고 포기하는 것과는 의미상 차이가 있습니다.

Real 🔊 CONVERSATION

A Can I buy the white table that was here yesterday?
어제 여기 있던 흰색 탁자를 살 수 있을까요?

B Oh, someone took it this morning. I'm sorry.
아, 그거 오늘 아침에 누가 사 갔는데. 어쩌죠.

A Well, I guess it wasn't for me.
뭐, 제 것이 될 게 아니었나 보죠.

A I know you lost your job, but it's not the end of the world.
네가 실직한 건 아는데. 그렇다고 세상이 끝난 건 아니잖아.

B Oh, well. What can I do? 어쩔 수 없지. 내가 뭘 어쩌겠어?

CHAPTER 19

추측/예상하기

UNIT 1 근거 있는 추측 vs. 근거 없는 추측

플로리다에 허리케인 왔다는 얘기 듣고는 네가 못 오겠구나 예상했어.
I presumed you wouldn't be able to make it when I heard about the hurricane in Florida.

난 그냥 네가 안 오겠거니 했지.
I just assumed you wouldn't come.

근거가 있는 상황에서 추측하는 경우에는 presume을 쓰는데요, 접두사 pre가 '미리' '이전의' 뜻인 만큼 미리 앞서 결과를 추측할 만한 원인, 근거가 있다는 의미가 됩니다. 반대로 아무 근거 없이 그냥 내 생각에 그럴 것 같다고 예상할 때는 assume을 씁니다.

Q&A

Q I think, I guess도 근거 없이 추측할 때 쓸 수 있지 않나요?

A 네, I think, I guess, maybe 역시 내 개인적인 생각에 그럴 것 같다는 추측이기 때문에 신빙성은 없습니다. 따라서 비즈니스 영어에서는 잘 쓰이지 않아요.

Real 🔊 CONVERSATION

A Is Christie originally from Alabama?
크리스티 원래 앨라배마 사람이야?

B I presume so. I hear her accent from time to time.
그렇지 싶어. 가끔씩 사투리를 쓰더라고.

▶ be originally from ~: ~ 태생이다

A I think aliens might attack earth someday.
내 생각에 언젠간 외계인들이 지구를 공격할 것 같아.

B Why do you always assume the worst?
넌 왜 맨날 가장 안 좋은 쪽으로만 추측하니?

A Maybe Darren's not coming. 대런은 안 오려나 보네.

B I guess he's not. 안 오나 보지, 뭐.

오늘 비가 올지도 몰라.
It may / might rain today.

오늘 비가 올 거야.
It will rain today.

그 사람 지금쯤이면 집에 들어갔을 걸.
She should be home by now.

may, might는 확신이 없는 상태에서 '~할지도 모른다'라고 추측할 때 쓰이는 반면, will (be), must (be), should be는 확신을 가지고 '분명 그럴 것이다'라고 강하게 추측할 때 쓰입니다. will, must와 달리 should가 추측의 의미로 쓰일 때는 항상 be 동사가 동반되는데, should be에는 '~일 것이다' 외에 '~ 해야 한다'의 뜻도 있으므로 상황에 맞게 구분하세요.

Q&A

Q **may 와 might는 같은 뜻으로 쓰이나요? 차이점은 전혀 없나요?**

A '~할지도 모른다'는 추측성 의미로 쓰인다는 점에서 차이가 없기 때문에 혼용이 가능합니다. 굳이 차이점을 찾자면 may가 might보다 좀 더 격식을 차린 표현에 쓰인다는 정도예요.

HOW TO USE

I might go to Italy this summer. 나 올 여름에 이탈리아에 갈지도 몰라.

It may not snow until January.
1월까지 눈이 안 올지도 몰라/안 올 수도 있어.

You watch. Something bad will happen soon.
두고 봐. 곧 안 좋은 일이 반드시 생긴다니까.

If the girl was tall and slim with ginger hair, it must be Eileen.
키 크고 날씬하고 머리색이 빨간 (주황색) 여자애였다면 분명 아일린이었을 거야.

If he said so, it should be all right.
그 사람이 그렇게 말했다면 괜찮을 거야.

Don't worry. The weather should be fine.
걱정하지 마. 날씨 좋을 테니까.

I should be back to work soon. 곧 일하러 들어가 봐야 해.

최상의 경우는 내가 다른 직장 찾아볼 필요 없이 월급 인상을 받는 거지.
The best-case scenario is that I get a raise without looking for another job.

최악의 경우는 내가 월급 인상도 못 받고 다른 직장도 못 구하는 거지.
The worst-case scenario is that I don't get a raise and I can't find another job.

영화 대본(시나리오)처럼 일의 전개 상황을 사전에 미리 짜 보는 것도 scenario라고 합니다. 일이 가장 잘 풀렸을 때, 즉 최상의 경우는 the best-case scenario, 일이 가장 안 풀렸을 때, 즉 최악의 경우는 the worst-case scenario라고 표현합니다. 영화로 따지자면 최고의 결말과 최악의 결말 차이예요.

Q&A

Q 시나리오 빼고 그냥 the best-case, the worst-case라고만 해도 되나요?

A 네, scenario 없이 the best-case, the worst-case라고만 해도 충분합니다. 또, case 없이 the best scenario, the worst scenario 라고만 하는 경우도 많아요.

Real 🔊 CONVERSATION

A **We still have a slight chance to win the last two games to stay in the tournament.**
우리가 남은 두 경기를 모두 이겨서 대회에 계속 남아 있을 확률도 아직 조금은 있어.

B **That's the best-case scenario for us.** 우리한테는 그게 최상의 경우지.

▶ slight chance: 낮은 확률, 약간의 기회

A **What are the best- and worst-case scenarios for our company?**
최상의 경우와 최악의 경우, 우리 회사는 어떻게 되는 건가요?

B **The best scenario is that our company doesn't get sold and everyone keeps their jobs. The worst scenario is it gets sold and everyone loses their jobs.** 최상의 시나리오는 회사가 매각되지 않고 사원 모두 일자리를 지키는 거고, 최악의 시나리오는 회사가 매각돼서 모두 다 일자리를 잃는 거지.

MP3 119

그렇게 됐으면 좋겠다.
I hope so.

내 생각(예상)이 맞았으면 좋겠다.
I hope I'm right.

그렇게 안 됐으면 좋겠다.
I hope not.

내 생각(예상)이 틀렸으면 좋겠다.
I hope I'm wrong.

결과가 어떻게 될지는 모르지만 누군가의 예상, 기대가 그대로 맞아떨어지길 바랄 때는
I hope so, 빗나가길 바랄 때는 I hope not이라고 합니다. 위 예문에서처럼 정형화된 형태
외에도 I hope 뒤에 바라는 바를 서술해서 I hope you get that job. 이런 식으로 활용할 수
도 있고, Hopefully, you'll get that job. 이렇게 부사 형태로 쓸 수도 있어요.

Q & A

Q   wish도 '바라다'의 뜻이니까 hope 대신 wish 를 써도 되나요?
A   hope는 앞으로 일어날 수도 있는 일을 희망할 때 쓰이는 반면,
    wish는 일어날 가망성이 없는 일이나 일어나지 않은 일에 대해
    '~라면 얼마나 좋을까' 하고 부질없는 바람을 가질 때 쓰이기
    때문에 기대와는 거리가 있습니다. 한 가지 알아두실 것은
    wish가 일어날 가망성 없는 일에 쓰일 때는 I wish I were a bird.
    문장에서처럼 'wish + 주어 + 과거 동사 형태'라는 것!

Real 🔊 CONVERSATION

A   **They'll eventually break up. You watch.**
    걔네들 결국엔 헤어질 걸. 두고 봐.

B   **I hope you're right. I don't think they're good for each other.**
    네 생각이 맞았으면 좋겠다. 걔네들, 서로에게 좋은 짝이 아닌 것 같아.

A   **I hope not, but the vet said there's a big chance that my dog wouldn't
    make it through the surgery.**
    아니었으면 좋겠지만, 수의사가 우리 개가 수술을 못 버텨낼 (수술 중에 죽을) 가망성이 크다고 하네.

B   **I really hope your vet is wrong.**
    정말이지 수의사 말이 틀렸으면 좋겠다.

내가 보기에 이거 고치려면 한 일주일은 걸리겠는데.
I would say it'll take about a week to fix it.

내 생각엔 그 사람이 거절할 것 같은데.
If you ask me, she'll say no.

I would say, If you ask me는 내 개인적인 예상을 말할 때 쓰이는데요, If you ask me는 조 언할 때도 쓰인다고 앞에서 배웠죠? 이 두 구절은 맨 앞에서 문장을 이끌기도 하지만 반 대로 문장 맨 끝에 올 수도 있는데, 그럴 경우에는 It'll take about a week to fix it, I would say. She'll say no, if you ask me.와 같이 앞에 콤마가 붙습니다. I would say의 경우 구어체 에서는 줄여서 I'd say라고 해요.

Q&A

Q 결과를 예상하기가 어려울 때 "어떻게 될지 한번 두고 보자."라고 하는데, 이건 영어로 어떻게 하나요?
A We'll see.라고 해요. 결과가 나오면 다들 알게 될 거라는 의미죠.

HOW TO USE

I'd say you made a good choice.
내가 보기엔 네가 잘 결정한 것 같아.

You'll probably need three days to look around the whole city, I'd say.
내 생각에 그 도시 전체를 다 둘러보려면 한 3일은 걸릴 것 같은데.

If you ask me, they won't fire you.
내 생각을 말하자면, 너 안 잘릴 것 같아.

He's not a good boss, if you ask me.
내가 보기에 그 사람은 좋은 상사가 아니야.

If you ask me, I'd say that restaurant is not going to make it. Their food is terrible.
내 생각으로는 그 식당 오래 못 버텨. 음식 맛이 형편없거든.

It's hard to say what will happen. We'll see.
일이 어떻게 될지 모르지. 한번 두고 보자고.

CHAPTER 20

확신 주기/안심시키기

후회 안 하실 거예요.
You won't regret it.
You won't be sorry.

한번 해 보세요.
You should try it.

마음에 드실 거예요.
You'll love it.
You might like it.

결정을 망설이는 큰 이유는 나중에 후회하지 않을까 하는 걱정 때문입니다. 그래서 결정을 망설이는 사람에게 절대 후회하지 않을 거라는 확신을 줄 때는 You won't regret it. You won't be sorry.라는 표현을 쓰는데, 여기서 sorry는 '미안하다'는 뜻이 아니라 결정에 대한 안타까움, 후회를 뜻해요. 또, 새로운 음식이나 물건 사용을 겁내는 사람을 안심시킬 때는 '내가 먹어 봤는데/써 봤는데 맛있더라/좋더라'는 의미를 내포한 You should try it.을 쓰면 적절합니다. 일단 먹어 보면/써 보면 너도 좋아할 거라고 부추길 때는 You'll love it. You might like it. 등의 표현을 사용하면 돼요.

Q&A

Q 떨떠름해하는 상대방에게 뭘 권할 때 맛이든 품질이든 "내가 보장한다."는 말을 자주 하는데요, 영어로는 어떻게 하나요?

A '보장한다'는 뜻의 guarantee나 '약속한다'는 뜻의 promise를 활용해서 I guarantee you'll love this book. I promise you'll love this food. 이렇게 말하면 돼요.

Q 결정이나 시도를 망설이는 사람에게 "괜찮아. 안 죽어."라는 말도 자주 하잖아요. 영어에도 이런 표현이 있나요?

A '해가 되지 않는다'는 의미의 It won't hurt. It wouldn't hurt. 표현이 있습니다. It won't hurt to try(한번 해 보는 것도 나쁠 건 없어). Just try it. It wouldn't hurt(해 될 거 없으니까 한번 해 봐). 이런 식으로 활용하시면 돼요.

Real 🔊 CONVERSATION

A I'm not sure if I want to spend that much money on a chair.
의자 하나 사는 데 그렇게 큰돈을 쓰는 게 맞는 건지 잘 모르겠네요.

B This chair is specially designed for people who have slipped disks like you. You won't regret it.
이 의자는 손님처럼 허리 디스크 있는 분들을 위해서 특별히 디자인된 거예요. 후회 안 하실 거예요.

A I gave up. No one can do my hair.
나 포기했어. 내 머리 제대로 해 주는 사람이 하나도 없어.

B You should try my hairdresser. She's awesome. You won't be sorry.
내가 가는 미용사한테 가 봐. 그 사람 엄청 잘해. 실망 안 할걸.

A Is she that good? I should try her.
그 사람이 그렇게 잘해? 그럼 한번 가 봐야겠다.

A Would you like to try my cioppino? 내 치오피노 좀 먹어 볼래?

B I'll pass. I'm not a big fan of seafood.
난 됐어. 내가 해산물을 별로 안 좋아하거든.

A Just try a little. I guarantee you'll love it.
일단 조금만 먹어 봐. 장담하건데 너 분명 맛있다고 할걸.

▶ cioppino: 진한 토마토와 와인 육수에 신선한 해산물을 섞어 만든 이탈리아식 미국 스튜
▶ a big fan of ~: ~을 아주 좋아하는   ▶ not a big fan of ~: ~을 별로 안 좋아하는

A What do you recommend from the menu?
메뉴에서 추천해 주실 음식이 있을까요?

B Our braised short ribs are the best in town. You won't be sorry. 이 동네에서 저희 집 갈비 조림이 제일 맛있어요. (드셔 보시면) 후회 안 하실 겁니다.

A Okay. I'll try that. 네. 그럼 그거 한번 먹어 보죠.

A I'm not so sure if I should go to Rome on this trip. I'm not big on ruins. 이번 여행에 꼭 로마에 가야 하는지 잘 모르겠어. 난 유적지는 별로거든.

B You should go to Rome. Ruins are not all there is to see in Rome. There is much more to see.
로마에는 꼭 가야지. 로마에 볼 게 유적지만 있는 게 아니야. (유적 말고도) 볼 게 얼마나 많은데.

A Should I go, then? 그럼 갈까?

B Yes. You won't regret it. 응. 절대 후회 안 할걸.

▶ big on ~: ~라면 사족을 못 쓰는
▶ not big on ~: ~를 별로 안 좋아하는

MP3 122

확실히 처리할 테니 걱정 마세요.
Consider it done.

바로 착수하겠습니다.
I'm on it.

누가 내게 일을 맡겼을 때 Consider it done.이라고 하면 '일이 이미 다 처리됐다고 생각해도 된다', 즉 그만큼 확실히 처리할 테니 걱정하지 말라는 의미로 일을 맡긴 사람에게 확신을 줄 수 있습니다. I'm on it. 역시 '지체하거나 미루지 않고 바로 착수하겠다'는 뜻으로 신뢰감을 줄 수 있는 표현이에요.

Q&A

Q 내게 맡겨달라고 할 때 Leave it to me.라는 표현을 쓰던데, 이것도 같은 의미인가요?

A 거의 비슷한 뜻이긴 한데 Consider it done. I'm on it.이 '일 처리 자체'에 초점이 맞춰진 표현이라면, Leave it to me.는 '일을 처리하는 사람'이 누구인가에 좀 더 초점이 맞춰진 표현이라고 볼 수 있습니다. '제게 맡겨만 주신다면'이라는 말도 있잖아요.
쉽게 말해서 '일을 처리하겠다'와 '내가 하겠다'의 차이이기 때문에 일 처리에 대한 확신을 주기에는 Consider it done. I'm on it.이 좀 더 적합한 표현일 수 있어요.

Real 🔊 CONVERSATION

A Could you make three copies of this document? 이 서류 세 부만 복사해 줄래요?
B Consider it done. 네, 바로 해 드릴게요.

A When is it going to be done? 언제 끝나나요? / 언제 다 되나요?
B It won't take long. We're right on it. 오래 안 걸려요. 바로 해 드리겠습니다.

A We need someone to fix the copy machine. 누가 복사기 좀 고쳐 놔야 할 텐데.
B Leave it to me. I know machines. 나한테 맡겨. 기계라면 내가 잘 알거든.

넌 옳은 일을 하는 거야.
You're doing the right thing.

옳은 일을 한 거야.
You did the right thing.

잘 결정했어.
You made the right decision.

앞서 배운 You won't regret it. You won't be sorry.와 더불어 right thing을 활용해서 "옳은 일을 했다.", "잘했다."고 하거나, made the right decision, 즉 '옳은 결정을 했다'는 말로 상대방의 결정에 확신을 더해 줄 수 있습니다.

Q&A

Q 선택도 결정에 포함되니까 You made the right choice.라고 해도 되나요?

A 네, 됩니다. 합격한 대학 세 곳 중 어디로 갈 것인지, 두 사람 중 누굴 택할 것인지 등 선택지가 주어진 상태에서 결정을 내린 거라면 당연히 choice를 쓸 수 있어요.

Real))) CONVERSATION

A I don't know if I did the right thing. 내가 옳은 일을 한 건지 잘 모르겠어.

B Of course you did the right thing. 너야 당연히 옳은 일을 했지.

A I know it's kind of late to go back to school, but I decided to go to college. 다시 학교로 돌아가기엔 좀 늦은 감이 있지만, 나 대학에 가기로 했어.

B I'm happy to hear that. I truly think you made the right decision. And it's never too late to go back to school.
너무 잘됐다. 너 진짜 결정 잘한 것 같아. 그리고 학교 다니기에 너무 늦은 때라는 건 없어.

A I got job offers from two companies, and I chose the one that is closer to my place. 회사 두 곳에서 오라는데, 내가 우리 집에서 가까운 회사로 선택했어.

B I think you made the right choice. You don't want to tire yourself with a long commute. 잘 선택한 것 같은데. 통근 시간 길어서 피곤하면 안 되지.

▸ commute: 통근 거리/시간

MP3 124

믿고 맡겨도 돼요. 안심하세요.
You're in good hands.

밀리 선생님은 믿을 만해요. 밀러 선생님은 믿으셔도 돼요.
You can trust Dr. Miller.

일을 맡긴 업체나 담당자가 믿을 만해서 안심해도 된다고 할 때 be in good hands라고 합니다. 좋은 손 안에서 보살핌을 잘 받을 테니 걱정 말고 맡기라는 의미로 보면 돼요. 일을 맡은 사람이 신뢰할 수 있는 사람, 믿어도 되는 사람이라는 뜻에서 trust를 쓰기도 합니다.

Q & A

Q believe도 믿는다는 뜻이잖아요. 그럼 You can believe Dr. Miller.라고
해도 되나요?

A trust, believe 둘 다 믿는다는 뜻이긴 하지만, 분명한 차이가 있어요. trust는 신뢰도, 인성, 능력 등을 기준으로 한 믿음인 반면, believe는 신념, 종교 등을 기준으로 한 믿음을 말합니다. 예를 들어 절대로 남의 물건 훔칠 사람이 아니니 믿어도 된다고 할 때는 trust, 신을 믿는다고 할 때는 believe를 쓰는 것이 맞는 거죠.

HOW TO USE

The school is great. My kids are in good hands.
너무 좋은 학교라 안심하고 애들을 맡길 수 있어.

You're in good hands with Dr. Marsh.
마쉬 선생님이 봐 주시니 안심하셔도 돼요.

The strays are in good hands in this shelter. You can trust
the workers.
이 보호소에서는 유기동물들을 잘 보살펴 주니까 안심해도 돼요. 직원들이 다 믿을 만하거든요.

You better not trust Mason. He always lies.
메이슨은 믿지 않는 게 좋을걸. 걘 항상 거짓말을 하거든.

I don't know if I can trust him. What if he's a scammer?
그 사람을 믿어도 될지 모르겠어. 만약 사기꾼이면 어쩌지?

Do you believe in aliens? I do. 넌 외계인이 있다고 믿니? 난 있다고 믿어.

I don't believe in God. 난 신을 안 믿어.

Do you believe in Santa Claus? 넌 산타 할아버지가 있다고 믿어?

CHAPTER 21

화제 전환/대화 중단

UNIT 1 시간이 없을 때

MP3 125

시간 관계상 다음 주제로 넘어가겠습니다.
We're running short of time so let's move on to the next topic.

시간이 부족한 관계로 질문은 두 개만 받겠습니다.
I can take only two questions because we're running out of time.

시간이 부족하다고 할 때 run short of ~ 구문이나 '소진하다'는 뜻의 run out of ~ 구문을 활용할 수 있는데요. 여기서의 run은 달린다는 의미가 아니라 '잘 돌아가도록 운영한다'는 의미로 볼 수 있습니다. short 역시 길이가 짧다는 뜻 대신 '미흡하고 부족하다'는 뜻으로 보면 이해가 쉬워져요. 두 표현 모두 시간뿐 아니라 돈, 연료, 음식 등의 자원이 부족하다고 할 때도 쓰입니다.

Q&A

Q **I don't have time.도 시간이 없을 때 쓸 수 있지 않나요? running out of time, running short of time과 무슨 차이가 있나요?**

A 일단 시간이 아예 없는 것(don't have)과 시간이 부족한 것(running out / short)의 차이지만, 그보다 I don't have time.은 바빠서든 마음이 안 내켜서든 내가 상대방에게 할애할 시간이 없다는 뉘앙스이기 때문에 회의나 협상 중에는 쓰지 않습니다. 꼭 쓰고 싶다면 We don't have time.으로 주어를 바꿔 주는 것이 낫겠죠. 다시 말해 '주어진 시간이 없는 것'과 '할애할 내 시간이 없는 것'의 차이라고 보면 됩니다.

HOW TO USE

We're running short of time so let's talk about it at our next meeting.
시간이 부족한 관계로 이 얘기는 다음 회의 시간에 하도록 합시다.

We better hurry. We're running out of time.
우리 서둘러야겠어. 시간이 없어.

We're running short of milk. Can you buy it on your way home?
우리 우유 거의 다 떨어졌어. 집에 오는 길에 네가 좀 사 올 수 있어?

UNIT 2 다음에 다시 얘기하자고 할 때

나중에 다시 얘기해도 될까요?
Can we circle back later?

이 주제에 대해서는 다음에 다시 얘기하죠.
We'll get back to this topic later.

사정상 지금 계속 화제를 이어갈 수 없을 때는 다음에, 나중에 다시 얘기하자고 하는데요, 영어로는 circle back, get back to ~라고 표현합니다. 동그라미(circle)를 떠올려 보면 얘기가 한 바퀴 돌아서 다시 원위치로 돌아오는 그림이 그려지죠? get back to ~ 역시 원래 하던 얘기로 다시 돌아간다는 의미입니다.

Q & A

Q 그냥 We'll talk about it later.라고 해도 되나요?

A 네, 물론 되죠. 단 circle back, get back to ~의 경우, 당장 대답할 수 없는 질문이나 요청에 대해 알아본 후 다시 연락하겠다는 의미로도 쓰이기 때문에 원래 주제로 돌아오는 과정이 포함되어 있는 반면, We'll talk about it later.는 지금 말고 나중에 얘기하자며 단순히 시기를 미루는 것에 불과해요.

HOW TO USE

Let's circle back next week.
이 얘기는 다음 주에 다시 합시다.

I'll circle back with you on the details.
세부 사항과 함께 다시 연락드리겠습니다.

Let's circle back to the first question.
첫 번째 질문으로 다시 돌아가 봅시다.

I'll find out what's going on and I'll get back to you.
제가 무슨 일인지 알아보고 알려 드리겠습니다.

I'll get back to you after I ask my boss.
제 상사께 여쭤보고 다시 연락드릴게요.

I don't feel like talking about it now. Can we talk about it later?
지금 내가 그 얘기할 기분이 아니라서 말이야. 나중에 얘기하면 안 될까?

아까 얘기하던 주제로 다시 돌아가 보자.
Let's get back to the previous subject.

아까 우리 하던 얘기 계속해 보자.
Let's return to what we were talking about.

대화 중간에 화제가 바뀌었다가 다시 원래 주제로 돌아갈 때는 get back to ~, return to ~ 를 사용합니다. 앞의 유닛에서 get back to ~ 구문은 당장 대답할 수 없는 질문이나 요청에 대한 답을 알아본 뒤 다시 연락할 때 쓰인다고 했는데요, 그 경우에는 get back to 뒤에 사람이 나오는 반면, 하던 얘기로 돌아갈 때는 get back to 뒤에 전에 얘기했던 주제가 나옵니다.

Q&A

Q 대화 중간에 화제가 여러 번 바뀌는 경우가 아니라 대화를 다 마치지 못하고 헤어졌다가 다음에 다시 만났을 때 "그때 하던 얘기 계속하자."라고 하기도 하잖아요. 그럴 때는 어떻게 말하나요?

A Let's pick up where we left off last time. 이렇게 말하면 됩니다. where we left off를 '놓아두었던 자리'라고 보고, 대화를 놓아 두었던 자리로 돌아가서 다시 주워 든다고 이해하면 쉽겠네요.

Real 🔊 CONVERSATION

A Let's get back to what we were talking about.
우리 아까 하던 얘기 다시 해 보자.

B What were we talking about?
우리가 아까 무슨 얘길 했더라?

A Let's return to the financial issue.
자금 문제로 돌아가서 다시 얘기해 봅시다.

B I'm afraid we're running short of time. Can we pick up where we left off at the next meeting?
아쉽게도 시간이 부족한데요. 그 얘기는 다음 회의 시간에 다시 해도 되겠습니까?

생일 얘기가 나왔으니 말인데, 다음 주 목요일이 헬렌 생일이야.
Speaking of birthdays, Helen's birthday is next Thursday.

말이 나왔으니 말인데, 넌 크리스마스 선물 다 샀어?
Speaking of which, have you finished Christmas shopping?

현재 대화 주제에서 파생된 다른 이야기를 시작할 때 "말이 나와서 말인데" "그래서 말인데"라며 대화 방향을 바꾸는데요. 이걸 옆길로 샌다고 하죠. 영어로는 speaking of which, speaking of ~ 구절로 표현합니다. 원래 나누던 대화의 주제와 새로운 주제를 연결해 주는 고리라고 보면 돼요.

Q & A

Q   ~에 대해서 얘기하는 거니까 speaking about도 되지 않나요? speaking of와 speaking about에 차이점이 있나요?

A   speaking of가 speaking about보다 말하고자 하는 대상의 범위가 넓다고 보면 됩니다. 예를 들어 speaking of wine이라고 하면 예쁜 와인 잔, 와인 마시고 취했던 얘기 등 와인에 관련된 다른 것들도 대화에 포함되지만, speaking about wine은 와인 자체에 대한 것만을 말한다는 거죠. 무엇보다도 speaking of ~, speaking of which는 관용구로 쓰이는 표현이라 about과 호환이 불가능합니다.

Real 📶 CONVERSATION

A   Time flies. It's almost Halloween.
시간 진짜 빠르다. 이제 곧 할로윈이야.

B   Speaking of Halloween, do you have any plans for Halloween?
할로윈이라니까 말인데, 너 할로윈에 무슨 계획 있어?

A   I have to go to the store. 나 가게 가야 해.

B   Speaking of which, have you tried the new store by the curry restaurant?
가게 얘기가 나와서 말인데, 너 카레 식당 옆에 새로 생긴 가게에 가 봤어?

UNIT 5   by the way vs. anyway

MP3 **129**

그건 그렇고, 너희 어머니는 어떠셔?
By the way, how's your mom?

어쨌든, 너 약국 가야 한다고 하지 않았어?
Anyway, didn't you say you have to go to the pharmacy?

화제 전환 시 가장 많이 쓰이는 표현이 by the way와 anyway일 겁니다. by the way는 대화 중 갑자기 생각난 화제를 언급해서 이야기 방향을 바꿀 때 '그건 그렇고' '그나저나'의 뜻으로 쓰이고요, anyway는 지금 하고 있는 얘기를 마무리하고 싶을 때나 아까 하던 얘기로 돌아가고 싶을 때 '어쨌든' '아무튼'의 뜻으로 쓰입니다.

Q & A

Q   해석상으로만 보면 by the way도 아까 하던 얘기로 다시 돌아갈 때 쓸 수 있을 것 같은데요. **By the way, let's get back to what we were talking about**(그건 그렇고, 아까 하던 얘기나 계속해 보자). 이렇게 말해도 되나요?

A   한국말로 하면 둘 다 별 차이 없는 것 같지만, 영어로는 차이가 있어요. anyway와 달리 by the way는 원래의 대화 주제로 돌아갈 때는 쓰이지 않습니다. 대화 주제와 상관없는 얘기를 꺼낼 때만 쓰인다고 보면 돼요.

Real 🔊 CONVERSATION

A   I didn't like that movie at all. It was a waste of money.
난 그 영화 영 별로였어. 괜히 돈 낭비만 했다니까.

B   By the way, should we go out for dinner tonight?
그건 그렇고, 우리 오늘 저녁에 외식할까?

A   Now I understand why he was that mad.
걔가 왜 그렇게 화를 냈는지 이제야 이해되네.

B   Right? Anyway, I better get going.
그치? 아무튼 난 이만 가 봐야겠다.

A   He's a jerk. I'm telling you. 걔 왕재수야. 정말이라니까.

B   Anyway, tell me about your new place.
어쨌든, 너 새로 이사 간 집 얘기나 좀 해 봐.

UNIT 6 듣기 거북한 얘기를 계속할 때

너나 알고 있어. 난 알고 싶지 않아.
Keep it to yourself.

우리 다른 얘기할까?
Shall we talk about something else?

지저분한 농담, 하지 않아도 될 말 등 듣기 거북한 얘기를 계속하는 상대방에게 나는 안 듣고 싶으니 너나 알고 있으라는 의미로 Keep it to yourself.라고 말할 수 있습니다. 참고로, 비밀을 말해 주며 너만 알고 있으라고 부탁할 때도 같은 표현을 쓸 수 있어요.

Q&A

Q 허물없는 사이에는 "됐어. 이제 그만 좀 해."라고 편하게 말하잖아요. 영어로는 어떻게 하나요?

A 아주 친한 사이라면 대놓고 Stop it.이라고 할 수도 있지만, 그게 아니라면 그만하면 충분하다는 의미로 enough를 활용해서 That's enough. I think that's enough.라고 말하는 게 보통입니다.

Real))) CONVERSATION

A So, I took a pill for constipation this morning. Oh my gosh. I thought the toilet bowl might overflow.
그래서 내가 오늘 아침에 변비약을 먹었는데 말이야. 세상에. 난 변기 넘치는 줄 알았잖아.

B Okay, but please keep it to yourself.
알았으니까 그냥 너나 알고 있어.

A Don't tell anyone. Keep it to yourself, okay?
아무한테도 말하지 마. 너만 알고 있어. 알았지?

B Okay. I'll keep it to myself.
알았어. 나만 알고 있을게.

A Karen is so fat. I'm so disgusted whenever I look at her body.
캐런 진짜 뚱뚱해. 걔 몸 볼 때마다 나 진짜 역겹다니까.

B Well, shall we talk about something else?
저기. 우리 이제 다른 얘기할까?

UNIT 7 지금은 말고 시기 적절할 때 얘기해 주겠다고 할 때

내가 다음에 얘기해 줄게.
I'll tell you some other time.

뒤의 얘기는 다음에 해 줄게.
I'll tell you the rest another time.

지금 말하기엔 시기나 장소가 부적절하니 나중에 얘기해 주겠다고 할 때 some other time, another time을 쓰는데요, 정확히 언제가 될지는 모르지만 '시기 적절할 때'라는 의미를 내포합니다. 또, 얘기를 시작하긴 했는데 마저 끝내지 못한 경우, 나머지 뒤의 얘기를 the rest of the story, 줄여서 the rest라고 합니다.

Q&A

Q 나중에 얘기해 준다고 할 때 그냥 I'll tell you later.라고 해도 되나요?

A 네, 그렇게 말해도 큰 차이는 없어요. 굳이 차이점을 말하자면 later는 10분 후가 되든 내일이 되든 '아무 때나 나중에'의 느낌인 반면, some other time, another time은 '적절한 다음 기회에'의 느낌이 좀 더 강하다는 거예요. I'll tell you sometime later. Let me catch you up later.라고 해도 좋습니다.

Real CONVERSATION

A There's a crazy story about my boss, but I'll tell you some other time.
내 상사에 관한 말도 안 되는 얘기가 하나 있는데, 내가 다음에 얘기해 줄게.

B I can't wait. 빨리 듣고 싶다.

A So, what happened to her? 그래서 그 사람은 어떻게 됐어?

B I don't have time to tell you everything. I'll tell you the rest another time. 시간이 없어서 전부 다 얘기해 주진 못하겠고, 뒤의 얘기는 내가 다음번에 해 줄게.

A Gavin was so pissed off and he... 게빈이 너무 열 받아 가지고서 말이지…

B Shhh. Gavin is coming. 쉿. 게빈 온다.

A Oh, I'll tell you later. 아, 나중에 얘기해 줄게.

▶ be pissed off: 열받다. 꼭지 돌다

CHAPTER 22

말조심/말실수

생각없이 말하는 사람, 막말하는 사람에게 말조심하라고 할 때

MP3 132

말 조심해.	입 조심해. 말 함부로 하지 마.
Watch your language.	**Watch your mouth.**
Be careful with your words.	**Be careful what you say.**

욕설이나 무례한 말 등 막말하는 사람에게 주의를 줄 때는 그 사람이 내뱉은 단어(language, words)에 중점을 두어 Watch your language. Be careful with your words.라고 합니다. 한편 Watch your mouth. Be careful what you say.는 막말뿐 아니라 내뱉은 말이 가져올지도 모르는 안 좋은 결과에 대한 주의까지도 포함한다고 보면 돼요.

Q&A

Q 영어로 욕설을 뭐라고 하나요?

A curse words, cuss, swear words, F-word는 이미 아는 분들이 많을 것 같고, 원어민들이 잘 쓰는 표현을 하나 더 알려 드리자면 profane words, profanity가 있습니다. profane은 '불경스러운' 이라는 뜻으로, profane words는 '욕설' '저속한 말'을 의미해요.

Real CONVERSATION

A **God damn it. That bitch stole my money.**
염병할. 그년이 내 돈 훔쳐갔어.

B **Hey, watch your language.** 야, 말 조심 좀 해라.

A **I hate him so much. I wish he was dead.**
그 사람 싫어 죽겠어. 그 사람이 죽어 버렸으면 좋겠어.

B **Be careful what you say.** 함부로 말하는 거 아니야.

A **Wow, she has a nice ass.** 와, 저 여자 방댕이 한번 예쁘다.

B **Hey, don't use profanity.** 야, 저속한 말 좀 쓰지 마.

UNIT 2 의도치 않게 말로 상대방 기분을 상하게 했을 때

MP3 133

진심은 아니었어. 그런 뜻은 아니었어.
I didn't mean it.

내 말은 그런 뜻이 아니었어.
That's not what I meant.

말이 헛나왔어. 그런 식으로 말하려던 건 아니야.
That didn't come out right.

의도와 어긋나는 말로 상대방 기분을 상하게 했을 때는 앞서 배웠던 I didn't mean it. That's not what I meant.를 사용하면 됩니다. 또, 하려던 말은 그게 아니다, 엉뚱한 말이 엉뚱한 방식으로 잘못 나왔다는 뜻의 That didn't come out right.도 원어민들이 많이 쓰는 표현이에요.

Q&A

Q "바보 같이 말실수를 했다."는 말도 자주 하는데요, 영어로는 어떻게 하나요?

A '바보 같다'니까 like dummy, like fool이라고 하나 싶겠지만, I said something stupid.라고 하면 해결됩니다. 내가 멍청하게도 어떤 말을 했다는 의미로 보시면 돼요.

Real 🔊 CONVERSATION

A **You really hurt my feelings.** 너 때문에 나 기분 많이 상했어.

B **I'm sorry, but I didn't mean it.** 미안해. 하지만 기분 상하게 하려던 건 아니었어.

A **I think single women in their forties must have problems. Why else would they still be single?**
40대에 혼자인 여자들한테는 무슨 문제가 있는 거라고 봐. 그게 아니면 왜 여태 혼자겠어?

B **So, you think I have problems.**
그러니까 네 말은 나한테 문제가 있다는 거네.

A **No, that's not what I meant. I mean…that didn't come out right. Sorry.**
아니. 내 말은 그게 아니라. 그러니까 내 말은… 말이 헛나왔어. 미안하다.

그 말은 하는 게 아니었는데.
I shouldn't have said that.

내가 하면 안 되는 말을 했어.
I said something I shouldn't have.

shouldn't have ~ 를 써서 하지 말았어야 할 말이나 행동에 대한 후회, 질책을 표현할 수 있습니다. 우리말로도 "그 말 한 것을 후회한다"보다는 "그 말 하지 말걸"이 더 자연스러운 것처럼 영어에서도 regret보다 shouldn't have가 더 구어체답고 자연스러워요.

Q & A

Q say 대신 tell을 써서 I shouldn't have told you that.이라고 해도 되지 않나요? say나 tell이나 둘 다 '말하다'는 뜻이니까요.

A say는 단순히 입 밖으로 말을 꺼낸다는 의미가 큰 반면, tell은 이야기나 정보 등을 전달한다는 의미가 큽니다. 그러니까 I shouldn't have said that.은 '그 말'을 하는 게 아니었다는 뜻이지만, I shouldn't have told you that.은 내가 너에게 '그 얘기를' 해 주는 게 아니었다는 뜻이 되는 거죠.

Real 🔊 CONVERSATION

A I shouldn't have said that I don't care about her. Why did I say that?
내가 걔한테 신경도 안 쓴다는 말은 하지 말걸. 내가 왜 그런 말을 했을까?

B Yeah, why did you say that? You said something you shouldn't have.
그러게 왜 그런 말을 했어? 하지 말았어야 할 말을 했네.

A I shouldn't have told her the truth. Now she won't see me again.
걔한테 사실대로 말해 주지 말걸. 이제 걔가 나 안 보려고 할 텐데.

B I guess ignorance is bliss sometimes.
때로는 모르는 게 약일 수도 있구나.

▶ Ignorance is bliss.: 모르는 게 약이다.

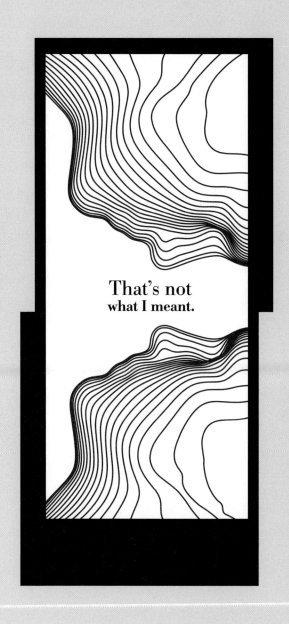

UNIT 4 사람들 앞에서 내가 욕을/상소리를 했을 때

MP3 135

욕/상소리해서 죄송합니다.

Pardon my language.

Excuse my language.

Pardon my French.

Excuse my French.

I'm sorry for swearing.

I apologize for swearing.

주위에 사람들이 있는 상황에서 욕, 상소리를 했을 때 관용적으로 쓰이는 표현이 Pardon / Excuse my language.인데요, pardon과 excuse는 사과와 양해를 함께 구할 때 유용하게 쓰입니다. 여기서 language는 '언어'라기보다는 내가 사용한 '용어'라고 보는 것이 적절해요. 또, 원어민들이 자주 쓰는 재미있는 표현으로 Pardon my French.가 있는데, 프랑스어가 우아하고 고상하다는 인식이 강하던 1800년대 말에 이미 뱉은 욕을 조금이나마 미화해 보고자 생겨난 표현이라는 설이 있어요. '욕'이라는 구체적인 단어를 넣어서 I'm sorry / I apologize for swearing.이라고 해도 물론 됩니다.

Q&A

Q 순간적으로 욕을 하고 나서 "나도 모르게 튀어나왔다."는 말 많이 하잖아요. 영어로는 어떻게 하나요?

A It just popped out. It was an accident. I didn't mean to curse. 등이 있어요. 각각 '팝콘 튀기듯 밖으로 튀어나왔다, 사고(실수)였다, 작정하고 욕하려던 건 아니었다'는 뜻으로, 결국 의도치 않게 순간적으로 욕이 튀어나왔다는 말입니다.

Real 🔊 CONVERSATION

A Pardon my language. It just popped out.
욕/상소리해서 죄송합니다. 저도 모르게 튀어나왔네요.

B You're fine. 괜찮아요.

A Excuse my language. I shouldn't have used that word.
욕해서 미안합니다. 그런 단어를 쓰면 안 되는 건데.

B Well, we have kids here, you know?
여기 애들도 있잖아요. 그렇죠?

A Shit! Oh, pardon my French. 쌍! 아, 상소리를 써서 죄송합니다.

B No worries. 괜찮아요.

A Oops! Excuse my French. 어머! 욕해서 죄송해요.

B No problem. I speak a little bit of French myself.
괜찮아요. 저도 욕을 좀 하거든요.

A I apologize for swearing. I didn't mean to.
욕해서 죄송합니다. 그러려던 건 아니었는데.

B It happens. 그럴 수도 있죠.

A I'm sorry for swearing. It was an accident.
욕해서 죄송해요. 실수였어요.

B I guess teenagers these days can't have a conversation without the F-word.
요새 십 대들은 육두문자를 섞지 않으면 대화가 안 되나 보군.

C They sure use lots of profane words.
애들이 욕을 진짜 많이 한다니까.

A Could you be careful with your words?
언어 좀 조심해서 써 주실래요?

B I'm sorry. I'll be more careful.
죄송해요. 제가 좀 더 조심할게요.

UNIT 5 했던 말을 무를 때

MP3 136

방금 그 말 취소할게.
I take that back.

내가 어제 했던 말 취소야.
I / I'll take back what I said yesterday.

했던 말을 취소할 때는 '다시 가지고 가겠다'는 의미로 I take that back.이라고 하는데요,
주로 방금 한 말을 취소할 때 쓰입니다. 만약 시간이 지나고 나서 취소하는 경우라면 [I /
I'll take back what I said + 언급했던 시간/대상] 형식으로 말하면 됩니다.

Q&A

Q 했던 말을 취소한다고 할 때 혹시 cancel을 쓸 수도 있나요?

A 아니요. cancel은 계획이나 일정을 취소할 때만 쓸 수 있습니다.
같은 취소라도 취소하는 대상에 따라서 쓰는 단어가 달라지니
주의해야 해요.

Real 🔊 CONVERSATION

A Let's go to a movie. No, I take it back. I forgot I have some yardwork to do.
영화 보러 가자. 아, 안 되겠다. 마당 청소하는 걸 깜빡했네.

B Man, you got me all excited for nothing. 야, 너 때문에 좋다 말았잖아.

A Wow, look at her go. She's going to win a gold medal.
와, 저 선수 속도 좀 봐. 저 선수가 금메달 따겠다.

B I don't know about that. She's slowing down.
글쎄다. 점점 뒤쳐지는데.

A I take that back. Now she's in third place.
방금 했던 말 취소. 지금은 3등이네.

A I take back what I said about my dog yesterday.
내가 어제 우리 개에 대해서 했던 말 취소할래.

B Why? Your dog is not an angel anymore?
왜? 더이상 천사같이 착한 개가 아니냐?

A No, he's not. He bit me. 응, 아니야. 걔가 날 물었다니까.

내가 잘못 알려 줬네. 내가 틀렸어.
I lied.

I lied.에는 해석 그대로 내가 거짓말을 했다는 뜻도 있지만, 실수나 착각으로 상대방에게 잘못된 정보를 주고서 이를 인정하고 정정할 때 '내가 잘못 알려 줬다'는 의미도 있습니다.

Q & A

Q lie에 '눕다'라는 뜻도 있잖아요. 그런데 lie와 lay가 매번 헷갈려요. 안 헷갈리고 확실히 구분할 수 있는 방법이 있을까요?

A lie(라이)는 자동사로 '눕다' '놓여 있다'의 뜻이고, lay(레이)는 타동사로 '눕히다' '놓다'의 뜻이라는 걸 알고 있어도 금세 또 헷갈리죠? 하지만 발음을 이용해서 lay(레이)만 확실히 외워 두면 나머지는 알아서 따라옵니다. 아기를 등에 업고 가방을 들고 경상도에 사는 친구 집에 놀러 갔더니 그 친구가 "가방은 그냥 거기 놓으래이(lay). 애기는 침대에 눕혀 두래이(lay)"라고 말했어요. lay(레이)는 '놓다' '눕히다'의 뜻인 것이죠. 이처럼 구분이 어려운 두 단어가 있다면 그 중 하나를 연상법으로 기억해 두는 방법을 추천합니다.

Real 🔊 CONVERSATION

A Can I make an appointment for Wednesday?
수요일로 예약할 수 있을까요?

B Sure. Morning or afternoon? Wait. I lied. Dr. Wilson is fully booked on that day.
그럼요. 오전, 오후 중 언제로 해드릴까요? 잠깐만요. 제가 잘못 말씀드렸네요. 그날은 윌슨 선생님 예약이 꽉 찼어요.

A Was there anything you liked about the movie?
그 영화 보면서 마음에 드는 부분은 하나도 없었어?

B No, it was a total disaster. Well, I lied. There was one good thing about the movie. It was short.
없었어. 영화가 완전히 총체적 난국이더라고. 아니다. 마음에 드는 게 하나 있긴 있었다. 영화가 짧아.

PART 2

의미별 적절한 표현들

CHAPTER 23

바쁘다

일이 너무 많아. 일 때문에 바빠.

I'm drowning with work.

I'm swamped.

I have a lot on my plate.

I have a heavy workload.

I'm overwhelmed by the amount of work.

직장 일로 바쁘다고 할 때는 drown(물에 빠지다, 익사하다), swamp(늪), have a lot on my plate(접시에 많이 담겨 있다) 등의 표현이 가능한데요, '눈코 뜰 새 없이 바쁘다'의 우리말과 비슷하다고 생각하면 됩니다. 그리고 이 중에서 I'm swamped.와 I have a lot on my plate.는 주로 직장에서의 일이 많을 때 쓰이긴 하지만, 다른 이유로 바쁠 때도 사용할 수 있어요. '작업량'을 뜻하는 workload, 일이 많아서 '벅차다'는 의미의 overwhelmed를 쓰는 경우도 많아요.

Q&A

Q 그냥 I'm very busy.라고 해도 되지 않나요?

A 물론 됩니다. 단, busy라고만 하면 바쁜 이유는 설명되지 않기 때문에 I'm so / extremely busy with work.처럼 바쁜 이유가 직장 일이라는 것을 명확하게 하는 것이 좋습니다.

HOW TO USE

I'm drowning with work these days.
일 때문에 내가 요새 눈코 뜰 새 없이 바빠.

I'm swamped. I don't make it home before ten these days.
일이 너무 바빠. 요새 10시 전에는 집에 못 들어간다니까.

I wish I could help with your project, but I have a lot on my plate right now.
네 프로젝트를 도와주고는 싶은데, 지금은 내가 일이 너무 많다.

I might have to skip lunch. I have a heavy workload.
난 점심 걸러야 할 것 같아. 일이 산더미처럼 쌓여서 말이야.

I'm overwhelmed by the amount of work. It's killing me.
내가 일에 아주 묻혀 산다. 죽을 것 같아.

집안 일이 너무 많아. 살림하느라 바빠.

I have tons / a ton of house chores.

I have my hands full with housework.

house chore(s), housework는 '집안 일'을 말합니다. 만약 house 없이 chore(s)만 쓰면 집안 일 외의 다른 하기 싫은 일을 뜻합니다. 예를 들어 Shopping is a chore for me.는 "나에게 는 쇼핑이 (재미있는 게 아니라 억지로 해야 하는) 일이다."라는 의미인 것이죠. 무게 단위인 ton을 써서 일의 양이 많다는 걸 표현하기도 하고, have one's hands full을 써서 할 일이 손 한가 득이라고 표현하기도 해요.

Q & A

Q 집안 일은 해도 티가 안 난다는 말 자주 하잖아요? 영어로도 그런 표현이 있나요?

A 한국말과 딱 떨어지는 표현이 있는 건 아니지만, 변화를 알아채기 힘들다는 뜻으로 It's hardly noticeable.이라고 하면 의미는 충분히 전달할 수 있습니다. '집안 일 해 봐야 식구들이 고 마워하지도 않는다'는 말도 많이 하는데요, My family doesn't appreciate what I do around the house.라고 하면 돼요.

Real 🔊 CONVERSATION

A **I did tons of house chores yesterday, but there is more to do today. It doesn't make sense.**
어제 집안 일을 그렇게나 많이 했는데, 오늘은 할 일이 더 많아졌어. 말도 안 돼.

B **That's how housework is. It never ends. And it's hardly noticeable.**
집안 일이라는 게 원래 그런 거다. 끝이 없어요. 게다가 해 봤자 티도 안 나.

A **I can't make it to the gathering. I have my hands full with house chores.**
나 모임에 못 나가. 집안 일이 산더미야.

B **Come on. Don't worry about house chores and just come and meet us.**
어우. 야. 집안 일 걱정은 하지 말고 와서 우리 얼굴 보자.

내 할 일 (주로 좋아하는 일) 하느라 바빠.
I'm busy doing my own thing.

do one's own thing은 다른 사람들이 어떻게 생각하든, 수입이 있든 없든 당사자가 하고 싶어 하는 일을 한다는 뜻인데요, 범위를 줄여서 일상으로 가져와 보면 업무나 의무가 아닌 온전히 '내 할 일을 하고 있다'는 뜻으로도 쓰입니다. 전화로 지금 뭐 하고 있냐고 묻는 친구의 질문에 I'm just doing my own thing. 이라고 대답하면 '그냥 내 할 일/좋아하는 일을 하고 있다'는 말이 되는 거죠.

Q&A

Q 그럼 진로를 정할 때 '다른 사람 신경 쓰지 말고 너 하고 싶은 대로 하라'는 말도 do your own thing인가요?

A 네. Don't worry about what people think / would say. Just do your own thing. 이라고 하면 다른 사람 눈치 보지 말고 네가 원하는 대로 하라는 뜻이에요..

Real 🔊 CONVERSATION

A **What's everybody doing?**
다들 뭐 하고 있어?

B **Everybody is busy doing their own thing.**
다들 자기 하고 싶은 거/자기 할 일 하고 있어.

A **I didn't even know you called. I was busy doing my own thing.**
네가 전화한 것도 몰랐어. 뭐 좀 하느라고 바빴거든.

B **You're always busy doing your own thing.**
넌 맨날 네 일 하느라 바쁘더라.

A **Should I invite Gina for dinner this weekend?**
지나한테 이번 주말에 저녁 먹으러 오라고 할까?

B **She might not come. She's always busy doing her own thing.**
걔 안 올지도 몰라. 걘 항상 자기 일 하느라 바쁘잖니.

UNIT 4 사람/반려동물 돌보느라 바쁘다

MP3 141

난 고양이 돌보느라 바빠.
I'm busy with my cats.

난 우리 애들 돌보느라 꼼짝을 못 해.
I'm tied up with my kids.

My kids keep me busy.

사람이나 반려동물을 돌보느라 바쁘다고 할 때 busy with ~를 쓰는데요, '~ 때문에 바쁘다'는 뜻으로 직장 일, 집안 일 등으로 바쁘다고 할 때도 유용하게 쓰입니다. 누구를 돌보느라 바쁘다고 할 때 '돌본다'는 의미를 살리기 위해서 굳이 I'm busy taking care of ~ 구문을 쓸 것 없이 busy with ~만으로도 충분하니 참 간편하죠? '일, 상황, 사람에 꼼짝없이 매어 있다'는 뜻으로 tied up with ~, '어떤 대상으로 인해 늘 바쁘다'는 뜻으로 ~keep ___ busy라고 해도 좋아요.

Q&A

Q **My kids keep me on my toes.**라는 표현을 들은 적이 있어요. 이것도 결국 애들 때문에 바쁘다는 뜻인가요?

A keep ___ on one's toes는 일이 많아서 바쁘다기보다는 여차하면 바로 달려갈 준비 자세로 있는 상태로, 조마조마한 긴장감에 초점을 맞춘 표현입니다. 어린아이뿐 아니라 어른이라도 마음을 놓을 수 없는 대상을 말할 때 쓰여요. 물론 늘 대기하고 있어야 한다는 점에서 바쁘다는 의미로 연장될 수도 있지만요.

HOW TO USE

She's busy with her newborn. You know how it is.
그 사람, 갓난아기 때문에 바빠. 그게 어떤 건지 너도 잘 알잖니.

I'm busy with my four dogs. They're lots of work.
우리 집 개 네 마리 돌보느라 바빠. 일이 얼마나 많다고.

My son keeps me busy. I can't spare any time for myself.
난 우리 아들 때문에 늘 바빠. 내 시간을 가질 수가 없어.

Jack is tied up with his grandma. She's not doing well.
잭은 자기 할머니 돌보느라 꼼짝을 못해. 할머니가 많이 안 좋으시거든.

빨리 결혼하고 싶어서 내가 마음이 급해.
I'm anxious to get married.
I can't wait to get married.

마음이 바쁘고 급하다고 할 때는 anxious, I can't wait (to ~)를 사용합니다. anxious에는 '걱정스러운, 불안한'이라는 뜻도 있는데, 뭔가를 간절히 바라서 마음이 조급해진다는 의미로 쓸 때는 [be + anxious to ~] 형태로 씁니다. I can't wait. 역시 '기다릴 수 없을 정도로 마음이 급하다'는 뜻으로, 이 자체로 사용하거나 뒤에 바라는 바를 구체적으로 명시해 줄 수도 있습니다.

Q&A

Q anxious를 '걱정스러운' '불안한'의 뜻으로 사용할 때와 '간절히 바라는'의 뜻으로 사용할 때의 예문을 좀 들어주세요.

A My mom gets anxious if I come home late(내가 집에 늦게 들어가면 엄마가 걱정하신다/불안해하신다). He's anxious about his health(그 사람은 자기 건강에 대해 걱정이 많다/잘못될까 봐 불안해한다). I'm anxious to see her(빨리 그 사람을 보고 싶어). 차이점 보이시죠?

Real))) CONVERSATION

A I can tell you're anxious to go on a date with Kathy tonight.
너 오늘 밤에 캐시랑 데이트할 생각에 조급해하는 거 다 티나.

B I can't wait.
빨리 그 시간이 왔으면 좋겠어.

▶ I can tell: 티가 난다, 그래 보인다
▶ go on a date with ~: ~와 데이트하다

A I can't wait to buy a car. It's going to be my first car.
빨리 차를 사고 싶어. 내 인생 처음 가져보는 차가 되는 거잖아.

B I remember I was so anxious to get my first car, too.
나도 내 첫 차를 빨리 갖고 싶어서 조급해하던 생각이 난다.

CHAPTER 24

아깝다

MP3 **143**

너무 예뻐서 먹기도 아깝다.

This looks too good to eat.

This is too pretty to eat.

이거 너무 귀한 거라서/너무 비싼 거라 아까워서 못 쓰겠어.

It's too precious / expensive to use.

우리말로는 예뻐서든 비싸서든 '쓰기 아깝다'는 말이 있지만, 영어로는 딱히 정해진 말이 없기 때문에 '너무 ~해서 ~ 할 수 없다'는 뜻의 too ~ to ~를 활용하는 방법이 가장 무난합니다. 이유와 더불어 I can't ~를 써도 결국 아까워서 쓸 수 없다는 말이 돼요. 또, 소중하고 귀한 것을 말하는 precious를 활용하는 것도 좋은 방법입니다.

Q & A

Q 귀한 건 다 **precious**라고 하면 되나요?

A 귀한 대상이 무엇이냐에 따라 단어가 바뀝니다. 예를 들어 '귀한' 가문은 a noble family, '귀한' 자식은 a beloved child로 표현 자체가 달라져요. 만약 구하기 힘든 것이라 귀하다면 rare, hard to find가 적당합니다.

HOW TO USE

Look at this cake. It's too pretty to eat.
이 케이크 좀 봐. 너무 예뻐서 먹기 아깝다.

I paid 1,000 bucks for my high heels. They're too expensive to wear. 나 1,000 달러 주고 하이힐 샀어. 너무 비싸서 신기도 아까워.

This special edition tumbler was hard to find. It's too precious to use.
이 특별판 텀블러 구하기 힘든 거야. 너무 귀해서 쓰지도 못해.

Wild ginseng that's over a hundred years old is rare.
백 년근 산삼은 귀해.

My cocktail has three layers of different colors. It's so cool. I don't even want to drink it.
내 칵테일은 색깔별로 층이 세 개야. 진짜 예쁘다. 이거 아까워서 못 마시겠는데.

UNIT 2 경기/게임에서 져서 아깝다

MP3 144

진짜 아깝다.
It was so close.

이길 수 있었는데.
We could have won.

It was so close.는 승리나 패배에 가까웠다(close), 즉 아슬아슬했다는 의미로 이긴 편, 진 편 모두 사용할 수 있어요. 이긴 편 입장에서는 '하마터면 질 뻔했다', 진 편 입장에서는 '이길 수 있었는데 아깝다'라는 의미가 됩니다. 아쉽게 지고 난 후 쓸 수 있는 표현으로는 could've won도 있어요. 가정법 과거완료형으로 처리해서 일어나지 않은 일에 대한 아쉬움을 나타냅니다.

Q&A

Q 경기에 지고 난 후에 "거의 다 이긴 게임이었는데."라며 아쉬워할 때가 있는데요, 이건 어떻게 말하나요?

A We almost won.이라는 표현이 있어요. 여기서 주의할 점이 있습니다. We almost won.은 '이길 뻔했다' '거의 다 이긴 게임이었다'라는 뜻이지만, 만약 We've almost won.이라고 하면 게임이 아직 끝나지 않은 상태에서 "우리가 이기겠네."라고 미리 승리를 확신하는 의미가 되므로 시제를 잘 구분해서 써야 해요.

Q 영어에도 '막상막하였다'라는 표현이 있나요?

A 네, It was a very close game. It was too close to call. They were neck and neck. 이런 표현들이 있어요. 이 중 neck and neck은 경마에서 유래된 표현으로 두 마리 말이 나란히 달릴 때 목(머리)의 위치가 비슷해서 어떤 말이 결승선에 먼저 들어올지 모르는 아슬아슬한 상황을 말합니다. too close to call, neck and neck은 운동 경기나 게임뿐 아니라 선거, 대회 등에도 사용할 수 있어요.

Q "무승부였다" '2대2 무승부였다'는 영어로 어떻게 말하나요?

A draw, tie 두 단어를 써서 It was a tie (game). It was a draw. It was a 2 to 2 draw. 이런 식으로 활용하면 돼요.

Real 🔊 CONVERSATION

A It was so close. The Lakers lost by just two points.
너무 아깝다. 레이커스가 겨우 2점 차로 졌어.

B I know. They were neck and neck.
그러니까. 양팀 나 박빙이었어.

A It was a close game. I was on the edge of my seat.
아슬아슬했다. 엄청 긴장하면서 봤잖아.

B Same here. It was neck and neck.
나도. 진짜 막상막하였어.

> ▶ on the edge of one's seat : 운동 경기, 영화 등의 내용이 조마조마하고 긴장돼서 보는 내내 의자 모서리에 살짝 걸터앉아 있다는 의미로 '좌불안석의' '손에 땀을 쥐는'과 같은 표현이에요.

A I can't believe we lost. We almost won.
우리가 지다니. 거의 다 이긴 거였는데 아깝다.

B Well, it was too close to call.
뭐, 워낙 막상막하였으니까.

A Who won?
누가 이겼어?

B It was a tie. Our team could've won if number 19 didn't miss the ball. 비겼어. 19번 선수가 공만 안 놓쳤어도 우리가 이길 수 있었는데 아깝다.

A We've almost won.
(경기 진행을 보면서) 우리가 이기겠네.

B You never know. The game is not over, yet.
그거야 모르지. 경기 아직 안 끝났거든.

> ▶ You never know: 결과가 어떻게 될지 알 수 없다

너한텐 그 여자가 너무 아까워.
She's way out of your league.

그 사람한테는 네가 너무 과분해.
You're too good for him.

꼭 연인이나 부부가 아니더라도 두 사람을 비교해서 누가 더 아깝다고 할 때 out of one's league라고 해요. '노는 물이 다르다' '급이 다르다'는 우리말과 흡사한 표현으로, 한 사람의 외모나 배경, 조건 등이 다른 한 사람보다 월등할 때 쓰입니다. too good for ~ 구문을 사용해서 '~에게는 과분하다'라고 표현할 수도 있어요.

Q&A

Q   "이런 일을 하기엔 아까운 사람이다."라는 말도 자주 하는데요, 이렇게 누군가의 능력이나 스펙이 아깝다는 말은 어떻게 하나요?

A   그런 경우에는 자격이 넘친다는 의미니까 overqualified를 써서 He's overqualified for this job / position. 이렇게 말하면 됩니다.

Real 🔊 CONVERSATION

A   Have you seen Kevin's wife? She's out of his league.
너 케빈 아내 본 적 있어? 아내가 너무 아깝더라.

B   I know. Kevin is so lucky. 그러니까 말이다. 케빈은 복도 많지.

A   I think Ryan is too good for Clara. She's not even nice.
클라라한테는 라이언이 과분한 것 같아. (클라라는) 심지어 착하지도 않아.

B   Ryan's blinded by love. 라이언이 사랑에 눈이 먼 게지.

  ▶ blinded by love: 사랑에 눈이 먼

A   Jane got a cashier job at the store. She has a master's degree, you know. 제인이 가게에 계산원으로 취직했대. 걔 석사학위까지 받았는데.

B   She's way overqualified for that job. 그런 일 하기엔 걔가 (자격이) 너무 아깝지.

아유, 음식 / 돈 / 시간 아까워라. (= 이게 웬 음식/돈/시간 낭비래.)

What a waste of food / money / time.

It's such a waste of food / money / time.

무엇을 허투루 써 버려서 아까운 거라면 '낭비'라는 단어가 적절하겠죠? 영어로도 마찬가 지여서 waste를 사용해 낭비한 음식, 돈, 시간이 아깝다고 표현할 수 있어요. What a waste of ~, It's such a waste of ~ 구문을 활용하면 됩니다.

Q '그동안 공들인 게 아깝다'고 할 때는 어떻게 말하나요?

A 공을 들인다는 건 그만큼 노력한다는 의미이기 때문에 effort를 써서 What a waste of effort. 이렇게 말하면 됩니다.

Q & A

Real 🔊 CONVERSATION

A We didn't finish half of our food. What a waste.
우리, 음식 반도 다 못 먹었어. 아우, 아까워.

B Let's get a box.
집에 싸 가자.

A I can't believe we came all the way to see this.
우리가 겨우 이거 보려고 여기까지 왔다니. 참.

B Tell me about it. It's such a waste of money and time.
그러니까 말이다. 이게 웬 돈 낭비, 시간 낭비야.

A Our team put a lot of effort into the new product model, but another team's model got picked.
우리 팀이 신제품 모델에 공을 엄청 많이 들였는데, 다른 팀 모델이 뽑혔어.

B What a waste of effort.
그동안 공들인 게 아깝네.

CHAPTER 25

무섭다

한국인 90%는 모르는 scary

MP3 **147**

손님맞이 음식을 만들고 있는데 오븐이 고장 난 거야. 진짜 난감했다니까.
The oven stopped working while I was cooking for our guests. It was scary.

고속도로 달리다가 차 엔진이 멈췄을 때 진짜 겁나더라.
I was so scared when my car stalled on the freeway.

scary하면 무서운 귀신이나 공포영화가 먼저 떠오르겠지만, 원어민들은 일상에서 곤란한 상황이 벌어졌을 때도 scary를 많이 씁니다. 내가 통제할 수 없는 상황이라 겁이 나거나 당장 해결 방법을 모색해야 하는 난감함을 표현할 때 자주 사용해요. 또, 인간의 잔인성이나 비인간적인 행태에 대해 "세상 참 무섭다" "사람들 참 무섭다"고 할 때도 scary를 쓸 수 있지만, 각박해진 인심을 탓하는 뜻으로 '무섭다'고 할 때는 scary보다는 sad를 사용하는 것이 의미 전달에 더 효율적일 수 있습니다.

Q&A

Q 누가 뒤에서 갑자기 놀래켰을 때 You scared me.라고 하던데, 이때도 겁이 났다는 뜻인가요?

A 그건 '너 때문에 깜짝 놀랐다'는 뜻이에요. scare에는 '놀라게 하다'의 뜻도 있는데요, 멋진 이벤트 등으로 기분 좋게 깜짝 놀래키는 게 아니라 갑작스런 소리나 접촉으로 인해 화들짝 놀라는 경우를 말합니다.

Q 난감한 상황에 scary를 쓴다고 했는데요, 너무 난감해서 어쩔 줄 모르겠다고 할 때는 I don't know what to do.라고 하면 되나요?

A 네. '어쩔 줄 모르겠다'고 할 때는 I don't know what to do, '이제 어쩌지?'라고 할 때는 What do I do? What do I do now? What should I do?라고 하면 돼요.

I felt an earthquake yesterday. It wasn't too bad, but it was still scary.

나 어제 지진을 느꼈어. 그렇게 심하진 않았지만 그래도 겁나더라.

Prices have gone through the roof. It's scary.

물가가 천정부지로 올랐어. 진짜 무섭다.

▸ go through the roof : (~의 가격이) 천정부지로 치솟다

My son grew two inches overnight. It's almost scary how fast he grows.

우리 아들이 밤새 2인치(5센티)나 컸어. 얼마나 빨리 크는지 무서울 지경이야.

Our neighbor's dog barks so loud, it always scares me.

이웃집 개 짖는 소리가 하도 커서 짖을 때마다 내가 매번 놀란다니까.

My cat always hides in the corner of the kitchen and scares me.

우리 집 고양이가 항상 부엌 구석에 숨어 있다가 나를 깜짝 놀래켜.

There were too many jump scares in that movie. It was tiring.

그 영화에 깜짝깜짝 놀라는 장면이 많아도 너무 많더라. 피곤할 정도였어.

▸ jump scare : 무언가 불쑥 튀어나와서 깜짝 놀래키는 연출 기법. '놀라서 펄쩍 뛴다'는 뜻으로 일상에서도 많이 쓰여요.

Did you hear about the human trafficking in Ohio? People are so scary.

오하이오주에서 있었던 인신매매 얘기 들었어? 사람들 진짜 무섭다.

▸ human trafficking : '인신 매매'의 뜻인데, trafficking 앞에 child가 오면 '아동 매매', drug 이 오면 '마약 밀매'의 뜻이 됩니다. 한마디로 trafficking은 '불법 거래'라는 뜻이에요.

Do you think the world is scarier now or back then?

요즘 세상이 더 무서운 것 같아, 아니면 옛날이 더 무서웠던 것 같아?

No one shares anything anymore. It's so sad.

이젠 아무도 서로 뭘 나누질 않아. 참 인심 한번 무섭다.

MP3 148

잔인하고 피가 튀는 무서움

그 영화, 너무 잔인했어.
The movie was so gory.

무섭다고 해서 다 잔인한 건 아니지만, 잔인해서 무서울 수는 있죠? 이렇게 잔인해서 무섭다고 할 때 딱 들어맞는 표현이 바로 gory입니다. '피 튀기는' '잔혹한'이라는 뜻의 단어로 끔찍한 사건이나 장면을 말할 때 자주 쓰입니다. 갈고리(gory)로 사람을 찍어서 피가 튀는 잔인한 장면을 상상하면 이 단어를 쉽게 외울 수 있어요.

Q & A

Q gory라는 단어가 좀 생소한데요, 비슷한 뜻을 가진 친근한 단어는 없을까요?
A 잔인하면 피를 많이 볼 수밖에 없기 때문에 blood(피)에서 파생된 단어 bloody(유혈의, 잔혹한)를 쓰면 됩니다. 잔인하고 무자비하다는 뜻의 brutal이라는 단어도 원어민들이 즐겨 쓰는 표현인데요, '치열한 경쟁'이나 '열악한 상황'이라는 뜻으로도 자주 쓰여요. '폭력적'이라고 할 때는 brutal이나 violent라고 하면 되고요.

HOW TO USE

I can't watch gory movies.
난 잔인한 영화는 못 봐.

I saw a gory traffic accident.
엄청 잔혹한 자동차 사고를 목격했어.

I've heard that the Vietnam War was pretty gory.
베트남 전쟁이 꽤 잔혹했다고 들었어.

Spare me the gory details.
끔찍한 장면은 구체적으로 묘사하지 말아 줘.

The article's descriptions of the murder were extremely gory.
기사에 난 살인 장면 묘사가 지나치게 잔인했어.

Lots of Hollywood movies these days are gory.
요새 나오는 미국 영화들은 대부분 잔혹해.

The Holocaust was brutal.
유대인 학살이 너무 잔혹했어.

The competition for any job these days is brutal.
요새는 어떤 직장이든 경쟁이 너무 치열해.

누가 날 쳐다보는 것 같아서 섬뜩했어.
I had the eerie sensation of being watched.

사람이 살지 않는 폐가에 들어섰을 때의 음산한 분위기, 이를 가는 듯한 섬뜩한 소리 등 무서운 일이 일어날 것만 같은 으스스한 느낌을 표현할 때 eerie라고 합니다. 산 속에서 이리 (eerie) 한 마리가 나를 노려보고 있어서 섬뜩하다고 외워 두면 좋을 듯하네요.

Q & A

Q 미국 할로윈 장식품에 spooky라는 단어가 많이 써 있던데, 이것도 음산하고 섬뜩하다는 뜻 아닌가요?

A 네, 맞아요. spooky도 '으스스한'이라는 뜻이에요. 더불어 creepy 라는 단어도 있는데요, 이 역시 '오싹한' '소름 끼치는'의 뜻이라 eerie, spooky와 혼용해서 쓸 수 있지만, 미세한 차이점이 있어요. spooky는 분위기에 무게가 실려 있고 eerie는 느낌에 무게가 실려 있어요. 이 두 단어가 무서운 분위기나 소리에만 쓰이는 반면, creepy는 섬뜩하고 기이한 느낌을 주는 사람이나 동물에게도 쓸 수 있습니다.

HOW TO USE

The wind sounds eerie tonight.
오늘 밤 바람 소리가 스산하네.

The howling of wolves sounds so eerie.
늑대 우는 소리가 너무 섬뜩해.

It felt eerie walking down the dark alley.
어두운 골목을 걷고 있는데 느낌이 오싹하더라고.

The movie was more eerie rather than gory.
그 영화는 잔인하다기보다는 섬뜩했어.

When I was young, there was a haunted house where I lived, and it was spooky.
내가 어렸을 때 살던 곳에 폐가가 있었는데 분위기가 음산했어.

There's something weird about Freddy. He's creepy.
프레디는 뭔가 좀 이상한 구석이 있어. 사람이 음산해.

UNIT 4 기이하고 초자연적인 무서움

MP3 150

그 사람이 했던 미래 예언들은 불가사의했어.
His predictions about the future were uncanny.

예언이나 초능력 같이 설명이 불가능한 초자연적인 능력, 현상에 두려움을 느낄 때는
uncanny를 사용합니다. '불가사의한' '신비로운'이라는 사전적인 뜻처럼 이해할 수 없는
기괴하고 미스터리한 대상이나 상황에 쓰여요.

Q & A

Q 그렇다면 uncanny 와 mysterious의 차이점은 무엇인가요?

A mysterious는 단순히 '불가사의한, 알 수 없는'의 뜻인데 반해
uncanny는 불가사의하고 초자연적인 현상이나 대상에게 느끼는
기묘한 느낌, 두려움까지를 포함합니다. '세계7대 불가사의'를
Top 7 Mysteries라고 하지 Top 7 Uncanny Things라고 하지
않는 것만 봐도 차이점을 알 수 있죠. 타지마할을 어떻게 축조
했는지 알 수 없을 뿐이지 그것 자체가 두려운 건 아니니까요.

HOW TO USE

It's uncanny how my husband reads my mind.
내가 무슨 생각을 하는지 남편이 다 알고 있다는 게 참 불가사의하다니까.

There's something uncanny about Billy. I think he has
superpowers.
빌리한테 뭔가 기묘한 구석이 있어. 내 생각엔 걔한테 초능력이 있는 것 같아.

She has an uncanny ability to heal wounds.
그 사람한테는 상처를 치료하는 신묘한 능력이 있어.

When we met the first time, we had an uncanny bond that
cannot be explained.
우리가 처음 만났을 때, 서로 묘하게 얽혀 있는 것 같은 설명할 수 없는 느낌이 들었어.

Uncanny things keep happening in this town.
이 동네에서 계속 이상한 일들이 일어나고 있어.

It's a mystery how ancient Egyptians built the Pyramids.
고대 이집트인들이 어떻게 피라미드를 지었는지는 미스테리야 / 아무도 몰라.

CHAPTER 26

참다

UNIT 1 생리 현상을 참다

(용변을) 더는 못 참겠어.
I can't hold it any longer.

너 숨 얼마나 오래 참을 수 있어?
How long can you hold your breath?

소변, 대변, 방귀, 숨 등을 참는다고 할 때는 '잡고 있다' '기다리다'의 hold를 씁니다. 자연스럽게 밖으로 나가려는 생리 현상을 못 나가게 안에서 잡고, 배출할 만한 적당한 때를 기다린다는 의미로 보면 돼요. 소변, 대변은 군이 구분하지 않고 it으로 통일합니다.

Q&A

Q 화장실 가는 걸 '볼 일 본다'고도 하잖아요. 영어에도 비슷한 표현이 있나요?

A take care of business라는 표현이 있는데요, business는 거창한 사업체 말고도 '처리해야 할 일이나 상황'의 의미로도 자주 쓰입니다. 용변 보는 일 역시 처리해야 할 일에 속하기 때문에 농담조로 이 표현을 사용하기도 해요.

Q 대변은 '큰 것', 소변은 '작은 것'이라고 하는데, 영어로도 big one, small one 이라고 하나요?

A 아니요. 대신 숫자를 써서 소변은 No. 1(넘버 원), 대변은 No. 2(넘버 투)라고 합니다.

Real 🔊 CONVERSATION

A Stop the car. I really gotta go. 차 세워. 나 진짜 급해.

B Can you hold it a little longer? 조금만 더 참을 수 있어?

A No, I can't. 아니, 못 참겠어.

B Is it No. 1 or No. 2? 작은 거야, 큰 거야?

A No. 2. You don't want me to take care of business in your car, do you?
큰 거. 내가 네 차에서 볼 일 보길 바라는 건 아니겠지?

A Can you stop farting? 방귀 좀 그만 뀔래?

B Sorry. I can't control it. 미안. 이게 조절이 안 되서 말이야.

UNIT 2 웃음/눈물 등 감정을 참다

웃음을 참기가 힘들었어.
It was hard to contain my laughter.

눈물을 참을 수가 없어.
I can't hold back my tears.

화를 참으려고 애썼어.
I tried to suppress my anger.

웃음, 눈물 등의 감정을 참을 때 쓸 수 있는 단어가 세 가지 있는데요, 먼저 contain은 올라오는 감정을 분출하지 않고 안에 담아둘 때 쓰여요. 또, hold back / in은 밖으로 튀어나가려는 감정을 잡아둔다고 이해하면 되는데요, back / in을 생략하고 hold만 쓰는 경우도 많아요. 감정을 억제하고 찍어 누르는 느낌을 주는 suppress를 써도 좋습니다.

Q & A

Q 컨테인(contain) 하니까 컨테이너가 떠오르는데 서로 연관성이 있는 단어들인가요?

A 네. contain은 '담다' '들어 있다'는 뜻의 동사이고, 이 단어의 명사형이 바로 container입니다. 물건을 넣어서 보관하는 컨테이너 상자의 용도만 봐도 그 의미를 바로 알 수 있죠? 그래서 감정을 분출하지 않고 마음속에 넣어둘 때도 이 단어를 사용할 수 있어요

Q suppress는 조금 생소한 단어인데요, 활용 방법 좀 보여주세요.

A press(누르다)가 들어간 걸 보면 뭔가를 억지로 억누른다는 의미인 건데요, 감정뿐 아니라 언론, 단체 등의 활동을 '억압하다' '진압하다'의 뜻으로도 쓰입니다. 다음 예문처럼 활용할 수 있습니다.

It was hard to suppress my laughter.
웃음을 참기가 힘들었어.

The government tried to suppress the media.
정부가 언론을 통제하려고 했다.

This type of drugs can suppress the appetite.
이런 종류의 약은 식욕을 억제하기도 한다.

Real 📶 CONVERSATION

A I think I have a problem. I can neither hold my anger, nor my excitement.
나한테 문제가 있는 것 같아. 화나는 것도 못 참겠고 신나는 것도 못 참겠어.

B There's a book about how to contain emotions. It might help.
감정을 자제하는 방법에 관한 책이 있는데. 그게 도움이 될지도 모르겠다.

A The movie was so sad. I couldn't hold back my tears.
그 영화 너무 슬프더라. 눈물을 참을 수가 없더라니까.

B Wasn't it? I cried through the whole movie.
그렇지? 나도 영화 보는 내내 울었다니까.

A My boss farted during the meeting, and I couldn't hold my laughter.
직장 상사가 회의 중에 방귀를 뀌었는데. 내가 참지 못하고 웃어 버렸다니까.

B Poor guy! He must be so humiliated.
(직장 상사가) 안됐네! 굉장히 창피하겠다.

A When I'm on my period, it's hard to suppress my feelings.
난 생리할 때는 감정을 참기가 힘들어.

B Same here. For me, it's anger. I can't contain my anger when I'm on my period.
나도 그래. 난 특히 화가 나더라고. 생리할 때는 화를 참을 수가 없어.

▶ period: 생리
▶ on one's period: 생리 중인

A I've never seen you getting mad at anyone or anything. How do you do that?
난 네가 사람에게든 무슨 일에든 화내는 걸 본 적이 없어. 넌 어떻게 그래?

B I guess I'm used to suppressing my feelings.
내가 감정을 누르는 데 익숙해서 그런 것 같아.

A I've heard that holding in your emotions is not good for your mental health.
감정을 참는 게 정신 건강에 안 좋다는 말을 들었는데.

UNIT 3 고통/통증을 참다

MP3 153

더 이상 통증을 못 참겠어.
I can't take the pain anymore.
I can't bear the pain anymore.

고통이나 통증을 참을 때 주로 동사 take나 bear를 쓰는데요, bear는 '곰' 외에도 '참다' '견디다'라는 뜻으로 일상에서 많이 쓰이는 단어입니다. 신체적 통증뿐 아니라 지루한 시간이나 불편한 상황을 이해하고 참을 때도 자주 쓰여요.

Q & A

Q 고통을 참는다고 할 때 hold나 endure를 써도 되지 않나요? 다 '참는다'라는 뜻인데요.

A 물론 hold the pain이라고 해도 되지만, 일상적으로 원어민들이 좀 더 자주 쓰는 표현은 take the pain입니다. endure의 경우, 가벼운 통증보다는 극심한 고통이나 장기간의 고난, 시련, 역경을 견딘다고 할 때 주로 쓰이고요, 구어체보다는 문어체에 더 적합한 단어입니다.

Real 📶 CONVERSATION

A I heard that gallstone pain is awful. How did you take the pain?
담석 통증이 엄청나다던데. 넌 그걸 어떻게 참았어?

B I couldn't take it. I asked my doctor to move my surgery forward.
못 참겠더라고. 담당 의사한테 수술 날짜 앞당겨 달라고 부탁했잖아.

A When I broke my leg, I couldn't bear the pain and fainted.
나 다리 부러졌을 때 통증을 못 참고 기절했었어.

B That sounds so painful.
진짜 아프겠다.

UNIT 4 싫은 것/사람을 참다

MP3 **154**

저 소리 못 참겠어.
I can't stand that noise.

난 네 비난 안 참을 거야.
I will not tolerate your criticism.

나, 걔 더 이상은 못 참아주겠어.
I can't put up with her anymore.

도저히 적응이 안 되는 상황, 신경에 거슬리는 사람/언행/물건 등을 애써 참는다고 할 때 stand, tolerate, put up with ~를 쓸 수 있습니다. 이 중 tolerate는 싫은 것을 억지로 참는 것 외에 용납하고 받아들이는 수용 능력으로까지 확장되는 단어라서, 약물 등에 대한 내성이나 물건의 기능 중 내구성을 말할 때도 쓰입니다.

Q & A

Q withstand도 '참다'인데, 같은 맥락으로 사용해도 되나요?
A withstand는 강도, 강압을 견뎌낼 수 있는 능력에 초점이 더 맞추어진 단어예요. 예를 들자면 강풍을 견뎌낼 수 있는 지붕, 고열에도 끄떡없는 건축자재, 적의 공격에 저항하는 힘 등이 되겠네요. 물론 I can't withstand my boss's abuse(내 직장 상사의 학대를 참을 수 없다). 식으로 말할 수도 있지만, 일상적인 대화에서는 stand나 put up with가 훨씬 더 자주 쓰입니다.

HOW TO USE

I can't stand Dorothy. She's so annoying.
난 도로시는 못 참겠더라. 얘가 진짜 사람 신경 거슬리게 해.

When I was pregnant, I couldn't stand the smell of chicken.
임신했을 때, 난 닭고기 냄새를 못 견디겠더라고.

My mom doesn't tolerate bad manners.
우리 엄마는 무례한 걸 용납 안 하셔.

Cacti can tolerate the desert climate.
선인장들은 사막 기후도 잘 견뎌내.

I don't know why I'm putting up with my husband.
내가 왜 내 남편을 자꾸 봐주는지 모르겠다.

We had to put up with terrible weather on our trip to England.
우리 영국 여행 갔을 때 날씨가 진짜 안 좋았는데도 할 수 없이 참고 다녀야 했다니까.

CHAPTER 27

까다롭다

걔 성격 까다로워.
She's picky.
She's fussy.

걘 트집쟁이야.
She's nitpicky.

걔 성격 맞추기 어려워.
He's hard to please.

'고르다'는 뜻의 pick에서 온 picky와 '안달하다' '투덜대다'는 뜻의 fuss에서 온 fussy로 성격이 까다롭다는 걸 표현할 수 있습니다. 뭐든 따져서 고르고 마음에 안 들면 투덜대는 사람이 무난한 성격일 리 없겠죠. '기쁘게 해 주기 어렵다, 만족시키기 어렵다'는 의미로 hard to please를 쓰기도 해요. 또, 앞 챕터에서 잠깐 언급했던 nitpicky는 사소한 것을 가지고 쓸데없이 트집잡는 사람을 표현하는데, 결과적으로 성격이 까다롭고 맞추기 어려운 사람을 말합니다.

Q&A

Q   그럼 '성격이 까다롭지 않다, 무난하다'는 말은 not picky, not fussy, not hard to please라고 하면 되나요?

A   그렇게 not을 붙여서 까다롭지 않다고 할 수도 있고, 한 단어로 easygoing이라고 할 수도 있어요. He's easygoing. He's an easygoing person. 이렇게 말하면 됩니다

Q   "그 사람 성격이 어때?"라고 물어볼 때는 What's his personality?라고 하나요?

A   '성격'이라고 해서 personality를 꼭 넣어서 말하지 않아도 돼요. 원어민들은 What is she / he like? 이렇게 간단하게 표현해요. 우리말로 "그 사람 어때?"와 비슷하다고 보면 됩니다.

A Do you think I'm picky? 네가 보기에 내가 까다롭니?

B Why are you asking? 왜 물어보는데?

A My mom thinks I don't have a boyfriend because I'm too picky.
우리 엄마는 내가 너무 까다로워서 남자 친구가 없다고 생각하시거든.

A I know my boss is fussy, but he was over the top today.
내 상사가 까다롭다는 건 나도 아는데, 오늘은 완전 심하더라니까.

B It's not easy to work with someone who's picky.
까다로운 사람이랑 일하는 게 쉽지 않지.

▶ over the top: 정도가 지나친

A My wife is nitpicky. She complains about everything.
아내는 트집쟁이야. 뭐든 다 불만이야.

B Every wife is nitpicky, not only yours.
네 아내만 그런 게 아니라, 아내들은 원래 다 트집을 잡아.

A What's wrong with them? 아내들은 대체 왜 그러는 거야?

A What is Rick like? Is he easygoing?
릭 어때? 무난한 성격이야?

B Not at all. He's hard to please. 전혀 아니야. 맞추기 힘들어.

A I would like my future boyfriend to be rich, handsome, and easygoing.
나중에 내 남자 친구 될 사람은 돈도 많고, 잘생기고, 성격도 둥글둥글했으면 좋겠어.

B You're living in a dream. 네가 아주 꿈 속에서 사는구나.

A How's working with Eric? 에릭이랑 일하기 어때?

B He's very nice, but he's a bit picky.
되게 착하고 좋은 사람이긴 한데, 좀 까다로워.

A I thought he was easygoing. 난 그 사람이 되게 무난한 줄 알았는데.

B Not at work. 회사에선 아니야.

난 식성이 까다로워.
I'm picky about food.
I'm a picky eater.

그 사람은 옷 취향이 까탈스러워.
She's fussy with her clothes.

그 사람은 자기 헤어스타일에 유별나.
He's particular about his hairstyle.

식성, 옷 취향 등 특정 분야에 까다롭다고 할 때도 picky, nitpicky, fussy를 쓰는데요, with 이나 about을 동반함으로써 까다로운 대상을 규정해 줍니다. 또, particular에는 '세밀한' 이라는 뜻에서 확장된 '까탈스러운' '유별난'이라는 의미도 있기 때문에 좋고 싫음이 분명 한 까다로운 취향을 말할 때도 쓰여요.

Q & A

Q 그럼 언제 with를 쓰고 언제 about을 쓰나요?

A 뒤에 따라 나오는 단어에 따라 with가 좀 더 자연스러울 때도 있고, about이 좀 더 자연스러울 때도 있긴 하지만, 대부분의 경우엔 with나 about 중 아무거나 써도 괜찮습니다. 예를 들면 picky about food, picky with food 둘 다 맞는 표현이에요. fussy나 particular 역시 마찬가지니까 with냐 about이냐 하는 지나친 갈등은 접어 두셔도 좋습니다.

HOW TO USE

My mom always says picky eaters don't deserve food.
우리 엄마는 늘 편식하는 사람은 음식 먹을 자격이 없다고 하셔.

My younger sister is nitpicky with her shoes.
내 여동생이 신발 고를 때 지나치게 까탈스러워.

He's very fussy about women.
그 사람은 여자 보는 눈이 엄청 까다로워.

She's particular about ingredients. She only eats organic.
그 사람은 음식 재료에 까다로워. 유기농만 먹는다니까.

UNIT 3 (자격) 조건이/절차가 까다롭다

그 직업/직장은 입사 조건이 까다로워.
The qualifications for that job are demanding.

하버드는 입학 조건이 까다로워.
The qualifications to get into Harvard are rigorous.

미국 시민권을 받으려면 절차가 복잡해.
The procedure to get U.S. citizenship is bureaucratic.

자격 조건(qualification)이 까다롭다는 건 뽑는 기준이 엄격하고, 요구 조건이 많다는 말이기 때문에 rigorous나 demanding을 사용하면 그 의미가 잘 전달됩니다. 또, 행정 절차 등이 까다롭다는 건 일을 처리하는 과정이 복잡하다는 것과 같은 의미이므로 이때는 bureaucratic(절차가 번잡한)이라는 단어가 적합합니다.

Q & A

Q 위의 예문 두 개 모두 qualifications라고 복수형으로 썼는데, '자격 조건'을 말할 땐 항상 복수형으로 쓰나요?

A 필요한 자격 조건이 딱 한 가지라면 당연히 단수형으로 쓰겠지만, 직장이든 학교든 자격 조건을 한 가지만 내거는 경우는 드물기 때문에 보통은 복수형으로 씁니다.

HOW TO USE

The qualifications to be a pilot are demanding.
비행기 조종사가 되려면 자격 요건이 까다로워.

The company's hiring process is very rigorous.
그 회사는 직원 채용 절차가 아주 엄격해.

His military training was rigorous and demanding.
그 사람이 받은 군대 훈련은 엄격하고 까다로웠어.

The process to visit North Korea is very bureaucratic.
북한을 방문하려면 굉장히 복잡한 절차를 거쳐야 해.

The process for obtaining a hunting license is bureaucratic and time consuming.
사냥 자격증을 따려면 절차도 까다롭고 시간도 많이 걸려.

수학 시험 10번 문제가 까다로웠어.
Question number ten on the math test was tricky / complicated.

이 기계 사용법이 굉장히 까다로워.
Using this machine is very tricky.

문제 자체가 까다로워도, 문제 해결 절차나 방법이 까다로워도 tricky를 쓸 수 있습니다. 까다롭다는 건 다루기가 쉽지 않고 복잡하다는 말이라서 complicated를 사용해도 좋아요.

Q & A

Q 첫 번째 예문에서 수학 시험 10번 문제를 it으로 받는다치면 **It was complicated.**라는 결론인데, **It was complicating.**이 맞지 않나요? 문제가 '까다롭게 되어졌다'라는 수동태형이 아니라 문제가 '까다로운'이라는 형용사형이 되어야 할 것 같아서요. **It was interesting.**처럼요.

A complicated는 동사에서 파생된 수동태형이 아니라 이 자체로 형용사입니다. 그렇다면 complicating은 언제 쓰느냐, 동사 complicate(복잡하게 하다)의 현재진행형으로 사용합니다. You're complicating the problem(네가 문제를 더 복잡하게 만들고 있어). 이런 식으로요.

Real 🔊 CONVERSATION

A I didn't know divorce is this complicated. 난 이혼이 이렇게 복잡한 줄 몰랐네.
B You guys have three kids. Of course, it's tricky. 너희는 애가 셋인데, 당연히 까다롭지.

A How do you open this cap? 이 뚜껑은 어떻게 여는 거야?
B Press it down first and turn it counterclockwise.
일단 뚜껑을 누른 다음 시계 반대 방향으로 돌려.
A Why did they make it so tricky? 왜 이렇게 까다롭게 만들어 놓은 거야?
B It's childproof. 애들이 못 열게 하려고.

▶ childproof: 아이들에게 안전한

CHAPTER 28

키우다/기르다

그 사람은 애 다섯을 키웠어.
She raised five kids.
She brought up five children.

아이를 키운다고 할 때 raise를 쓰는데요, raise는 '올리다' '높이다'는 뜻인 만큼 가격이 인상되고 손을 높이 드는 것처럼 위로 솟는 느낌을 줍니다. 따라서 아이들이 커가는 과정을 담당하고 돌보는 일도 raise라고 할 수 있어요. 같은 뜻으로 bring up someone도 있지만, 일상에서는 raise가 훨씬 자주 쓰입니다. 단, 아이가 몇 명 있다고 할 때는 I have two kids. 이렇게 have를 써요.

Q & A

Q 친부모가 아닌 다른 사람이 아이를 키웠을 때 '아무개 손에 컸다'라고 하잖아요? 그건 어떻게 말하면 되나요?

A 예를 들어 '나는 할머니 손에 컸다'라고 하면 I was raised by my grandma. I was brought up by my grandma. 이렇게 [주어 + 수동태형 + by 키워 준 사람] 형식으로 쓰면 돼요.

HOW TO USE

It's hard raising children.
애들 키우는 거 힘들어.

I have four kids and I'm trying to raise them right.
난 애들이 넷 있는데, 그 애들을 잘 키우려고 애쓰고 있어.

I'm raising my kids the best I can.
난 최선을 다해서 애들을 키우고 있어.

I was born and raised in Paris.
난 파리에서 나고 자랐어.

▶ born and raised in: ～에서 나고 자라다

My older brother and I were brought up by our aunt.
오빠/형이랑 나는 우리 이모 손에 컸어.

She was brought up as a Buddhist.
그 사람은 불교 신자로 컸어.

MP3 160

나 돼지 키워.
I raise pigs.

나 개 사육해. 나 개 분양업자야.
I breed dogs.
I'm a dog breeder.

동물을 키운다고 할 때 가축이냐 반려동물이냐에 따라 단어가 달라지므로 이번 유닛은 가축을 키우는 것부터 다룹니다. 가축을 식용이나 모피 사용 등의 특별한 목적으로 키운다면 raise, 종자 번식을 위해 키운다면 breed를 써요. breed는 '사육하다' '번식하다'라는 뜻 외에 명사로 '품종'이라는 뜻도 있어서 개나 고양이 등의 품종을 말할 때도 쓰입니다.

Q & A

Q 그럼 강아지 불법 번식장도 breed를 사용해서 말하나요?

A 강아지 불법 번식장(강아지 공장)은 puppy mill이라고 해요. 강아지 공장에서든 가정 집에서든 새끼를 쳐서 분양하는 사람은 모두 dog breeder라고 합니다.

Q 개나 고양이 품종을 말할 때도 breed를 쓴다고 했는데, '이 개 무슨 품종이에요?'라고 물을 때는 breed를 어떻게 활용하나요?

A What breed is it / she / he? 입니다. 성별을 알면 she나 he로 받고, 모르면 it으로 받아요. 품종을 물을 때 보통 What kind of dog is it? 이 먼저 떠오르겠지만 원어민들은 breed를 더 많이 씁니다.

HOW TO USE

My uncle raises cattle.
우리 삼촌은 소를 키우셔.

▶ cattle: 소 떼. 원어민들이 cow 대신 cattle이라고 할 때도 많아요.

Raising alpacas is quite tricky.
알파카 키우는 게 꽤 까다로워.

She breeds Golden Retrievers.
그 사람 골든 레트리버 분양업자야.

I'm against puppy mills. They breed puppies nonstop.
난 강아지 공장은 반대야. 그 사람들, 끊임없이 강아지를 낳게 한다니까.

반려동물을 키우다

너 반려동물 키워?

Do you have any pets?

난 고양이 두 마리랑 개 한 마리 키워.

I have two cats and a dog.

영리 목적으로 사육되는 동물과 달리 반려동물은 raise나 breed가 아닌 have를 써서 표현합니다. 상대방에게 반려동물을 키우는지 물어볼 때는 Do you have ~?, 내가 키운다고할 때는 I have ~라고 말해요.

Q & A

Q 다른 사람 개를 함부로 만지면 안 되잖아요. 주인에게 만져 봐도 되는지 먼저물어봐야 하는데, 그럴 때 Can I touch your dog? 이러면 되나요?

A 당연히 예쁘다고 남의 개를 허락 없이 막 만지면 안 돼요.하지만 '만진다'고 해서 touch를 쓰는 건 아니고, Can I pet yourdog? 이라고 해요. 건드리는(touch) 게 아니라 쓰다듬고 귀여워해주는(pet) 거니까요. 또, 원어민들이 자주 쓰는 표현으로 Can I sayhi / hello to your dog? 도 있어요. Say hi라고 해서 말로 "안녕?"인사한다는 뜻이 아니라 만져 본다는 의미로 하는 말이에요.

Real 📶 CONVERSATION

A Do you have any pets?
너 반려동물 키워?

B No, we don't. My mom is allergic to almost every animal, so we can't.
아니. 우리 엄마가 거의 모든 동물한테 알레르기가 있어서 우린 못 키워.

A I have two cats and they're so cute.
나 고양이 두 마리 키우는데, 너무 귀여워.

B Lucky you. I used to have a cat, but since I'm barely home, I gave her
to my friend.
넌 좋겠다. 나도 전에 고양이 키웠는데, 내가 거의 집에 없어서 내 친구한테 (키우라고) 줬어.

나 식물 키워.
I have / grow some plants.

너 난초 키우는 법 알아?
Do you know how to grow orchids?

식물을 키운다고 할 때는 have, grow 두 동사 모두 사용할 수 있는데, 사용 빈도수로만 보면 have가 일반적으로 더 많이 쓰여요. 하지만 키우는 방법에 대해 말할 때나 식물이 자란다고 말할 때는 grow를 써야 합니다.

Q&A

Q 식물을 유독 잘 키우는 사람이 있는가 하면, 아무리 노력해도 자꾸 죽이는
사람이 있잖아요. 그런 사람들을 지칭하는 영어 표현이 있나요?

A 식물을 잘 키우는 사람을 green thumb이라고 해요. 식물을
잘 키우면 무럭무럭 자라서 화분에 이끼가 끼고, 그 이끼가
엄지 손가락에 묻는다는 데서 유래한 말이에요. 반대로
잘 못 키우는 사람은 black thumb이라고 해요. She has a green
thumb. I have a black thumb. 이렇게 말합니다.

Real))) CONVERSATION

A **Do you have plants?** 너 식물 키우니?

B **I grow some carrots in my backyard.** 뒷마당에서 당근을 좀 키우고 있어.

A **It took forever to grow flowers from seeds.**
씨앗 심어서 꽃이 피기까지 기르는 데 시간 엄청 오래 걸렸어.

B **I have no patience. That's why I don't have any plants at home.**
난 인내심이 바닥이라. 그래서 내가 집에서 식물을 안 키우는 거야.

A **Look at these flowers. You definitely have a green thumb.**
이 꽃들 좀 봐. 넌 확실히 식물 키우는 재주가 있어.

B **No, it's not me. They just grow well no matter what.**
아니, 내가 잘 키워서가 아니라, 그저 자기들이 알아서 잘 자라는 거야.

나 머리 기르는 중이야.
I'm growing my hair.

걔는 항상 손톱을 길게 길러.
She always keeps her fingernails long.

머리카락이나 손톱, 발톱 등은 특별한 보살핌 없이도 알아서 자라기 때문에 raise가 아니라 grow를 씁니다. 또, 길든 짧든 일정한 길이로 유지한다고 할 때는 keep을 활용해서 keep ~long / short 이렇게 표현해요.

Q & A

Q 손톱 물어뜯는 게 버릇인 사람한테 손톱 물어뜯지 말고 자라게 좀 놔두라는 말은 어떻게 하나요?

A '손톱 물어뜯지 말라'는 말은 Don't bite your nails. Stop biting your nails. 고요, '손톱이 자라도록 가만히 놔두라'는 말은 사역동사 let을 활용해서 Let them grow. 라고 하거나 leave를 써서 Leave them alone. 이라고 하면 됩니다.

Real 🔊 CONVERSATION

A Are you growing your hair? 너 머리 기르는 중이야?

B Yeah. I'm trying to grow it down to my waist. 응. 허리까지 길러 보려고.

A Why don't you let your fingernails grow? Your fingers look like toes.
너, 손톱 좀 자라게 그냥 좀 두지? 네 손가락, 꼭 발가락 같아 보여.

B I like to keep them short.
난 손톱이 짧은 게 좋아.

A My hair grows so slowly. Probably half an inch a year?
내 머리, 엄청 늦게 자라. 일 년에 0.5인치나 자랄까?

B My hair grows so fast. I need a haircut almost every month.
내 머리는 엄청 빨리 자라. 거의 한 달에 한 번 머리 자르러 가야 해.

CHAPTER 29

풀다

수학 문제 등을 풀다

MP3 164

난 시험 5번 문제 못 풀었어.

I couldn't solve question No. 5 on the test.

너, 이 문제 풀었어?

Did you get this problem?

시험, 퀴즈 등의 문제를 푼다고 할 때는 '해결하다'의 뜻을 가진 solve를 써 주면 간단합니다. 또, 무엇을 '얻다'는 뜻으로만 알기 쉬운 단어 get에는 '이해하다' '알다'의 뜻도 있어서 '문제를 이해하고 풀다, 답을 맞히다'라는 의미로도 쓸 수 있어요.

Q&A

Q "나 이 문제 틀렸어."라고 하려면 어떻게 말하나요?

A 역시 get을 활용해서 I got this one wrong. I got the wrong answer. I didn't get question number 3. 이렇게 말하면 돼요.

Real 🛜 CONVERSATION

A **Can you help me with this question? I don't get it.**
이 문제 좀 도와줄래? 이해가 안 돼.

B **Did you memorize the slope intercept formula? If not, you can't solve it.**
너, 기울기 절편식 외웠어? 안 외웠으면 이 문제 못 풀어.

A **One guy on the quiz show got every question right.**
퀴즈 프로그램에서 한 남자가 문제를 전부 다 맞혔다니까.

B **He didn't get any questions wrong?**
한 문제도 안 틀렸다고?

A **It took me twenty minutes to solve this question.**
나 이 문제 푸는 데 20분 걸렸어.

B **Yeah, it was tricky.**
어, 이 문제 까다롭더라.

MP3 165

이 (엉킨) 전선들을 못 풀겠어.
I can't untangle / detangle these cords.

나 신발끈 좀 풀게.
Let me untie / undo my shoelace.

제멋대로 엉킨 줄이나 끈을 푼다고 할 때는 '엉키다'(tangle)의 반대말인 untangle이나 detangle을 씁니다. 하지만 엉킨 게 아니라 단순히 묶여 있는 것을 푼다고 할 때는 '묶다'(tie) 의 반대말인 untie나 '원상태로 돌리다' '풀다'는 뜻의 undo를 사용해요.

Q&A

Q 줄이 엉킨 것을 꼬였다고 말할 수도 있는데, 그럴 때는 twist를 쓰는 게 맞나요?

A 한국말로는 '줄이 엉켰다, 꼬였다' 둘 다 같은 뜻으로 사용할 수 있지만, 영어에서 twist는 꽈배기처럼 일정한 패턴으로 꼬인 것을 말하기 때문에 마구잡이로 정신없이 엉킨 경우라면 tangle, tangle up을 써 주는 게 맞습니다.

Real 📶 CONVERSATION

A The yarn got tangled while I was knitting a sweater.
내가 스웨터 뜨는 동안 실이 다 엉켜 버렸어.

B Let me help you untangle it. 실 푸는 거 내가 도와줄게.

A My hair is always tangled up. 내 머리는 항상 엉켜.

B Do you use hair detangler? Also, conditioner can help to detangle your hair.
너, 헤어 디탱글러 쓰니? 그리고 컨디셔너도 엉킨 머리 푸는 데 도움이 되는데.

A My shoelaces keep coming undone.
내 신발끈이 계속 풀려.

B I know how to tie them so they won't get untied.
나, 신발끈 안 풀리게 묶는 방법 알아.

우리 싸웠다가 화해했어. 우리 사이 풀었어.
We had a fight, but we made up.

너희들 화해했어? 너희 사이 풀었어?
Did you guys make up?

싸우고 난 후 화해했다는 말을 '사이 풀었다'라고도 하죠? 영어로는 make up이라고 합니다. '사이를 풀어서 이제 아무 문제없다, 다 괜찮다'고 할 때는 Everything is fine between me and _____. 혹은 We're all good.이라고 하면 돼요.

Q&A

Q 싸워서 서로 다시 안 보는 사이도 있는데요, 이런 건 어떻게 표현하나요?

A 아주 쉽게는 We don't see each other anymore.라고만 해도 충분하지만, 원어민들이 잘 쓰는 표현으로 We're estranged from each other. We had a falling out.이 있습니다. 낯선 사람을 stranger라고 하죠? estranged 역시 strange를 어원으로 한 단어로, '사이가 틀어진'이라는 뜻입니다. Falling out도 서로에 대한 좋은 감정이 떨어져 나간 상태인 '불화'를 말해요.

Real 🔊 CONVERSATION

A Did you make up with Jack? 너 잭이랑 사이 풀었어?

B No, I don't want to make up with him. 아니, 걔랑 화해하고 싶지 않아.

A Say hello to Mia for me. 나 대신 미아한테 안부 전해 줘.

B Oh, we don't see each other anymore. We had a falling out.
아. 우리 이제 안 봐. 사이가 틀어졌거든.

A I'm sorry to hear that. 그랬다니 안됐구나.

A Looks like Jack and Mia had a huge fight.
잭이랑 미아랑 대판 싸운 것 같던데.

B I wouldn't worry about them. They break up to make up.
난 걔네들 걱정은 안 해. 걔네들은 다시 화해하려고 헤어지는 애들이거든.

UNIT 4 화/스트레스를 풀다

넌 스트레스 어떻게 풀어?
What do you do to relieve your stress?

난 컴퓨터 게임하면서 스트레스 풀어.
I play computer games to unwind.

열 좀 식혀야겠다.
I need to let off some steam.

화 좀 가라앉히게 영화 한 편 보려고.
I'm gonna watch a movie to blow off some steam.

와인 한잔하면 스트레스가 다 풀릴 거야.
A glass of wine will take all your stress away.
A glass of wine is a stress-reliever.

'스트레스를 푼다, 해소한다'고 할 때 relieve one's stress라고 하는데요, 이보다 더 일상적으로 많이 쓰이는 표현은 unwind입니다. 틈 없이 빡빡하게 감겨 있던 실타래를 느슨하게 푼다고 생각하면 이해가 빠르겠네요. 또, '열 받은 걸 식힌다, 김을 뺀다'는 의미로 let off steam, blow off steam이라고도 하고, 스트레스를 풀어 주는 매개체를 주어로 써서 ~will take one's stress away, ~is a stress-reliever라고 하기도 합니다.

Q&A

Q 스트레스 받았다는 말은 어떻게 하나요?

A 현재 스트레스를 많이 받는 상황이라면 I'm under lots of stress. 라고 하는데요, 원어민들이 가장 많이 사용하는 표현은 역시나 I'm stressed out. 입니다.

Q 나 때문에 화난 사람에게 "야, 화 풀어."라고 말할 때도 unwind나 relieve를 쓰면 되나요?

A 아니요. unwind나 relieve는 화나게 만든 당사자가 화를 풀라고 회유할 때 쓰기에는 부적합한 표현입니다. 사실 영어에는 한국 말처럼 나 때문에 화난 사람에게 "화 풀어." 이렇게 딱 떨어지는 말이 없어요. "야, 그러지 말고 ~"의 뉘앙스를 풍기는 Come on.

Q & A

"내가 어떻게 하면 네 화가 풀릴까?" 이렇게 보상을 해 주겠다는 How can I make it up to you? "나 좀 봐주면 안 돼?" 느낌이 나는 Can you forgive me? 능의 표현을 쓰는 것이 적당합니다. 상대방의 화가 좀 풀린 것 같다면 Are we all good?(이제 화 다 풀린 거지? 우리 아무 문제없는 거지?) 이런 표현으로 깔끔하게 마무리해 주면 돼요.

Real 🔊 CONVERSATION

A What do you do to relieve stress? 넌 스트레스 어떻게 풀어?

B I read a book. Reading is my stress-reliever.
난 책 읽어. 나한텐 독서가 스트레스 해소법이야.

A Do you have your own way to unwind after a long day at work? 하루 종일 일하고 나서 스트레스 푸는 너만의 방법 같은 거 있어?

B I just watch TV. It helps take my mind off work.
난 그냥 TV 봐. 일 생각 안 나서 좋거든.

▶ take one's mind off ~: ~ 생각이 안 나게 하다

A I'm so stressed out. I need to blow off some steam.
나 스트레스 만빵이야. 열 좀 식혀야겠어.

B Should we go to a bar? A shot of soju will take your stress away. 우리 술집 갈까? 소주 한잔하면 너도 스트레스가 풀릴 거야.

▶ 소주 한 잔을 a glass of soju라고 하는 분들이 많은데, glass는 물 잔이나 맥주 잔처럼 큰 유리잔을 말해요. 소주 잔처럼 한 입에 털어 넣을 수 있는 사이즈의 잔은 shot glass라고 하고, 소주 한잔한다고 할 때도 shot of soju라고 합니다.

A Can you take me to a night club? I need to let off some steam.
나, 나이트클럽 좀 데리고 가 줄래? 열 좀 식혀야 해서 말이야.

B You sound pretty stressed out. Did something happen at work? 너 엄청 스트레스 받은 것 같다. 회사에서 무슨 일 있었어?

A Are you still mad at me? Come on. How can I make it up to you? Can you just forgive me? 너 아직도 나한테 화났어? 어우, 야. 내가 어떻게 하면 네 화가 풀리겠니? 그냥 한 번만 봐주면 안 돼?

B Just leave me alone. 나 좀 그냥 내버려 둬.

우리, 오해 풀어야지.
We should clear the air.

오해를 바로잡자.
Let's straighten it out.

우리 사이의 오해를 풀고 싶어.
I would like to clear up the misunderstanding between us.

갈등이 있으면 두 사람 사이의 공기가 깨끗하지 않고 이물질이 섞인 것 같기 때문에 이를 정화한다는 의미로 clear the air, clear up the misunderstanding이라고 표현합니다. 또, 잘못된 것, 어긋난 것을 반듯하게 바로잡는다는 뜻에서 straighten out을 쓰기도 해요.

Q&A

Q 누구를 오해한다고 할 때 misunderstand her처럼 쓰면 되나요?

A 맞긴 한데요, 그보다 원어민들이 더 많이 쓰는 표현은 get _____ wrong이에요. I got her wrong(내가 걔를 오해했어). He totally got me wrong(걔가 나를 완전 오해했어). 이렇게 활용하면 됩니다.

Real 🔊 CONVERSATION

A I know it's uncomfortable, but we should clear the air.
불편하다는 건 아는데, 그래도 우리 오해는 풀어야 할 거 아니니.

B I agree. 나도 그렇게 생각해.

A Can we clear up the misunderstanding between us?
우리, 오해 좀 풀 수 있을까?

B It's not a misunderstanding. 오해가 아닌데.

A Kenna totally got me wrong. I just want to straighten things out with her. 케나가 날 완전히 오해했어. 난 걔랑 잘못된 걸 바로잡고 싶은데.

B You should go talk to her, then. 그럼 걔한테 가서 말해 봐.

대화로 풀자.
Let's talk it out.

우리, 대화로 문제를 풀어야 해.
We should talk and work it out.

서로 대화를 통해서 문제를 해결한다고 할 때 talk it out, talk and work it out이라고 합니다. work out을 '운동하다'라고만 알고 있기 쉽지만, '노력해서 문제를 해결한다'는 뜻도 있기 때문에 talk and work it out 하면 대화하면서 운동하는 게 아니라 대화를 통해서 문제를 해결한다는 의미가 돼요.

Q & A

Q '대화를 통해서'를 through conversation이라고 해도 되지 않나요?

A 여기서 말하는 '대화'라는 게 단순히 담소를 나누자는 게 아니라 문제를 해결하기 위한 방편으로의 대화잖아요? 그렇기 때문에 conversation보다는 talk it out, work it out이 더 적합한 표현인 거죠.

HOW TO USE

Let's sit down and talk it out.
앉아서 대화로 해결해 보자.

Instead of arguing, they decided to sit down and work it out.
걔네들, 말싸움하는 대신 앉아서 대화로 잘 풀어보기로 했대.

We agreed to work it out over a cup of coffee.
우리, 커피 한잔하면서 잘 풀어 보기로 했어.

My brothers don't know how to talk it out. They always get into fistfights.
내 형제들은 대화로 푸는 법을 몰라. 항상 주먹다짐을 한다니까.

If you're having a disagreement with your friend, the best approach is to talk it out.
친구와 이견이 있을 때 가장 좋은 방법은 대화로 푸는 거야.

Being open and talking to each other is important.
서로 마음을 열고 얘기하는 게 중요해.

MP3 **170**

기분 좀 풀어.
Just lighten up!

표정 좀 풀어.
Turn that frown upside down.

기분이 별로인 사람에게 기분 풀라고 말할 때 영어로는 '가벼워지다'는 뜻의 lighten을 써서 Lighten up.이라고 합니다. 가라앉아 있는 기분을 가볍게 위로 떠우라는 의미예요. 또, 시무룩하게 찌푸린 얼굴을 떠올려보면 입꼬리가 아래로 내려가 있는데요, 이 입모양을 반대로 뒤집어 놓으면 입꼬리가 위로 올라가 웃는 것처럼 보이겠죠? 그래서 Turn that frown upside down.이라고 합니다.

Q & A

Q **Cheer up.**도 비슷한 상황에 쓸 수 있을 것 같긴 한데, 이건 "힘내라!"라는 뜻이라 좀 다른가요?

A 아니요. Cheer up.도 Lighten up.과 같은 의미로 쓸 수 있어요. Cheer up.하면 뭔가 굉장히 안 좋은 일이 있는 사람에게만 쓸 수 있을 것 같은 느낌이 있지만 그렇지 않아요. 기운이 없어 보이거나 좀 처져 있는 것 같은 사람, 표정이 안 좋아 보이는 사람에게도 쓸 수 있습니다.

HOW TO USE

Hey, lighten up! Things are gonna work out.
야, 기분 좀 풀어. 다 잘될 거야.

I was just joking. Lighten up.
내가 그냥 농담 좀 한 거야. 기분 풀어.

You're at a birthday party. Turn that frown upside down.
너 지금 생일 파티에 와 있다. 표정 관리 좀 해라.

You should look in the mirror. You need to turn that frown upside down.
너 가서 거울 좀 봐. 네 표정 좀 어떻게 해야 할 것 같은데.

Hey, it's Friday. Cheer up.
야, 오늘 금요일인데, 기분 좀 풀어.

너 코 좀 풀어.
Blow your nose.

나 코 풀어야 해.
I need to blow my nose.

blow에는 '불다'라는 뜻이 있어서 공기를 밖으로 불어서 내보낼 때, 예를 들어 관악기를 불어서 소리를 내거나 입으로 불어서 촛불을 끌 때, 혹은 코를 풀 때도 쓰입니다.

Q&A

Q 반대로 코를 들이마시는 건 영어로 어떻게 표현하나요?

A '훌쩍거리다'는 뜻의 sniffle이라는 단어가 있어요. 훌쩍거리는 이유도 흐르는 코를 들이마시려는 것이기 때문에 두 경우 모두 sniffle를 쓰면 됩니다.

Q 혹시 '코딱지'는 영어로 뭐라고 하나요?

A booger라고 하는데요, booger는 이물질이 엉겨서 딱딱해진 조각을 말하는 거라서 눈곱도 booger에 해당됩니다. 그래서 '코딱지'는 nose booger, '눈곱'은 eye booger라고 하는데, 어떤 걸 말하는지 뻔히 아는 상황에서는 nose나 eye 없이 그냥 booger라고만 해도 충분해요.

Real 🔊 CONVERSATION

A **My nose keeps running. I need to blow my nose.**
콧물이 계속 나네. 나 코 좀 풀어야겠다.

B **Do you have allergies?** 너 알레르기 있어?

A **Stop sniffling. Blow your nose.**
훌쩍거리지 말고 코 풀어.

B **I don't have tissue.** 휴지가 없어.

A **I'll go get some for you.** 내가 가져다줄게.

CHAPTER 30

부담되다

부탁/제안/요구하는 입장에서 부담 주고 싶지 않다

MP3 **172**

부담 갖지 마세요.

No pressure.

Don't worry about it.

상대방에게 부탁이나 제안, 요구를 하면서 강요하는 건 아니니 부담 느낄 필요 없다, 급할 것 없으니 천천히 하라고 하고 싶을 때 '압력, 압박'이라는 뜻의 pressure를 활용하여 No pressure.라고 합니다. 더 쉽게는 Don't worry about ~ 구문으로 표현할 수도 있어요.

Q & A

Q 부담 주고 싶지 않을 때 "안 내키면 마음 편히 거절하라."라는 말도 많이 하는데요, 이건 영어로 어떻게 하나요?

A Feel free to say no.라고 해요. Feel free to ~ 구문은 '편하게 ~하세요'라는 뜻으로 상대방이 맘 편하게 의사 결정을 하도록 배려할 때 자주 씁니다. Feel free to email me(편하게 이메일해). Feel free to leave(편하게 가). 이렇게요.

Real CONVERSATION

A Will you be my girlfriend? 내 여자 친구가 되어 줄래?

B Ummm...... Well... 음… 그게…

A No pressure. Feel free to say no. 부담 갖지는 말고, 싫으면 싫다고 말해도 돼.

A When is it due? 이거 기한이 언제까지예요?

B Don't worry about finishing it early. 빨리 끝내려고 부담감 가질 필요 없어요.

A We would love for you to take this position, but there's no pressure to decide right away.
이 직책을 맡아 주신다면 저희는 너무 좋겠지만, 지금 당장 결정하실 필요는 없어요.

B Thank you. I'll get back to you soon with my answer.
감사합니다. 결정하는 대로 곧 연락드릴게요.

부담 드리고 싶지 않아요.	그럴 수야 없죠.
I don't want to impose.	I couldn't impose.
I hate to impose.	I couldn't do that.

받는 입장에서 주는 사람에게 폐 끼칠 수는 없다, 미안하게 어떻게 그러냐고 할 때는 '부과하다' '강요하다'는 뜻의 impose를 사용해서 don't want to impose, hate to impose, couldn't impose라고 표현합니다. 한국말로나 영어로나 실은 도움이나 제안을 받아들이고 싶은데 염치없어 보일까 봐 예의상 한발 물러날 때 하는 말이죠. 간단하게 I couldn't do that.이라고만 해도 충분해요.

Q&A

Q 부담 주고 싶지 않다며 거절하는 사람에게 보통 "부담이라뇨? 아니에요." 하면서 다시 한번 제의하잖아요. 이건 영어로 어떻게 말하나요?

A 부담 주고 싶지 않다고 할 때 impose를 사용하는 것처럼 받아칠 때도 impose를 사용해서 You're not imposing at all.이라고 하면 됩니다.

Real)) CONVERSATION

A Join us for dinner.
우리랑 저녁 같이 먹자.

B No, I don't want to impose.
아니야. 부담 주기 싫어.

A You're not imposing at all.
조금도 부담 안 되거든.

A You can stay the night if you want.
자고 가고 싶으면 자고 가도 돼.

B No, I couldn't do that. I hate to impose.
아니야, 그럴 수는 없지. 부담 주기 싫어.

A You're not imposing. We don't mind at all.
부담 주는 거 아닌데. 우린 진짜 괜찮아.

MP3 174

난 걔 부담스러워.
He makes me uncomfortable.

그 사람 눈길이 부담스러워.
The way she stares at me is uncomfortable.

사람이나 눈길이 부담스럽다는 말은 불편하다는 뜻과 같기 때문에 uncomfortable을 사용해서 쉽게 표현할 수 있습니다. 아무개가 부담스럽다고 할 때, 아무개를 주어로 _____ makes me uncomfortable이라고 할 수도 있고, 나를 주어로 I'm / feel uncomfortable with _____라고 할 수도 있어요. 눈길이 부담스럽다고 할 때는 '쳐다보는 방식'에 초점을 맞춰 the way _____ stares at me is /makes me uncomfortable이라고 하면 됩니다.

Q & A

Q 길에서 모르는 사람이 나를 빤히 쳐다봐서 '저 사람 왜 저렇게 쳐다보지?'라고 할 때가 있는데요, **Why is he / she looking at me like that?**이라고 하면 되나요?

A 네, 그렇게 말해도 돼요. 단, 사람이든 사물이든 한 대상에 시선을 맞추고 빤히 쳐다볼 때는 look보다 stare가 더 적합한 표현이라서 Why is he / she staring at me like that?, I don't know why he / she is staring at me like that.이라고 하는 것이 좋습니다.

Real CONVERSATION

A **Are you avoiding Ezra?**
너, 에즈라 피하는 거니?

B **Yeah, I feel uncomfortable with him.**
응. 난 걔가 좀 부담스러워.

A **Gale stares at me sometimes and it's so uncomfortable.**
게일이 가끔 날 빤히 쳐다보는데, 진짜 부담스러운 거 있지.

B **I know, right? She makes people uncomfortable with the stare.**
그렇지? 걔가 그렇게 눈길로 사람들을 불편하게 만든다니까.

난 요새 부담감을 많이 느껴.
I'm feeling a lot of pressure lately.

난 부담감을 느끼면 일을 잘 못해.
I can't work well under pressure.

재촉을 당하거나 남이 나한테 거는 기대가 너무 클 때 느끼는 부담감은 주로 압박감에서 오는 것이기 때문에 pressure를 활용합니다. have / feel a lot of pressure, under a lot of pressure 등으로 표현하면 돼요.

Q&A

Q 의미상 스트레스 받는다는 말과 비슷한데, 대신 **stress**를 써도 되나요?

A pressure를 받으면 잘해야 한다는 부담감이 생기기 때문에 결과에도 영향을 미치는 반면, stress는 결과와는 별 상관없이 감정상의 문제로만 끝날 수도 있기 때문에 약간의 차이가 있긴 해요. 하지만 의미상 크게 다르지는 않기 때문에 stress를 사용해도 괜찮습니다.

HOW TO USE

My mom is always pressuring me about my grades.
우리 엄마는 나한테 늘 성적에 대한 부담감을 줘.

I have a lot of pressure at work.
회사에서 나한테 부담을 많이 줘.

The pressure at work is getting more intense.
직장에서 받는 부담감이 점점 심해지고 있어.

She's under pressure to resign.
그 사람, 사직하라고 압박 받고 있어.

There's extreme pressure on teenagers to get into college.
십 대들이 대학 입학에 대해 극도의 부담감에 시달리지.

나한테 오백 달러는 너무 부담돼.
Five hundred is too much for me.

기름값이 너무 비싸/부담스러워.
The price of gas is too high.

누가 봐도 비싸게 측정된 가격이든, 개인적으로 감당하기 어려운 금액이든 부담스럽기는 마찬가지인데요, 이때는 '과하다'는 의미로 too much라고 합니다. 다른 사람에겐 아닐 수도 있지만 내 기준이나 형편엔 부담스럽다고 말할 때는 for me를 덧붙여 주면 돼요. 가격이 너무 높다는 뜻으로 too high를 써도 좋습니다.

Q & A

Q 너무 비싸다는 말이니까 그냥 expensive를 써도 되지 않을까요?

A 네, expensive를 써도 되죠. 단, expensive는 가격 자체만 두고 비싸다고 말하는 거라 그 가격에 대한 개인의 부담감까지 설명해 주지는 않아요. 예를 들어 캐비어가 비싼 것은 정설이기 때문에 expensive라고 하지만, 구입하는 입장에서는 개개인마다 부담감의 정도가 다르다는 거죠.

Q '무엇을 살 만한 형편이 된다, 안 된다'는 말은 어떻게 하나요?

A 형편을 말할 때는 '여유가 있다'는 뜻의 afford를 활용해서 I can / can't afford it.이라고 하면 돼요. 이 afford는 금전적인 여유 외에 시간적 여유, 심적 여유를 말할 때도 쓰입니다.

HOW TO USE

I love this car, but the price is too high. It's too much for me.
이 차 정말 마음에 들긴 하는데, 가격이 너무 높다. 나한테는 너무 부담돼.

For you, a thousand bucks is nothing. But for me, it's too much.
너한테는 천 달러가 아무것도 아니겠지. 하지만 나한테는 부담되는 금액이야.

Housing prices are way too high. Young people can't afford it.
집 값이 너무 세서 젊은 사람들은 구입할 수가 없어.

술은 간에 부담을 줄 수 있어.
Liquor can be hard on your liver.

하루 종일 컴퓨터 화면을 들여다보고 있으면 눈에 무리가 갈 수 있어.
Staring at a computer screen all day long can be hard on your eyes.

신체에 무리가 가서 힘들 때도 부담된다는 표현을 쓰는데요, 이때는 '힘든'이라는 뜻의 hard를 사용합니다. [hard on + 무리가 가는 신체 부위] 형태로 '~에 무리가 가다'라는 의미가 돼요.

Q&A

Q 원어민들이 hard 대신 harsh라는 단어도 많이 쓴다고 알고 있는데요, 그렇다면 [harsh on + 신체 부위] 형태로 말해도 되나요?

A hard가 버틸 수 있는 능력의 한계를 강조할 때 쓰인다면, harsh 는 자극성을 강조할 때 쓰이는 경우가 많아요. 그래서 특정한 소음 때문에 귀가 아프다거나 피부에 독한 성분이 닿았을 때 harsh to my ears, harsh on my skin 이렇게 harsh를 쓰지만, 오래 앉아 있어서 허리가 아픈 경우라면 hard가 더 적합한 표현인 거죠. 그렇다고 해서 또 일일이 구분해서 이 경우에는 hard만, 저 경우에는 harsh만 쓰려고 너무 노력할 필요는 없어요.

Q 반대로 '몸에 무리가 가지 않는다, 부담이 덜 된다'고 할 때는 **not hard on ~**, **less hard on ~**이라고 하면 되나요?

A 그것보다는 hard의 반대말인 easy를 활용해서 표현하면 간단해요. '무리가 가지 않다'는 easy on ~, '부담이 덜 된다'는 easier on ~ 이런 식으로요. 다음과 같이 쓸 수 있습니다.

This medicine will be easier on your stomach.
이 약이 위에 부담이 덜 될 것이다.

This pillow is easy on my neck.
이 베개는 목에 무리가 안 간다 / 목이 편하다.

Real 𝕊 CONVERSATION

A Going up and down the stairs is really hard on my mom's knees, so we're moving to a one-story house.
계단 오르내리는 게 우리 엄마 무릎에 너무 무리가 가서 단층집으로 이사 가려고 해.

B That sounds like a good idea.
생각 잘한 것 같다.

▶ 모음으로 시작하는 단어 앞에는 an이 오니까 an one-story house가 맞을 것 같지만, one의 발음이 [원] 즉 w로 간주되기 때문에 a를 쓰는 게 맞습니다.

A Ouch! I can't sit in a chair that long. It's hard on my back.
아우! 난 의자에 그렇게 오래 못 앉아 있어. 허리에 부담이 돼.

B Why don't you lie down on the couch?
소파에 좀 눕지 그래?

A I can't use this brand. Their products are harsh on my skin.
난 이 브랜드 못 쓰겠어. 이 회사 제품들이 내 피부에는 자극적이더라고.

B My other friend said the same thing.
내 친구 하나도 똑같은 말 하더라.

A Why am I feeling so bloated? I only drank a glass of milk this morning.
왜 이렇게 배가 더부룩하지? 오늘 아침에 우유 한 잔 마신 것밖에 없는데.

B Most people think milk is easy on the stomach, but it's not always true. Milk can be hard on some people's stomach.
대부분의 사람들이 우유가 위에 부담을 주지 않는다고 생각하지만, 다 그런 건 아니야. 사람에 따라서 우유가 위에 부담을 주기도 해.

A I changed my mattress and it's much easier on my back.
매트리스를 바꿨는데 허리에 무리가 훨씬 덜 가네.

B I need to change mine, too.
나도 매트리스 바꿔야 하는데.

CHAPTER 31

챙기다

수건 꼭 챙겨.
Don't forget the towels.

점심값 꼭 챙겨 갈게.
I'll make sure to bring lunch money.

'꼭 가져가야 할 것을 잊지 말고 챙겨라 / 챙긴다'는 표현으로 Don't forget ~, make sure to bring ~이 있습니다. Make sure to bring ~으로 문장을 시작하면 상대방에게 무엇을 꼭 챙기라고 각인해 주는 것이고, I'll make sure to bring ~으로 시작하면 내가 잊지 않고 챙기겠다고 확신을 주는 것입니다.

Q&A

Q 누가 나한테 뭘 잊지 말고 꼭 챙겨오라고 했을 때 한국말로는 "응." "알았어." 이렇게 한마디면 되잖아요. 영어로도 Okay. 한마디면 충분한가요?

A 그냥 Okay. 라고만 해도 괜찮지만, "잊지 말아라"에 대한 대답은 "안 잊겠다"가 되어야 하고, "꼭 챙겨라"에 대한 대답은 "그러겠다"가 되어야 하기 때문에 Don't forget ~은 I won't. 로, Make sure to bring ~은 I will. 로 받는 연습도 해 두는 것이 좋습니다.

Real 🔊 CONVERSATION

A **Don't forget your umbrella. It might rain.**
우산 꼭 챙겨라. 비 올지 모르니까.

B **I won't.** 알았어. (안 잊을게.)

A **Make sure to bring your jacket. The temperature drops dramatically at night.**
재킷 꼭 챙겨와. 밤 되면 기온이 급격하게 떨어지니까.

B **I will. Thank you for reminding me.**
알았어. (챙겨 갈게.) 다시 말해 줘서 고마워.

A **You better not forget your ID.** 너 신분증 안 가져오면 안 된다.

B **Don't worry. I'll make sure to bring it.** 걱정 마. 꼭 챙겨 갈게.

▶ 신분증은 ID card인데요. 원어민들은 줄여서 ID라고만 하기도 해요.

여분으로 입을 옷 챙겨 와.
Bring extra clothes.

여분으로 냅킨 좀 더 가져왔어.
I brought extra napkins.

만약을 대비해서 부족하지 않게 넉넉하게 여분을 챙긴다고 할 때는 extra를 쓰면 됩니다. 호텔 방에 두 명을 예약했는데 막판에 한 명이 더 오게 되었을 때처럼 예상치 않게 늘어난 숫자도 extra이지만, 대비 차원에서 미리 준비한 것 역시 extra라고 해요.

Q & A

Q 여분의 옷 대신 갈아입을 옷이라고 하려면 어떻게 말해야 하나요?

A a change of clothes라고 해요. Bring a change of clothes(갈아입을 옷 가져와). I brought a change of clothes(갈아입을 옷 가져왔어). 이렇게 말하면 됩니다. 여기서 a는 명사 change(환복)를 받는 것이기 때문에 'change는 동사인데 동사 앞에 관사를 쓰다니, 이 사람 뭐야?'라며 저를 비난하는 일은 없으시길…

Real 🔊 CONVERSATION

A **I better not forget to bring my water.**
잊지 말고 내가 마실 물 꼭 가져가야지.

B **I'll bring extra bottled water for everyone.**
다들 마실 수 있게 내가 병물 여분으로 더 챙길게.

A **Did anyone bring extra socks?**
누구 양말 여분으로 더 가져온 사람?

B **I brought extra pairs. Do you need them?**
내가 여분으로 더 챙겨왔는데. 너 필요해?

A **Do you have extra money I can borrow?**
너, 나한테 빌려줄 돈 좀 있니?

B **Sorry. I brought just enough money for myself.**
미안. 딱 나 쓸 만큼만 챙겨 왔어.

UNIT 3 사람을 챙기다

MP3 180

개가 날 잘 챙겨줘.
She looks out for me.

우리는 항상 서로 잘 챙겨줘.
We always look out for each other.

look out for 뒤에 사물이 오면 '무엇을 찾다' '주의하다'라는 뜻이지만, 사람이 오면 '보살 피다' '챙기다'의 뜻이 됩니다. 단, 여기서 '챙긴다'는 뜻은 식사나 물건을 챙겨준다는 것이 아니라 그 사람의 안위를 걱정하고 신경을 써 준다는 의미예요.

Q & A

Q '나부터 챙긴다'는 말도 있잖아요. 이건 영어로 어떻게 하나요?

A 역시 look out for 구문을 활용해서 look out for No. 1이라고 하는데, 여기서 number one은 그 누구보다 우선시해야 하는 사람, 바로 자기 자신을 말해요. 단, 이 표현은 나만 생각하는 이기적인 사람이라는 뉘앙스도 강하기 때문에 주의해서 써야 해요. 또, 앞의 유닛에서 배웠듯이 No. 1에는 '소변'이라는 의미도 있으니 상황에 따라 적절히 이해하셔야 합니다.

Q look after ~도 look out for와 같은 뜻 아닌가요?

A 같은 듯하지만 약간의 차이가 있어요. look after는 아이나 노약자처럼 '보살핌이 필요한 사람을 돌본다'는 뜻이고, look out for는 딱히 보살핌이 필요 없는 사람이라도 '항상 주의를 기울이며 안위를 걱정한다'는 뜻입니다. 그래서 look after는 take care of와 비슷한 의미로 쓰이는데요, 일상에서는 look after보다 take care of를 훨씬 많이 사용합니다.

I'm in my thirties, but my mom still looks out for me.
나도 삼십 대인데, 우리 엄마는 아직도 나를 챙기셔.

She always looks out for her siblings.
걔는 늘 자기 형제자매들을 챙겨.

He always looks out for No. 1. He doesn't care about other people.
그 사람은 항상 자기부터 챙겨. 다른 사람들은 신경도 안 쓴다니까.

I'm looking after her kids while she's away.
그 사람이 어디 가 있는 동안 내가 그 사람 아이들을 봐주고 있어.

She looks after the stray cats in her neighborhood.
그 사람이 자기 동네 길고양이들을 돌봐줘.

I moved in with my grandma to take care of her.
할머니를 보살펴 드리려고 내가 할머니 댁으로 들어왔어.

At our age, we should take care of ourselves.
우리 나이에는 우리 스스로가 우리를 챙겨야 해.

Don't worry. I'll take good care of the house.
걱정하지 마. 내가 집 관리 잘할게.

I'm the oldest, so I always had to take care of my younger siblings when we were young.
내가 첫째라서, 우리가 어렸을 땐 항상 내가 동생들을 챙겨야 했었어.

I'm not good at taking care of expensive clothes.
내가 비싼 옷 관리를 잘 못해.

난 아침 뉴스는 꼭 챙겨 봐.
I never miss the morning news.

우리 엄마, 그 드라마는 무슨 일이 있어도 꼭 챙겨 보셔.
My mom watches that soap opera religiously.

좋아하는 방송을 놓치지 않고 꼭 챙겨 본다고 할 때 never miss ~ , watch ~ religiously로 표현할 수 있어요. religiously는 religion(종교)에서 파생된 단어로 '독실하게'라는 종교적인 뜻도 있지만, 독실하게 종교를 믿는 것처럼 '열심히' '철저히'라는 뜻도 있습니다. 그만큼 꼭 챙긴다는 의미로 무언가를 열심히 빠지지 않고 챙길 때 쓰이는 표현이에요.

Q&A

Q TV 방송 말고 라디오나 팟캐스트 방송을 꼭 챙겨 듣는다고 할 때도 같은 표현을 쓰나요?

A 네, watch만 listen으로 바꾸고 나머지 표현은 똑같이 씁니다. I never miss "Joe Rogan." I listen to "The Bill Simmons Podcast" religiously. 이렇게 활용하면 돼요.

Real 🔊 CONVERSATION

A Have you watched "The Fall of the House of Usher"?
너 '어셔가의 몰락' 본 적 있어?

B That's my favorite. I never miss that show.
그거 내가 제일 좋아하는 거야. 그 프로그램은 내가 안 빼먹고 꼭 챙겨 보지.

A My dad watches baseball games religiously. Is baseball fun to watch?
우리 아빠는 야구 경기라면 그렇게 열심히 챙겨 보신다니까. 야구 보는 게 재밌나?

B Once you know all the rules, it is fun to watch.
경기 규칙을 알고 보면 재밌지.

A Is there any good podcast to listen to? 들을 만한 팟캐스트 뭐 없나?

B Try "This American Life." I listen to it religiously.
'This American Life' 한 번 들어봐. 난 그 프로는 꼭 챙겨서 들어.

CHAPTER 32

가격/요금/비용

MP3 **182**

이거 얼마예요?
What's the price for this?

물가가 올랐어.
Prices have gone up.

price는 '상품 가격'을 말하는데요, 복수(prices)로 쓰이면 여러 가격들이 통합해서 형성되는 '물가' '시세'라는 뜻이 돼요. 또, '값어치'라는 측면에서 보면 원하는 것을 얻기 위해 치러야 하는 '대가'를 뜻하기도 하기 때문에 꼭 금전에만 국한된 의미는 아닙니다.

Q&A

Q '비쌀 만하다' '돈 값어치를 한다'는 영어로 어떻게 말하나요?

A '가치 있는'의 뜻을 가진 worth를 활용해서 It's worth the price. 라고 합니다. 반대로 그만한 돈을 들일 만큼의 가치가 있느냐고 반문하는 경우에는 Is it worth it?이라고 하면 돼요.

Q '너무 소중하고 중요한 거라 값으로 따질 수 없다'는 말은 어떻게 하죠?

A priceless나 beyond price를 쓰면 됩니다. priceless라고 하면 자칫 '값어치가 없는'으로 오역할 수 있지만, 오히려 그 반대의 뜻이에요. beyond price는 가격, 즉 돈을 뛰어넘은 가치를 말하기 때문에 이 역시 '값으로 따질 수 없는'의 의미가 됩니다.

HOW TO USE

What's the market price for king crab?
요새 대게 시가가 얼마예요?

What is your price range?
가격대는 얼마 정도 생각하고 계세요?

I bought this coat at half price.
나 이 코트 반값에 샀어.

He paid the price to quit a gang.
그 사람, 조직에서 나오려고 대가를 치렀어.

Love is beyond price.
사랑은 값으로 따질 수 없는 거야.

비행기표를 할인 요금/가격에 구입했어.
I got a discount rate on a plane ticket.

방값이 얼마예요?
What's the room rate?

rate는 호텔 객실료나 보험료 등의 '요금'을 말하는데요, price가 딱 떨어지는 가격이라면 rate는 시세나 등급에 따라 변동이나 차이가 있을 수 있어요. 요금이 아닌 '비율'의 뜻으로 쓰여 실업률(the unemployment rate), 출생률(the birth rate) 등의 수치를 나타내기도 합니다.

Q & A

Q 실업률, 출생률 등의 수치를 나타낼 때 rate가 쓰인다면, 방송 시청률도 rate를 써서 말하나요?

A 얼마나 많은 사람들이 방송을 봤는가 하는 시청률은 viewership 이라고 해요. 예를 들어서, _____ has a high viewership(_____ 프로그램 시청률이 높다), _____ has the highest viewership(_____ 프로그램이 시청률 1위다) 이렇게 쓸 수 있습니다. 참고로, 영화나 드라마에 따라붙는 rating은 10점 만점에 몇 점을 받았나 하는 식으로 방송에 대한 평점을 매기는 것입니다.

HOW TO USE

Our room rates start at $170.
저희 객실 요금은 170달러부터 있습니다.

Our health insurance rate is high because my dad has a history of cancer.
우리 아빠가 예전에 암을 앓으셔서 건강 보험료를 많이 내.

What's the express mail rate to Canada?
캐나다로 가는 빠른 우편 요금이 얼마인가요?

The U.S. dollar to Korean won exchange rate is currently over ₩1,357. The U.S. dollar's strong.
한국 원화 대비 미국 달러 환율이 최근 1,357원을 넘었어. 미국 달러가 세니까.

The suicide rate among teenagers is rising.
청소년 자살률이 늘고 있다.

UNIT 3 비용, 비용이 들다

MP3 **184**

비용 얼마 들었어?
What was the cost?

새 재킷 사는 데 300달러 들었어.
My new jacket cost me 300 bucks.

cost는 어디에 얼마가 들었는가 하는 비용을 말합니다. 생산자 입장에서는 제품을 만드는 데 들어간 비용, 소비자 입장에서는 제품을 구입하는 데 들인 비용을 뜻하는데요, 명사와 동사 두 가지 형태로 쓰여요. 또, 원어민들이 잘 쓰는 말로 at all costs라는 것이 있는데, 이 표현은 '그 어떤 대가를 치르더라도 (반드시 ~하겠다)'라는 다짐을 뜻합니다.

Q & A

Q 위의 예문에 My new jacket cost me ~라고 나와 있는데, 재킷을 산 것도 과거이고 비용을 지불한 것도 과거니까 costed가 되어야 맞지 않나요?

A hit이나 hurt처럼 현재형과 과거형이 똑같은 단어들이 있는데 cost도 그 중 하나예요. 또, 시제 사용 빈도수를 따져 보자면 Education costs a lot of money(교육에는 돈이 많이 든다).'처럼 보편적인 사실을 말할 때는 현재형으로 쓰지만, 대부분은 It cost me a lot(돈이 많이 들었다). 또는 It'll cost me a lot(돈이 많이 들 것이다). 처럼 과거형이나 미래형인 경우가 많습니다.

HOW TO USE

How much did it cost?
비용이 얼마나 들었어?

It cost me an arm and a leg.
돈 엄청 들었어.

▶ cost ~ an arm and a leg: 비싸다. 비용이 많이 들다

Raising kids costs a lot of money.
애들 키우는 데 돈이 많이 들어.

We're thinking about a trip to Africa. It'll cost us a fortune.
우리, 아프리카로 여행 갈까 생각 중이거든. 아마 돈 엄청 깨질 거야.

▶ cost a fortune: 비싸다. 비용이 많이 들다

UNIT 4 대금, 청구/부과하다

MP3 185

그 사람이 자동차 수리비로 200달러를 청구했어.
He charged 200 bucks for the car repair.

헤어 컷 요금이 얼마예요?
How much do you charge for a haircut?

charge는 '대금'이라는 명사형으로도 쓰이고 '대금을 청구/부과하다'라는 동사형으로도 쓰입니다. [charge + 금액] [charge for ~]의 형식으로 대금뿐 아니라 요금, 입장료, 가입비 등에도 두루두루 쓰여요. 가격, 요금에 쓰이는 단어들을 알려 드리고자 이번 챕터를 여러 유닛으로 잘게 나누긴 했지만, '이럴 때는 이 단어만 쓴다'는 식으로 정형화해서 외우기보다 각 단어를 상황에 따라 적절하게 적용하는 융통성을 키우는 게 더 중요하답니다.

Q&A

Q 고객에게 실수로 돈을 더 많이 청구했거나 부당하게 높은 금액을 부과했을 때 **overcharge**라고 하잖아요? 그럼, 반대로 적게 청구했을 때는 **undercharge**라고 하나요?

A 네, 받아야 할 금액 이하로 청구했을 때 undercharge를 쓸 수 있어요. The cashier undercharged me seven bucks(계산원이 나한테 (실수로) 7달러를 덜 받았어). 이렇게 활용하면 됩니다.

HOW TO USE

Most stores these days charge for plastic bags.
요새는 거의 모든 상점에서 비닐봉지를 돈 받고 팔아.

You'll be charged 300 dollars to replace the screen door.
방충망 교체하는 비용으로 300달러를 청구받으실 거예요.

A 20-percent service charge is included in the bill.
영수증에 20퍼센트 봉사료가 포함되어 있습니다.

There is a surcharge for extra baggage.
초과 수화물에 할증금이 부과됩니다.

▶ surcharge: 할증금, 추징금, 과징금

넷플릭스 한 달 사용료가 얼마야?
What's the monthly fee for Netflix?

입장료는 15달러입니다.
The admission (fee) is fifteen dollars.

헬스클럽 같은 곳에 가입해서 정기적으로 서비스를 이용할 때, 혹은 인터넷 등의 서비스 사용에 대한 수수료를 지불할 때 fee를 씁니다. 사전에는 전문가로부터 전문적인 도움을 받은 대가로 지불하는 것이 fee라고 나와 있지만, 일상생활에서는 그보다 '수수료, 가입비, 입장료' 등의 경우에 쓰이는 빈도수가 훨씬 높아요.

Q & A

Q '입장료'를 admission fee라고 했는데요, entrance fee가 맞지 않나요?

A entrance fee도 물론 맞아요. 단, 원어민들은 entrance보다 admission을 훨씬 더 많이 쓴다는 것이죠. 위의 예문에서 fee를 괄호 처리한 이유는 입장료라고 할 때 fee를 생략하고 admission 이라고만 하는 경우가 많기 때문입니다. tuition(학비), internet(인터넷 사용료), membership(회원 회비)도 fee를 빼고 앞 단어만 말하는 게 보통이에요.

HOW TO USE

There's no annual fee.
연회비는 없습니다.

There's a ten-dollar activation fee.
활성화 수수료 10달러가 부과됩니다.

A twenty-dollar cancellation fee has been charged to your credit card.
고객님 신용카드로 해약금 20달러가 부과됐습니다.

We charge a registration fee.
저희는 등록비가 있습니다.

Hairdressers in the States pay a license fee.
미국 미용사들은 자격증 비용을 내.

How much do you pay for the Internet?
너, 인터넷 사용료 얼마나 내?

여기서 샌프란시스코까지 가는 버스 요금은 3달러입니다.
The bus fare from here to San Francisco is 3 dollars.

런던까지 가는 요금이 얼마죠?
What's the fare to London?

Fare는 주로 '버스비, 기차표 값, 비행기표 값' 등의 대중교통 요금을 말할 때 쓰이는데요, 대중교통 요금 외에 입장료, 관람료에도 fare를 쓸 수 있어요. 다시 한번 강조하지만 '이런 경우에는 이 단어만 쓴다'는 법칙은 없습니다.

Q&A

Q 버스비는 **bus fare**, 기차표 값은 **train fare**, 비행기표 값은 **airplane fare** 라고 하나요?

A 기차표 값은 train fare라고도 하고 railway fare라고도 해요. 비행기표 값의 경우 원어민들은 짧게 airfare라고 한 단어로 말해요. 참고로 뱃삯은 boat fare나 ship fare라고 하지 않고 ferry fare라고 합니다. Cruise ship을 제외하고 운송 수단으로 쓰이는 배는 ferry로 부르기 때문이죠.

HOW TO USE

How much is the fare to Boston?
보스턴까지 가는 요금이 얼마예요?

Subway fares keep going up.
지하철표 값이 계속 올라.

We have six people in our family. We cannot afford airfare to go places.
우리 식구가 여섯 명이야. 어디 갈 때 비행기 타면 표 값이 감당이 안 돼.

The fully inclusive fare for the trip is a thousand dollars per person.
모든 게 다 포함된 패키지 여행 상품이 1인당 천 달러입니다.

Passengers over the age of 16 must pay full fare.
16세 이상 승객은 전액을 지불해야 합니다.

The fare for this Broadway show is quite high.
이 브로드웨이 쇼 표 값이 꽤 비싸.

예상 금액을 알려 주시겠어요?
Could you give me an estimate?

견적 좀 내주시겠어요?
Can I get a quote?

건축비나 수리비처럼 처음부터 가격이 천차만별일 수도 있고, 진행 도중에 변동이 생길 수도 있는 금액을 산정할 때 쓰이는 단어가 두 가지 있는데요, 그중 estimate은 '대충 이 정도 나올 거다' 하는 '예상 금액'을 말하고, quote은 정식으로 견적을 낸 후 결정된 '최종 산정액'을 말합니다. estimate 액수는 바뀔 수 있어도 quote은 바뀔 수 없는 금액인 것이죠.

Q&A

Q estimate을 다른 말로 ballpark figure라고도 하던데, 왜 ballpark figure 라고 하는 건가요? 또, quote에도 비슷한 표현이 있을까요?

A ballpark는 '야구장'을 말하는데요, '숫자'라는 뜻의 figure와 합쳐서 야구장의 '예상 수용 인원'이라는 뜻으로 쓰이던 표현입니다. 야구장(ballpark)에 자리가 얼마나 찼나 둘러보면 관중 수(figure)를 대략 짐작할 수 있으니까요. 그러던 것이 나중에 '예상 금액'이라는 뜻으로 쓰이게 되었습니다. 또, quote과 비슷한 표현으로는 locked-in price(갇힌 금액), fixed price(고정된 금액) 가 있어요.

HOW TO USE

They gave me a free estimate for tree trimming.
나무 손질에 얼마 드는지 그 사람들이 무료로 예상 금액을 뽑아 줬어.

▶ 미국에서는 예상 금액만 산출해 주는 것도 돈을 받는 경우가 많아서 무료로 해 주는 것을 free estimate이라고 합니다.

What's the quote to fix my car?
제 차 수리비 견적이 얼마나 나왔나요?

I don't need a quote. Just give me a rough estimate, please.
견적은 됐고요, 그냥 대충 얼마 들지만 알려 주시면 좋겠습니다.

UNIT 8 바가지 요금

MP3 189

완전 바가지네!
What a rip-off!

그 호텔 요금, 완전 바가지야.
That hotel rate is a rip-off.

상식 밖으로 비싼 요금이나 가격을 말할 때 '바가지'라는 표현을 쓰는데요, 영어로는 '뜯어내다'라는 의미로 rip off라고 합니다. 명사형으로 쓸 때는 a rip-off, 동사형으로 쓸 때는 rip _____ off(누구에게 바가지를 씌우다), _____ get ripped off(누가 바가지를 쓰다) 형태가 됩니다.

Q & A

Q scam이라는 단어도 많이 쓰던데, 이것도 rip off랑 거의 같은 뜻인가요?

A 일상에서 '바가지 요금'을 말할 때는 주로 rip off를 쓰고, 속여서 돈을 뜯어낸다고 할 때는 scam을 쓰지만, '사기'라는 기본 의미에서는 거의 같습니다. 참고로 한국에서는 전화 사기를 '보이스 피싱'이라고 하는데, 원어민들은 scam call이라고 해요.

HOW TO USE

The dinner was a rip-off. I would never go back to that restaurant.
저녁 식사, 완전 바가지 요금이었어. 그 식당엔 두 번 다시 안 갈 거야.

Some stores rip off tourists.
관광객들한테 바가지 씌우는 가게들도 있지.

The salesperson ripped me off.
판매원이 나한테 바가지 씌웠어.

I got ripped off buying my new motorcycle.
나 새 오토바이 살 때 바가지 썼어.

You paid 500 for this? What a scam!
너 이걸 오백 달러나 주고 샀다고? 완전 사기네!

I got so many scam calls.
나한테 보이스 피싱 전화가 너무 많이 와.

My friend got a scam email and sent money to the scammers.
내 친구가 피싱 이메일 받고 사기꾼들한테 돈을 보냈어.

이 소파는 저렴해.
This couch is affordable / reasonable.

이 소파는 싸구려야.
This couch is cheap / a cheapo.

품질도 제법 괜찮으면서 가격까지 좋으면 '저렴하다'라고 하는데, 이때는 affordable이나 reasonable을 써요. affordable은 앞 유닛에서도 잠깐 설명했듯이 '~할 여유가 있다, 감당할 수 있다'는 뜻의 afford에서 파생한 단어이고, reasonable은 가격이 이유(reason) 있게 측정되다, 즉 '합리적인'이라는 의미로 활용됩니다. 반면 cheap은 형용사로 품질에 상관없이 가격만 '싼'이라는 뜻인데요, 명사로 '싸구려'는 a cheapo라고 해요.

Q&A

Q 물건이 아니라 사람에게 cheap이라고도 하던데, 이때는 무슨 뜻인가요?

A He's cheap. My mom is cheap. 이렇게 사람에게 cheap을 쓰면 '쩨쩨한'이라는 뜻이 돼서 제 돈 안 쓰려고 하고, 싼 것만 사는 '쪼잔한 사람, 구두쇠 같은 사람'을 지칭합니다.

HOW TO USE

This apartment complex will provide affordable housing for low-income families.
이 아파트 단지가 저임금 가구들에게 저렴한 주택을 제공할 것입니다.

This car is not that expensive compared to its quality. It's very affordable.
이 차는 품질에 비해서 그렇게 비싼 것도 아니야. 아주 저렴하다니까.

The food at this restaurant is affordable.
이 식당 음식들은 저렴해.

I normally buy cheap clothes for one season.
난 보통 한 철만 입고 말 값싼 옷을 사.

Don't buy cheapos. They don't last long.
싸구려 사지 마. 그런 것들은 오래 못 가.

My dad is so cheap. He never buys anything for me.
우리 아빠 완전 쫌생이야. 나한테 뭘 사 주는 법이 없다니까.

CHAPTER 33

편하다

UNIT 1 몸/마음이 편하다

MP3 191

이 의자 편하다.
This chair is comfortable.

난 그 사람이 편해.
I feel comfortable with her.

옷, 침대, 자동차 좌석 등이 잘 만들어져서 몸이 편할 때도, 같이 있으면 마음이 편해지는 상대에 대해서 말할 때도 comfortable을 씁니다. 이처럼 comfortable은 육체적, 정신적으로 스트레스를 받지 않고 편안하게 있을 수 있는 상태를 말해요.

Q & A

Q 반대로 불편한 물건이나 사람에게는 **uncomfortable**을 쓰면 되나요?

A 네, 맞아요. This bed is uncomfortable. I feel uncomfortable with him. 이렇게 말하면 됩니다. 한 가지 더 알려 드리면 awkward라는 단어가 있는데요, 어색하고 곤란한 상황을 말할 때 원어민들이 자주 쓰는 표현으로 사용 빈도수 면에서 uncomfortable을 능가합니다.

HOW TO USE

My room is comfortable. It's very spacious.
내 방이 편해. 공간이 엄청 넓어.

The back seat in your car is very comfortable.
네 차 뒷좌석 되게 편하다.

These pants are so comfortable.
이 바지 되게 편하다.

Henry makes everyone comfortable.
헨리는 사람들을 편하게 해 줘.

I don't like Joy. I feel uncomfortable around her.
난 조이가 싫어. 같이 있으면 불편하다니까.

Being in the subway at rush hour is very uncomfortable.
혼잡한 시간에 지하철 안에 있는 거 진짜 불편해.

It was so awkward standing right behind a young lady in a crowded bus.
사람 많은 버스 안에서 젊은 여자 바로 뒤에 서 있었는데 진짜 곤란/어색했다니까.

이 냉동 음식 되게 편리하다.
This frozen food is very convenient.

우리 집은 위치가 편리해.
My house is in a convenient location.

몸이나 마음이 편한 게 아니라 거리상, 위치상 편하거나 힘을 덜 들이고 일을 처리할 수 있는 편한 방법을 말할 때는 '편리하다'라고 하는데요, 이때는 comfortable이 아니라 convenient라고 합니다. 편의점을 convenience store라고 하는 이유 역시 손님들이 편리하게 이용할 수 있기 때문이에요.

Q & A

Q 그럼 편의시설은 convenience facility라고 하나요?

A 그렇게 말해도 의미는 통하겠지만, 편의시설은 따로 amenity 라는 말이 있습니다. 이 amenity에는 아파트 단지나 리조트 등에 딸린 수영장이나 약국, 편의점 등의 부대시설물뿐 아니라 무료 인터넷, 온수, 난방, 에어컨 등의 편의 제공도 포함돼요.

HOW TO USE

Smart phones are so convenient. They give you all kinds of information.
스마트폰은 참 편리해. 모든 정보를 다 제공해 주니까 말이야.

Credit cards are convenient for paying for things.
돈 지불하기에는 신용 카드가 편리하지.

A headache is a convenient excuse for missing uncomfortable gatherings.
불편한 모임에 나가기 싫을 때는 머리 아프다는 핑계가 편리해.

My house is walking distance from my work. It's very convenient.
우리 집이 회사에서 도보 거리에 있어. 엄청 편리하다니까.

Your house is in a convenient location for shopping.
너희 집, 쇼핑하기에 편리한 위치에 있구나.

MP3 193

너 수요일에 시간 괜찮아?
> Is Wednesday good for you?
>
> Does Wednesday work for you?

3시에 시간 돼.
> Three sounds great.
>
> Three works for me.
>
> Three is fine with me.

(약속 장소로) 스타벅스 좋아.
> Starbucks is fine with me.
>
> Starbucks sounds good (to me.)

앞 챕터에서 배웠듯이 약속을 정할 때 서로에게 편한 시간과 장소를 타협하면서 '그 때 시간 된다' '그 장소 괜찮다'라고 할 때는 ~ works for…, ~ is fine with…, ~ sounds great / good / fine 등의 표현을 써요. 물론 What time is convenient for you? Starbuck is convenient for me. 이렇게 convenient를 써도 되지만, 원어민들이 일상에서 자주 쓰는 표현은 위에 제시한 것들입니다.

Q&A

Q '난 3시보다 4시가 더 편하다', '스타벅스보다 팀 홀튼스가 더 편하다'고 할 때는 어떻게 말하나요?

A 그럴 때는 better를 활용하면 되는데, 비교급이라고 뒤에 반드시 than을 붙여서 [A is better than B] 형태를 갖춰서 말할 필요는 없어요. 원어민들은 보통 Four works better for me. Tim Hortons sounds better to me. 이런 식으로 말합니다.

Real 🔊 CONVERSATION

A How about 5 o'clock, Saturday at Dunkin Donuts? Does it work for you?
토요일 다섯 시에 던킨 도너츠에서 보는 거 어때? 너 괜찮아?

B That sounds great. It works for me.
좋지. 난 괜찮아.

A You pick when and where. 네가 시간이랑 장소 정해.

B Two thirty at McDonald's. How does that sound?
맥도날드에서 2시 반. 어때?

A I'm okay with McDonald's, but three works better for me.
맥도날드는 괜찮은데, 난 3시가 더 편해.

A Is 3 okay?
3시 괜찮아?

B Yeah, 3 is fine with me.
응, 3시 괜찮아.

A Does Sunday work for you?
일요일에 시간 돼?

B Saturday works better for me. I have to go to a wedding this Sunday.
난 토요일이 더 나은데. 이번 주 일요일에는 결혼식에 가야 하거든.

A Do you have time on Thursday? I have Thursday off.
너 목요일에 시간 돼? 나, 목요일에 쉬거든.

B Yeah, I'm free on Thursday.
응. 목요일에 아무것도 없어.

A Oh, good. Do you want to have lunch or dinner together, then?
아, 잘됐다. 그럼 점심이나 저녁 같이 먹을까?

B Sure. Lunch sounds better to me.
좋지. 난 점심이 더 낫겠는데.

미국인들이 불편하게 느끼는 것

한국을 방문한 미국인들이 불편하게 느끼는 것 중 하나가 식탁에 떡 하니 놓인 두루마리 화장지입니다. 요즘은 이런 경우가 덜하긴 합니다. 27년 전에 제 남편이 식탁에 왜 두루마리 화장지가 있냐며 놀라더니, 얼마 전엔 한국에 다녀온 미국인 친구가 식당 식탁에 두루마리 화장지가 있어서 깜짝 놀랐다고 하더군요. "그래도 케이스에 들어 있지 않았어?"라고 물으니 그 친구가 "케이스에 들어 있다고 두루마리 화장지가 두루마리 화장지 아닌 게 되지는 않잖아?" 합니다. 물건을 본래 용도로만 사용하는 데 익숙한 미국인과, 한 가지 물건을 다양한 용도로 잘 활용하는 한국인 사이의 의식 차이에서 오는 문화 충격이 아닐까 싶습니다. 용변을 보고 뒤를 닦는 데 쓰이는 화장지를 역겹게 왜 식탁에서 사용하느냐와 깨끗한 화장지를 식탁에서 쓰는 게 왜 역겹냐의 충돌인 거죠. 화장지에 대한 이견은 여기서 끝나지 않습니다. 집들이 선물로 두루마리 화장지를 가져가는 것 역시 미국인들로서는 이해할 수 없는 한국 문화예요. 다른 좋은 것들도 많은데 왜 하필 화장지인지, 그 의미를 설명해 줘도 선뜻 받아들이지 못합니다.

또 한 가지, 미국은 집에서든 공중 화장실에서든 화장지를 사용하고 난 후 변기에 넣고 물을 내리기 때문에 휴지통 자체를 두지 않아요. 그러니 한국 화장실에 휴지통이 있는 것도, 휴지통 안에 가득 담겨 있는 휴지들도 당연히 이해가 안 되겠죠. '도대체 왜?'가 꼬리에 꼬리를 물고 이어집니다. 그런데 말이죠, 저도 한 가지 묻고 싶네요. 미국 사람들은 팬데믹 같은 비상 사태만 오면 왜 그렇게 화장지를 사재기하는 거냐고 말이죠. (이유도 모르고 같이 사재기한 사람으로서 할 말은 없습니다만.)

CHAPTER 34

부족하다

우리, 시간이 부족해.
We're running out of time.

우리, 우유 거의 다 떨어졌어.
We're almost out of milk.

거의 다 써서 양적으로 부족해진 상태를 말할 때 원어민들이 자주 사용하는 표현은 run out of ~입니다. 물통에서 물이 새는 것처럼 점점 소진되는 상태를 말해요. almost out of ~ 역시 같은 뜻으로, 두 표현 모두 돈이나 음식 같은 물질적인 것 외에 시간, 참을성 등의 비물질적인 대상에도 쓸 수 있습니다.

Q&A

Q 양적으로 충분하지 않은 거니까 **don't have enough** ~를 써도 되나요?

A 네, 됩니다. 그래도 차이점을 살펴보면 don't have enough ~는 처음부터 충분히 가지고 있지 않던 상태를 말할 수도 있는 반면, run out of ~는 갈수록 줄어드는 상태를 뜻해요. 예를 들어 We don't have enough money.라고 하면 지금 돈이 충분치 않은 이유가 처음부터 없었던 것일 수도 있고 있다가 없는 것일 수도 있지만, We're running out of money.는 처음 있던 양에서 점점 줄어들고 있다는 말이 돼요. 이런 미미한 차이가 있긴 하지만 일상에서는 일일이 구분할 필요 없이 상호 호환이 가능합니다.

We're running out of gas. 우리 (차) 기름 거의 다 떨어져 가.

I'm almost out of money. 나 돈 거의 바닥났어.

I'm running out of patience. 내 인내심이 한계에 다다르고 있어.

We're almost out of toilet paper. 우리 화장지 거의 다 썼어.

My brain is fried. I'm running out of ideas.
머리가 터져 버릴 것 같아. 아이디어가 거의 바닥났어.

▶ one's brain is fried: 직역은 '뇌가 튀겨졌다'인데, 그만큼 뇌가 제 할 일을 못하는 상태, 과부화 상태를 말해요.

난 아직 갈 길이 멀어.
I still have a long way to go.

갠 아직 많이 배워야 해.
She has lots to learn.

갖춰야 할 소양이나 배움의 정도가 충분치 않다, 부족하다고 할 때 '아직 갈 길이 멀다'는 의미로 still have a long way to go라고 합니다. 내 능력이나 성과를 칭찬해 준 상대방에게 겸손하게 응대할 때도 자주 쓰이죠. 또, '배울 게 많다' '많이 좀 배워야겠다'는 의미로 have lots to learn이라고도 표현해요.

Q & A

Q 구체적으로 '~하려면 아직도 갈 길이 멀다'라고 말하려면 어떻게 하나요?
A 예를 들어 '의대를 졸업하려면 아직도 갈 길이 멀다'라는 말을
한다면, I still have a long way to go before I finish medical
school. I still have a long way to go to finish medical school.
이렇게 before나 to부정사로 연결하면 됩니다.

Real 🔊 CONVERSATION

A You passed the bar exam. You must be proud.
너 변호사 시험 합격했구나. 진짜 뿌듯하겠다.

B It's just a start. I still have a long way to go to build my career.
이제 시작인데, 뭐. 경력 쌓으려면 갈 길이 멀다.

A Laura has no table manners. She also doesn't know how to use the
dishwasher. She's seventeen, you know.
로라는 식사 예절을 모르더라. 게다가 식기 세척기 사용법도 몰라. 열일곱 살이나 됐는데 말이지.

B I know, right? She has lots to learn. 그럴지? 걔 많이 좀 배워야겠더라고.

A You've come a long way. I think you can relax and enjoy your life now.
이 정도면 너 진짜 성공했다. 이젠 좀 쉬면서 인생 즐겨도 되겠어.

B I still have a long way to go before I reach my goal.
목표를 이루려면 아직 갈 길이 멀어.

▸ have come a long way : 성공하다, 큰 발전을 이루다

난 좋은 아들이 못 돼.
I'm not a perfect son.

그 사람, 매니저감은 아니야.
She's not manager material.

가족, 직장 등 단체의 일원으로서 그 역할에 필요한 자격이 부족할 때는 완벽하지 않다는 말로 not perfect for ~, not a perfect ~를 사용해요. '소재, 재료'라는 뜻의 material이 사람의 자질을 평가하는 '~ 감'으로도 쓰이기 때문에 not ~ material이라고 하면 '~ 감이 아니다'라는 의미가 됩니다.

Q & A

Q 자격 부족이니까 disqualified를 써도 되지 않나요?

A disqualified는 운동 경기나 테스트를 치르는 과정에서 '부정을 저지르거나 규칙을 위반해서 실격됐다'는 의미이기 때문에 애초에 갖춰야 할 자격이나 실력이 부족하다는 말을 하려면 not qualified, unqualified를 써야 합니다.

Real 🔊 CONVERSATION

A I'm trying, but I'm not a perfect mom.
노력은 하고 있지만, 난 완벽한 엄마는 아니야.

B No one's perfect. You're doing great.
완벽한 사람이 어디 있어. 너 잘하고 있는 거야.

A How's John at home? 존은 집에서는 어때?

B I know he's perfect at work, but he's not husband material.
그 사람이 직장에선 완벽하다는 건 아는데, 남편감으로는 영 아니야.

A I think Jenna would make a good boss. What do you think?
난 제나라면 좋은 상사가 될 것 같은데, 넌 어떻게 생각해?

B She's not leader material. She's not right for the role.
그 사람, 리더감은 아니야. 그 역할(보스)엔 부적합해.

▶ would make a good ~ : 좋은 ~가 될 것 같다

이 수영장 좀 작다.
The pool is not big enough.

내 경력으로는 그 직장 못 들어가.
My experience is not good enough for the job.

이 호텔 방, 그렇게 좋은 건 아니네.
This hotel room is not the best.

필요한 조건이 갖춰지지 않아서 부족하다고 할 때 not ~ enough 구절을 쓰면 적절합니다. 조건이 부족하면 당연히 만족스럽지 못한 감정이 들게 마련인데요, 이 불만족스러운 마음을 돌려서 '최고는 아니다' '그렇게 좋은 건 아니다'라는 의미로 not the best라고 할 수도 있어요.

Q & A

Q **not good enough**나 **not the best**를 사람에게도 쓸 수 있나요?

A 네, 쓸 수 있어요. 사람에게 적용하면 앞 유닛에서 배운 '자격이 부족하다'는 뜻과도 일맥상통하게 됩니다. 예를 들어, He's not good enough for the job. She's not the best worker. 이렇게 활용할 수 있어요.

HOW TO USE

The water is not hot enough to make coffee.
물이 커피 탈 정도로 충분히 뜨겁지가 않아.

The office is not big enough for ten people.
열 명이 쓰기에는 사무실이 좀 작아.

I'm not tall enough to make it onto the basketball team.
농구팀에 들어가기엔 내 키가 작아.

The house itself is okay, but the location is not the best.
집 자체는 괜찮은데, 위치가 좀 별루야.

He's a great person, but he's not the best teacher.
그 사람 참 좋은 사람이긴 한데, 선생님으로서는 최고가 아니야.

They should take down the banner that says, "the best restaurant in town." It's definitely not the best.
'동네에서 제일 맛있는 식당'이라고 쓴 현수막 내리라고 해. 제일 맛있는 집은 진짜 아니다.

나 몇 달러 부족해.
I'm short a few dollars.
I'm a few dollars short.

우리, 그 집 살 돈이 부족해.
We don't have enough money to buy that house.

돈이 충분치 않다고 할 때는 don't have enough money라고 하지만, 얼마가 부족하다고 할 때는 [be + short + 부족한 액수] [be + 부족한 액수 + short] 형태로 표현합니다. 이때의 short는 '필요한 액수에 미치지 못한', 즉 '부족한'의 뜻으로 쓰여요.

Q & A

Q 당장 돈이 없는 경우에는 I don't have money right now.라고 하면 되나요?

A 네, 그렇게 말해도 되고, I don't have money with me.라고 해도 되는데, 원어민들이 잘 쓰는 표현 중에 I'm short on cash / money.가 있어요. 지금 몸에 지니고 있는 돈이 없다는 뜻도 되고, 돈 들어올 데가 없어서 은행 잔고가 비었다는 뜻도 됩니다.

Can I borrow your money? I'm two dollars short.
나 돈 좀 빌려 줄래? 2달러가 부족해서 그래.

I can't buy that. I'm short six dollars.
나 저거 못 사. 6달러가 부족해.

One customer was one dollar short, so I paid for her.
한 손님이 1달러가 부족하다고 해서 내가 내줬어.

He doesn't have enough money to buy a new car.
걔, 새 차 살 만큼 돈 충분히 없어.

Do we have enough money for popcorn after we buy the tickets?
우리, 표 사고 나서 팝콘 살 돈도 있나?

I'm short on money. I left my wallet at home.
나 지금 돈 없어. 지갑을 집에 두고 왔거든.

He lost his job so he's short on money. 그 사람, 실직해서 돈이 없어.

UNIT **6** 공급 부족

주택 공급이 부족하다.
There's a shortage of housing.

There's a housing shortage.

그 지역에 물이 부족해.
There's a water shortage in that area.

공급이 수요를 따라가지 못할 때가 있죠. 물건을 그만큼 많이 못 만들어 내는 물리적인 상황도 있지만, 가뭄이나 홍수 같은 자연재해로 인해 필요한 것을 얻지 못하는 불가피한 상황도 있지요. 어떤 이유로든 필요한 것이 부족할 때는 shortage를 사용합니다.

Q&A

Q 그럼 반대로 '수요 부족'은 영어로 어떻게 말하나요?

A '수요'는 demand, '공급'은 supply이기 때문에 '수요 부족'은 shortage of demand, '공급 부족'은 shortage of supply라고 해요. 위의 예문에서는 부족한 대상을 정확히 명시했기 때문에 굳이 supply를 쓰지 않고도 의미를 전달할 수 있는 것입니다.

There's a chronic shortage of teachers.
교사 부족이 심각해 / 선생님을 못 구해서 난리들이야.

▶ chronic: 심각한, 고질의, 만성인

There was a shortage of hospital beds during the pandemic.
세계적으로 전염병이 돌 때 병원마다 병상이 부족했어.

The gas shortage is a big problem. 기름 부족이 큰 문제야.

The low minimum-wage caused labor shortages.
낮은 최저 임금 때문에 인력난이 발생했어.

▶ minimum-wage: 최저 임금

There's a shortage of oxygen at the top of the Himalayas.
히말라야 정상에 가면 산소가 부족해.

We didn't get enough rain for a few years, so there's a shortage of grain.
몇 년 동안 비가 충분히 안 와서 곡물이 부족해.

UNIT 6 **309**

개는 감사할 줄을 몰라.
She has a lack of gratitude.

그사람들, 먹을 게 부족해.
They have a lack of food.

그사람, 좋은 사람이긴 한데 사회성이 좀 부족해.
He's a good person, but he may lack social skills.

lack은 필요한 것이 결핍되어 있는 상태, 없기 때문에 공급이 요구되는 상태를 말하는 단어로 이번 챕터에서 다룬 모든 부족한 상황에 두루두루 사용할 수 있습니다. lack은 '결핍' '부족'이라는 명사형으로도 쓰이고 '없다' '부족하다'라는 동사형으로도 쓰여요.

Q & A

Q 그럼 '애정 결핍'은 영어로 lack of love인가요?

A 병명으로의 '애정 결핍'은 Reactive Attachment Disorder (RAD) 이지만 일상에서 실제로 이 단어를 쓰는 사람은 없어요. 심지어 이 병명을 모르는 원어민들도 태반입니다. 간혹 needy로 알고 있는 분들도 계시던데, needy는 이거 해 달라, 저거 해 달라, 요구 조건이 많아서 손이 많이 가는 사람에게 쓰는 표현이기 때문에 딱히 애정 결핍이라고 볼 수는 없어요. 차라리 She didn't get enough love (from her parents.) 이런 식으로 설명하는 것이 의미 전달상 가장 무난합니다.

I'm suffering from a lack of sleep.
나 수면 부족으로 고생 중이야.

He has a lack of money. 그 사람 돈이 없어.

The factory has a lack of material to make goods.
공장에 물건 만들 재료가 부족해.

She lacks confidence. She needs to work on it.
걘 자신감이 없어. 자신감 생기게 노력 좀 해야겠어.

We lacked time. 우리, 시간이 부족했어.

The town lacked water during the drought.
가뭄 기간 동안 그 동네에 물이 없었어.

Some people are suffering from a lack of the basic
necessities of life.
생활에 기본적으로 필요한 것도 못 갖추고 사는 사람들도 있어.

We moved the ceremony to Diamond Hall due to lack of
space.
협소한 공간 문제로 인해 행사 장소를 다이아몬드 홀로 변경했습니다.

I admit I have a lack of enthusiasm for studying.
내가 공부에 대한 열정이 부족하다는 건 나도 인정해.

If you lack creativity, you can't be an artist.
창의성이 부족하다면 예술가가 될 수 없다.

I think our pastor lacks belief. I'm looking for another
church.
내 생각에 우리 목사님은 믿음이 부족한 것 같아. 난 다른 교회를 알아보고 있어.